Französisch

Cerstin Bauer-Funke

Die französische Aufklärung

Literatur, Gesellschaft und Kultur des 18. Jahrhunderts

Ernst Klett Sprachen
Barcelona · Budapest · Ljubljana · London
Posen · Prag · Sofia · Stuttgart

9 783129 395783

Bibliographische Information der Deutschen Bibliothek
Die Deutsche Bibliothek verzeichnet diese Publikation in der Deutschen
Nationalbibliographie; detaillierte bibliographische Daten sind im Internet
über http://dnb.ddb.de abrufbar.

Bauer-Funke, Cerstin:
Die französische Aufklärung: Literatur, Gesellschaft und Kultur des 18. Jahrhunderts /
Cerstin Bauer-Funke. 1. Aufl. - Stuttgart; Düsseldorf; Leipzig: Klett, 1998
(Uni-Wissen Französisch)
ISBN 3-12-939578-4

1. Auflage A 1 5 4 3 2 | 2007 2006 2005 2004

© Ernst Klett Sprachen GmbH, Stuttgart 1998. Alle Rechte vorbehalten.
Internetadresse | http://www.klett.de
Bildnachweis | Physiognomien von Voltaire aus: Günther, Horst: Voltaire,
Leben und Werk in Texten und Bildern. Frankfurt (Insel) 1994, S.126

Redaktion | Manfred Ott
Umschlaggestaltung und Layout | Christine Schneyer
Druck | Mitteldeutsche Druckanstalt, Heidenau. Printed in Germany.
ISBN 3-12-939578-4

Inhalt

Vorwort

Das Gliederungsprinzip des vorliegenden Bandes orientiert sich an der literarhistorischen Periodisierung des 18. Jahrhunderts in Frühaufklärung, Aufklärung und Revolution. Es folgt damit jenen Umbrüchen im Denken, die argumentativ nachvollziehbar gemacht werden sollen. Leitmotivisch ziehen sich diejenigen Aspekte der Aufklärung durch die Präsentation der Gattungen, Autoren und Werke, die der Darstellung als definitorischer Auftakt vorangestellt sind. Der innere Aufbau der Kapitel spiegelt den zugrundegelegten methodischen Ansatz wider: Die Skizzierung des politischen, gesellschaftlichen und kulturellen Kontextes ermöglicht es, die behandelten Gattungen, Autoren und Werke in ein konkretes Bezugsfeld einzuordnen und dadurch sichtbar zu machen, dass literarische Texte immer als Reaktion auf das jeweilige politische, soziokulturelle und literarische Umfeld zu verstehen sind.

Der Band möchte Standardwissen vermitteln, repräsentative literarische Erscheinungsformen aufzeigen, gezielt ausgewählte Schwerpunkte setzen und typische Tendenzen exemplarisch vorstellen. Die Problematik des begrenzten Seitenumfangs erfordert aber auch die unumgänglichen Vereinfachungen und Auslassungen. Gleichwohl ist es das Anliegen, einen breit gefächerten Überblick über die Literatur der französischen Aufklärung zu geben. Deshalb finden neben den kanonisierten Gattungen Drama, Epik (Roman, Erzählung) und Lyrik auch literarische Ausdrucksformen wie Memoiren, Korrespondenzen, Moralistik und das Lied ihre Würdigung. Entsprechend gilt für die Auswahl und Gewichtung der Autoren und Werke, dass nicht nur die „großen" Autoren des tradierten Kanons Berücksichtigung finden, sondern gerade auch die sogenannten „Minores". Vier bedeutenden Schriftstellern – Montesquieu, Voltaire, Diderot und Rousseau – sind Autorenportraits gewidmet, um ihr innovatives literarisches Schaffen, ihre philosophische Komplexität und ihre weitreichende rezeptionsgeschichtliche Bedeutung besonders herauszustellen.

Ein dichtes Verweissystem leitet durch das vorliegende Werk mit dem Ziel, die in den einzelnen Kapiteln vermittelten Informationen zu bündeln und im Hinblick auf die Aufklärungsbewegung argumentativ zu einem Ganzen zusammenzufügen. Den Werkbesprechungen sind empfohlene Textausgaben und weiterführende bibliographische Angaben hinzugefügt, die in der Regel die neuere Forschungsliteratur berücksichtigen und den Einstieg in das Selbststudium ermöglichen. Die Abschlussbibliographie verzeichnet neben der zitierten Sekundärliteratur spezielle Bibliographien, Lexika, Literaturgeschichten und Fachzeitschriften zur französischen Aufklärung, die zu einer weiteren Beschäftigung anregen mögen.

Mein Dank gilt dem Herausgeber, Professor Dr. Hartwig Kalverkämper, und Manfred Ott vom Klett Verlag, die das Buch ermöglichten, sowie Professor Dr. Mechthild Albert für ihre hilfreiche Unterstützung.

Cerstin Bauer-Funke
im Oktober 1998

Periodisierung, Definition und Entstehung der Aufklärungsbewegung

KAPITEL

1 Periodisierung und Definition der Aufklärung

Datierung

Als Jahrhundert der Aufklärung *(siècle des Lumières)* gilt der Zeitraum von 1715 bis 1799. Folgende politische und literarhistorisch bedeutende Daten haben sich in französischen Literaturgeschichten zur Periodisierung des Jahrhunderts durchgesetzt: Das Todesjahr LUDWIGS XIV., 1715, markiert den Beginn der Frühaufklärung. Da sich aber schon in den letzten Regierungsjahren des Sonnenkönigs aufklärerisches Gedankengut entwickelt, wird der Zeitraum von 1680/85 (1685: Aufhebung des Toleranzedikts von Nantes) bis 1715 als Voraufklärung bezeichnet. Um die Jahrhundertmitte beginnt der Siegeszug der Aufklärungsbewegung, der Ausbruch der Revolution läutet ihr Ende ein. Die Aufklärung endet mit dem Sturz des Ancien Régime und der Erarbeitung einer neuen politischen und sozialen Ordnung. Mit NAPOLEONS Staatsstreich 1799 finden die Revolution und das 18. Jahrhundert nicht nur kalendarisch ihren Abschluss. Allerdings lassen einige Literaturwissenschaftler das 18. Jahrhundert erst 1802 ausklingen, als NAPOLEONS Alleinherrschaft als Erster Konsul auf Lebenszeit beginnt und François-René de CHATEAUBRIAND in seiner philosophischen Schrift *Génie du christianisme* die Religion wieder in ihre alten Rechte setzt.

Regierungszeiten	Epochen der Aufklärungsbewegung
LUDWIG XIV. (1643–1715)	Nachklassik und Voraufklärung (1680/85–1715)
Régence (1715–1723)	Frühaufklärung (1715–1750)
LUDWIG XV. (1723–1774)	
LUDWIG XVI. (1774–1792)	Aufklärung (1750–1789)
I. Republik (1792–1804)	Französische Revolution (1789–1799)

Definition

Die Aufklärung *(Lumières,* engl. *Enlightenment)* ist eine von England und den Niederlanden ausgehende gesamteuropäische geistes- und ideengeschichtliche Bewegung, die einen folgenreichen Umbruch im Denken bewirkte. Sie erhebt die menschliche Vernunft zum obersten Prinzip allen Denkens und Handelns. Auf der Basis von kritischer Vernunft und wissenschaftlich fundierter Infragestellung von Traditionen soll sich der autonome Mensch von Vorurteilen und Aberglaube befreien. Die Skepsis gegenüber überkommenen Autoritäten erfasst alle Bereiche der Gesellschaft:

Kritische Betrachtung und spätere Infragestellung des absolutistischen Staates und Königs. Die feudalistische Gesellschaftsordnung und die absolutistische Macht des Königs werden zunehmend attackiert. Es entstehen staatstheoretische Konzepte wie Gewaltenteilung, Vertragstheorie und Volkssouveränität sowie das Ideal vom aufgeklärten Monarchen *(despote éclairé)*.

Infragestellung der kirchlichen Autorität. Christliche Moral und Lehrsätze werden mittels der kritischen Vernunft einer Prüfung unterzogen. Gegenstand scharfer Kritik sind Intoleranz, Aberglaube, Fanatismus und Dogmatismus der katholischen Kirche. An deren Stelle sollen eine natürliche Religion und eine natürliche Moral treten, die Toleranz und Freiheit ermöglichen. Die Abkehr von christlicher Religion und Metaphysik führt zu Deismus, Materialismus und Atheismus.

Forderung nach Liberalisierung der Wirtschaft. Dem protektionistischen Merkantilismus des absolutistischen Staates und der für die Landwirtschaft nachteiligen Feudalstruktur setzen die Physiokraten die Wirtschaftstheorie des Liberalismus entgegen, deren Motto zur Förderung der unternehmerischen Initiative und des freien Warenverkehrs lautet: „Laisser faire, laisser passer."

Infragestellung dichtungstheoretischer Normen. Die in der klassischen Poetik zur Norm erhobene Orientierung am Vorbild der griechisch-römischen Antike wird durch neue dichtungstheoretische Positionen abgelöst, die sich der politischen und gesellschaftlichen Realität anpassen sollen. Auch die Produktions- und Rezeptionsbedingungen der Literatur ändern sich.

Fortschrittsglaube

Die obersten Ziele der Aufklärungsbewegung sind Freiheit, Gleichheit und vor allem das Glück des Menschen. Der Glaube an den zivilisatorischen Fortschritt, die moralische Vervollkommnung *(perfectibilité)* des Menschen, die Verbesserung der Welt durch technischen und naturwissenschaftlichen Fortschritt und die Änderung der politischen und sozialen Verhältnisse werden im Laufe des Jahrhunderts immer deutlicher in zahllosen philosophischen und literarischen Werken von den Aufklärern formuliert. Diese Forderungen gipfeln im Kampfruf der Französischen Revolution „Liberté, Egalité, Fraternité".

Ziel	Die hier recht nüchtern wirkenden Daten und Fakten sind das Gerüst, das mit der Darstellung der Gesellschaft, Kultur und Literatur des 18. Jahrhunderts in einer Vielzahl von Aspekten und Entwicklungen umkleidet wird. Erst am Ende dieses Bandes wird die Aufklärung in ihrer ganzen Bedeutung und Tragweite erkennbar sein.

 Die Voraufklärung in den letzten Regierungsjahren Ludwigs XIV.: 1680/85 bis 1715

1 Politische und gesellschaftliche Verhältnisse

Geistiges Klima	Nach seinem Rückzug nach Versailles 1682 sind die letzten dreißig Regierungsjahre des Sonnenkönigs von religiöser Heuchelei und Bigotterie geprägt. Das geistige Klima am Hof ist von Intoleranz, Unterdrückung und Verfolgung gekennzeichnet. So fällt z. B. auch das Theater dem religiösen Eifer Mme de MAINTENONS und der Kirche zum Opfer: Der König weist nun eine der drei festen Theatertruppen, die Comédie-Italienne, aus Frankreich aus.
Intoleranz	Die Aufhebung des Toleranzediktes von Nantes (1598) im Jahre 1685 verstärkt den kulturellen und wirtschaftlichen Niedergang. Protestantische Unternehmer, Gelehrte, Künstler und Literaten – darunter Pierre BAYLE – werden in die Niederlande und nach England ins Exil gezwungen. Dort üben sie scharfe Kritik am Regime, dessen Intoleranz und Fanatismus sie anprangern.
Port-Royal	Die Zerstörung des Jansenisten-Klosters von Port-Royal 1710 beweist erneut den am Hof herrschenden religiösen Fanatismus.

2 Voraufklärung

Epochen	Literarhistorisch werden die Jahre von 1680/85 bis 1715 als Nachklassik und als Voraufklärung bezeichnet. Die Verwendung zweier Epochenbegriffe für denselben Zeitraum macht deutlich, dass zum einen die führenden Vertreter der Klassik weiter wirken und sich zum anderen schon aufklärerische Tendenzen (BAYLE, FONTENELLE, *s. S. 10–12*) bemerkbar machen.
Literaturstreit	Symptomatisch für den Umbruch der Ästhetik ist die 1687 entbrannte *Querelle des Anciens et des Modernes*. Die *Anciens* sind die großen Vertreter der *doctrine classique*. Deren Kunstverständnis, das sie von der aristotelischen Poetik und der antiken Literatur ableiten, setzen die *Modernes* ein fortschrittsorientiertes Ge-

schichts- und Kunstverständnis entgegen und plädieren für literarische und künstlerische Konzepte, die dem Geschmack der jeweiligen Epoche angepasst sind. Damit relativieren sie die von den *Anciens* geforderte universale und überzeitliche Gültigkeit der Antike. Die *Querelle* wird erst nach dem Tod LUDWIGS XIV. mit HOUDAR DE LA MOTTE zu Gunsten der Modernen entschieden.

Hauptvertreter der **Anciens**	Hauptvertreter der **Modernes**
Boileau, Racine, La Bruyère, La Fontaine	Perrault, Fontenelle, Houdar de La Motte

Literatur

Bluche (1993), Dagen (1977), Goubert/Roche (1984), Grimm ([3]1994), Hazard ([2]1961), Jauß (1964), Le Roy Ladurie (1991), Pomeau/Ehrard (1984).

3 Autoren und Werke

Grundlagen der Voraufklärung

Libertinage

Neben René DESCARTES, dem Begründer des modernen Rationalismus, Blaise PASCAL und Baruch SPINOZA ist der Libertinage eine weitere Quelle, aus der die Voraufklärer kritisches Gedankengut schöpfen. Der Libertinage ist eine zu Beginn des 17. Jahrhunderts entstandene freidenkerische Lehre, die aus einer kritischen Haltung heraus religiöse Dogmen und metaphysische Systeme ablehnt und neue naturwissenschaftliche Erkenntnisse (GALILEI, KOPERNIKUS) in ihre Überlegungen einbezieht. Der Libertin unterstellt sich nicht der kirchlichen Autorität, sondern fordert seine moralische und religiöse Autonomie. Daneben gibt es den *libertin de mœurs,* den sittenlosen Wüstling, der sich mit seinen Ausschweifungen über gesellschaftliche und moralische Normen hinwegsetzt.

Wegbereiter

BAYLE und FONTENELLE gelten als Wegbereiter der Aufklärung. BAYLES skeptischer, auf kartesianischen Prinzipien basierender Rationalismus und FONTENELLES religionskritische und zugleich spielerisch-elegante Vulgarisation naturwissenschaftlicher Erkenntnisse kündigen die Aufklärung sowohl ideengeschichtlich als auch methodisch an.

BAYLE

Biografie

Pierre BAYLE (1647–1706) liefert mit seinem Kampf für Toleranz und gegen Aberglaube den Philosophen der Aufklärung die gedankliche und methodische Grundlage. Der Sohn eines protestantischen Pfarrers konvertiert 1669 zum Katholizismus, kehrt aber schon ein Jahr später wieder zum protestantischen Glauben zurück. Der daraus resultierenden Verfolgung und Ächtung entgeht er durch die Flucht nach Genf. Nach der Schließung der protestantischen Akademie in Sedan 1681, wo er seit 1675 Philosophie lehrt, geht er nach Rotterdam und setzt dort seine Lehrtätigkeit fort.

Hauptwerke BAYLES theologisch-philosophische *Pensées diverses sur la Comète* (1682) richten sich gegen Wunder- und Aberglauben, da er das Erscheinen des Kometen als Naturereignis interpretiert und nicht, wie die katholischen Dogmatiker der Zeit, als ein unheilvolles Zeichen Gottes. Eingebettet in diese Argumentation ist die Kritik an Vorurteilen, Aberglaube und Tradition, deren Autorität er negiert. Diese Überlegungen und die Loslösung des sittlichen Verhaltens und der Moral von der Religion – deren Götzendienst der Atheismus vorzuziehen sei – fallen in der Aufklärung auf fruchtbaren Boden.

In seiner in Frankreich verbotenen Monatsschrift *Nouvelles de la République des Lettres* (1684–1687) analysiert BAYLE kritisch politische, gesellschaftliche und literarische Ereignisse. Insbesondere nach der Revokation des Ediktes (1685) verficht BAYLE seine Toleranzgedanken in dem *Commentaire philosophique* (1686), wodurch er, des Atheismus angeklagt, seine Stelle verliert.

In dieser finanziell prekären Situation beginnt BAYLE sein Hauptwerk, das *Dictionnaire historique et critique* (1695–1697). Den kurzen Artikeln des alphabetisch aufgebauten Nachschlagewerks ist ein umfangreicher kritischer Anmerkungsapparat beigegeben, der den Leser durch zahlreiche Verweise an andere Textstellen leitet. Durch dieses geschickte System gelingt es BAYLE, seine Kritik zu verschleiern. Wichtiger ist aber das methodische Vorgehen im Hinblick auf BAYLES Ziel, das tradierte Wissen kritisch zu überprüfen und zu korrigieren. Dies gelingt ihm mittels der Zweiteilung der Artikel: Tradierten und als gesichert geltenden Lehren und Fakten stellt er seine Analysen gegenüber, mittels derer er Widersprüche und Irrtümer entlarvt.

Bedeutung Das auf die moderne rationale Erkenntnis gegründete Werk ist bei seiner Publikation sofort ein großer Erfolg. Es gilt als Vorläufer von VOLTAIRES *Dictionnaire philosophique* und der *Encyclopédie*.

Literatur *Pensées diverses sur la Comète,* hg. von A. Prat, Paris: Droz 1939/ 1984. *Dictionnaire historique et critique,* hg. von A. Niderst, Paris: Editions sociales 1974.
Rétat (1971), Whelan (1989).

Biografie	Bernard le Bovier de FONTENELLE (1657–1757) ist ein Neffe COR-NEILLES. Er verfasst zunächst preziöse Gedichte, ferner Theaterstücke und Opern und geht beim *Mercure de France* einer journalistischen Tätigkeit nach. 1691 wird FONTENELLE zum Triumph der Modernen in die Académie française gewählt. Als Secrétaire perpétuel der Académie des sciences wendet er sich der Wissenschaft zu. Zeitlebens glänzt FONTENELLE mit Witz und Esprit in literarischen Salons, Kaffeehäusern und Clubs.
Hauptwerke	Mit seiner Schrift *Digression sur les Anciens et les Modernes* (1688) bekennt er sich zu den Modernen. In *De l'origine des fables* (pub. 1724) und in *L'histoire des oracles* (1686) untersucht FONTENELLE heidnische Mythen, Orakel und Aberglauben, die er als skandalöse Betrügerei und schließlich als Machtinstrumente von Staat und Kirche denunziert. Damit greift er versteckt auch den christlichen Glauben an. An die Stelle der Metaphysik tritt bei FONTENELLE die Wissenschaft, die sich auf gesicherte Fakten und experimentelle Methoden stützt.
	In den populärwissenschaftlichen *Entretiens sur la pluralité des mondes* (1686) präsentiert FONTENELLE seine fiktive Unterhaltung mit einer kultivierten und naturwissenschaftlich interessierten adligen Dame, der er in lockerem Plauderton und verständlicher Sprache das Universum erklärt. Die galante Konversation über Astronomie bietet dem Autor vielfach die Gelegenheit, seine Überzeugungen wie beiläufig einfließen zu lassen.
Bedeutung	Die Wahl des Themas, des Dialogpartners (eine naturwissenschaftlich interessierte Dame), der Präsentationsweise des Fachwissens (elegant-zwanglose Konversation) und des anvisierten Publikums (wissbegierige gebildete Damen der feinen Gesellschaft) begründen FONTENELLES Ruf als Vulgarisator, der naturwissenschaftliches Wissen in eleganter und didaktisch eingängiger Form für ein größeres, allgemein interessiertes und gebildetes Laien-Publikum aufbereitet. Die Verbreitung von Fachwissen trägt maßgeblich dazu bei, den Fortschritt zu fördern. In FONTENELLES Schriften gehen Wissenschaft und Literatur eine Verbindung ein, die prägend für das Schrifttum der Aufklärung ist.
Literatur	Die neueste Ausgabe sind die *Œuvres complètes*, hg. von A. Niderst, Paris: Fayard 1990 ff. Kalverkämper (1989), Krauss (1969), Marchal (1997), Niderst (1972; 1991).

Gesellschaft, Kultur und Literatur der Frühaufklärung: 1715 bis 1750

KAPITEL 2

1 Die politischen, ökonomischen und sozialen Verhältnisse der 1. Jahrhunderthälfte

1715

Der Tod LUDWIGS XIV. im Jahre 1715 wird von den Zeitgenossen allgemein als Befreiung von Intoleranz und Unterdrückung empfunden.

Régence

Die Régence (1715–1723), d. h. die Regentschaft des Herzogs von Orléans für den unmündigen Thronfolger, ist eine Phase der Freizügigkeit, des Luxus und der frivolen Ausgelassenheit. Die Vergnügungen des Regenten spiegeln die Zügellosigkeit der Epoche. Wegen seiner recht lockeren Herrschaft können sich politische, soziale und religiöse Kritik wesentlich leichter artikulieren und verbreiten.

LUDWIG XV.

LUDWIG XV., der 1723 offiziell die Regierung übernimmt, führt den frivolen Lebensstil der Régence fort: Er beschäftigt sich lieber mit seinen Mätressen (Mme de POMPADOUR, Mme DUBARRY) als mit der Politik, die er ab 1726 seinem Premierminister Kardinal FLEURY überlässt. Erst nach dessen Tod übernimmt LUDWIG XV. 1743 selbst die Regierungsgeschäfte. Weder seine Außen- noch seine Innenpolitik tragen dazu bei, die Monarchie zu stärken. Besonders der für Frankreich ungünstige Friede von Aachen 1748 macht ihn unbeliebt. Auch gelingt es ihm nicht, seine Reformversuche gegen den Adel durchzusetzen.

Wirtschaft

Seit etwa 1726 befindet sich Frankreich in einer Phase des wirtschaftlichen Aufschwungs. Löhne und Preise steigen konstant, wodurch die Konjunktur angekurbelt und der Wohlstand erhöht werden. Gegen Ende der Regierung LUDWIGS XV. beginnt – besonders durch eine unsolide Finanzpolitik und die Folgen des Verlusts der Kolonien nach dem Siebenjährigen Krieg – der wirtschaftliche Niedergang. Einhergehend mit dem ökonomischen Aufschwung wächst die französische Bevölkerung bis 1789 von 23,4 auf ca. 28 Millionen. Das macht Frankreich zum einwohnerstärksten Staat Europas. Handel, Bankwesen und Handwerk konzentrieren sich in den Städten, mit der Folge, dass die Stadtbevölkerung bis 1790 auf 20% der Gesamtbevölkerung ansteigt und dort Reichtum ansammelt. Das Wirtschaftswachstum und der dadurch beständig steigende Bedarf an qualifizierten Arbeitskräften führt zu einer fortschreitenden Alphabetisierung des Landes und zu einer Erhöhung des durchschnittlichen Bildungsniveaus.

Gesellschaft	Die Gesellschaft des Ancien Régime ist streng nach Ständen untergliedert: Man unterscheidet Adel, Klerus und den Dritten Stand.
Adel	Der Adel setzt sich aus Schwertadel *(noblesse d'épée)* und Amtsadel *(noblesse de robe)* zusammen. Der französische Hochadel war 1652 nach der Niederschlagung der Fronde, dem letzten Aufstand gegen den König, entmachtet und durch den niederen Adel und das Bürgertum in allen wichtigen Positionen im Staat ersetzt worden. Seit dem Tod des Sonnenkönigs versucht der Adel daher, erneut eine Machtposition im Staat zu entfalten. Es gelingt ihm, in den Provinzen sowie in den 13 Gerichtshöfen (Parlements) in Frankreich die Macht wieder an sich zu ziehen. Die Schwäche LUDWIGS XV. und seines Nachfolgers ermöglicht es der Aristokratie, alle hohen Ämter in der Verwaltung, der Kirche, dem Militär sowie dem Gerichtswesen zu besetzen. Das erneute Erstarken des Adels *(réaction nobiliaire)* manifestiert sich besonders unter LUDWIG XVI. und gilt als einer der Gründe für den Ausbruch der Revolution.
Klerus	Der Klerus rekrutiert seine Angehörigen aus dem Adel und dem Dritten Stand, wobei die hohen Ämter ausschließlich vom Adel, die mittleren und unteren vom niederen Bürgertum oder von der Landbevölkerung besetzt werden.
Bürgertum	Das Bürgertum, das schon zu Lebzeiten des Sonnenkönigs an Bedeutung gewonnen hat, kann seine politische, wirtschaftliche und kulturelle Rolle im Laufe des Jahrhunderts weiter ausbauen. Der wirtschaftliche Aufschwung bis in die 60er-Jahre ist hauptsächlich dem unternehmerischen Bürgertum zu verdanken, das durch Industrieproduktion, Handel sowie Börsenspekulation wohlhabend wird. Das gehobene Bürgertum strebt die Gleichstellung mit der Aristokratie an. Das mittlere Bürgertum setzt sich aus Juristen, Ärzten, Schriftstellern, Handwerkern sowie Staatsdienern im Rechts-, Wirtschafts- und Finanzsektor zusammen. Bauern und Arbeiter bilden die unterste Schicht der Gesellschaft. Es gelingt dem aufstrebenden reichen Bürgertum im Verlauf des Jahrhunderts, sich auch im kulturellen Leben einen einflussreichen Platz zu verschaffen: In Theatern, Salons, Freimaurerlogen und Kaffeehäusern begegnen sich Adel und Bürgertum und verschmelzen zur kulturtragenden Schicht.
Literatur	Bluche (1993), Braudel/Labrousse (1970), Chaussinand-Nogaret (1979), Denis/Blayau (1970), Duby/Mandrou (³1968), Goubert/ Roche (1984), Le Roy Ladurie (1991).

☑ Gesellschaft und Kultur der Frühaufklärung

1 Reisen, Weltbürgertum und Beziehungen zum Ausland

Vorbild

Im 18. Jahrhundert sind die französische Sprache und Kultur in ganz Europa Vorbild für eine verfeinerte Lebensart. Die französischen Philosophen und Literaten – allen voran VOLTAIRE – werden von europäischen Monarchen und Fürsten hofiert.

Reisen

Durch Reisen verschaffen sich Philosophen, Schriftsteller und Wissenschaftler einen persönlichen Eindruck von anderen Ländern, Regierungsformen und Sitten. Im Kampf gegen Intoleranz und Despotismus sehen sich die Aufklärer als Weltbürger.

England

Neben der großen Wirkung BAYLES und FONTENELLES gelangen politische, naturwissenschaftliche und religionsphilosophische Gedanken englischer Philosophen (HUME, LOCKE) durch die Vermittlung MONTESQUIEUS und VOLTAIRES in Frankreich in Umlauf. Der Aufenthalt englischer Gelehrter, Schriftsteller und Diplomaten in Paris trägt ebenfalls dazu bei, die englische Politik und Kultur in Frankreich bekannt zu machen. Man bewundert die fortschrittliche englische Verfassung, die Toleranz und Freiheit garantiert. Durch VOLTAIRES Bemühungen rückt die Physik NEWTONS im Denken der französischen Aufklärer an die Stelle der Physik DESCARTES'. SHAKESPEARE, RICHARDSON und POPE gelten als literarische Vorbilder. Ab den 30er-Jahren steigert sich die Nachahmung der englischen Lebensart so sehr, dass man gar von einer *anglomanie* spricht.

Kosmo-politismus

Neben den persönlichen Kontakten der französischen Intellektuellen zu gebildeten Ausländern, die etwa in literarischen Salons *(s. S. 17–19)* geknüpft werden, weitet sich der Blick über Europa hinaus. Zahlreiche Reiseberichte wecken das Interesse an fernen und exotischen Ländern und Kulturen. Die Beschäftigung mit China, Persien, dem Nahen Osten, Amerika und der Südsee erschließt neues Wissen und bewirkt ein Reflektieren über die Politik, Gesellschaft und Sitten des eigenen Landes, die durch den Vergleich mit fremden Ländern und Kulturen relativiert werden.

Bon sauvage

In den Schilderungen fremder, naturverbundener Kulturen und in Reiseberichten taucht das Bild des guten Wilden *(bon sauvage)* auf, der im Laufe des Jahrhunderts zur literarischen Figur erhoben wird. Der *bon sauvage* ist weniger eine konkrete Person als vielmehr eine idealisierte Figur, die zur Projektionsfläche aller positiven Eigenschaften des Menschen gemacht wird und damit in gesellschaftskritischer Absicht als Gegenbild zu Europäern fungiert: So verherrlichen etwa ROUSSEAU und BERNARDIN DE SAINT-

PIERRE die Güte, Natürlichkeit, Einfachheit, Naturverbundenheit, Unverdorbenheit und Gastfreundschaft des *bon sauvage*.

Exotik

Den Reiz des Exotischen machen sich auch Schriftsteller zu Nutze: Fiktive Reiseberichte und Schilderungen der Sitten anderer Länder – z. B. MONTESQUIEUS *Lettres persanes* (1721) und pseudoorientalische Erzählungen – dienen einer subtilen Gesellschafts- und Religionskritik.

2 Schriftsteller und Publikum

Schriftsteller

Das gesellschaftliche Ansehen der Schriftsteller *(hommes de lettres)* steigt im Laufe des Jahrhunderts beständig, und nicht zuletzt dadurch, dass sie von ausländischen Monarchen und Fürsten hofiert und gefördert werden. Der Schriftsteller frequentiert literarische Salons adliger oder reicher großbürgerlicher Damen, zeigt sich in Clubs und Kaffeehäusern und korrespondiert mit führenden Persönlichkeiten im In- und Ausland. So trägt er zur Zirkulation neuer ideologischer, ästhetischer und literarischer Konzepte bei. Durch die wachsende Bedeutung der Aufklärer in der Gesellschaft und die vielseitigen Beziehungen errichten die Schriftsteller ihre *République des lettres* gegen die Bastionen des Ancien Régime.

In der 1. Jahrhunderthälfte wird der *homme de lettres,* der sich inzwischen aus allen Schichten rekrutiert und von den Einkünften seiner Werke leben will, allmählich zu einer bedeutenden gesellschaftlichen Instanz. Durch die Identifikation mit den Idealen der Aufklärung, für die er kämpft und die er verbreitet, wird er bald *philosophe* genannt. Diese Bezeichnung avanciert zum Synonym für den *homme de lettres* und Feind der Tradition. Nicht selten zählt der *philosophe* nach der Jahrhundertmitte auch zu den *encyclopédistes,* den Mitarbeitern der *Encyclopédie* (s. S. 74–76).

Zensur

Ab 1701 müssen alle Bücher der Zensur vorgelegen haben und mit der königlichen Druckerlaubnis *(privilège du Roi)* versehen sein, bevor sie publiziert werden dürfen. Der einzige Weg, die Zensur zu umgehen, ist die (oft auch nur fingierte) Publikation in den Niederlanden, Genf oder England. Im Ausland gedruckte Bücher werden nach Frankreich geschmuggelt. Außerdem ist das heimliche Drucken im Untergrund verbreitet.

Untergrund

Die 1710 ausgewiesenen Jansenisten bedienen sich beispielsweise einer Art „Untergrundliteratur" (R. Darnton), um subversives Gedankengut unter die Leute zu bringen. Ein solches Beispiel ist das *Testament* des Landpfarrers Jean MESLIER (1664–1729), in dem er antitheologische und gesellschaftskritische Ideen formuliert. Nach seinem Tod zirkuliert das *Testament* in zahlreichen Versionen während des gesamten Jahrhunderts.

Allerdings verfolgt die Zensur zeitweise eine Politik der *permissi-on tacite* oder *permission clandestine*. Dies hängt von den einzelnen Zensoren und vor allem dem obersten Zensurbeamten MALESHER-BES ab, die ihre Aufgabe mit unterschiedlichem Eifer betreiben. Die Bastille fungiert dabei als Aufbewahrungs- und Vernichtungsort für beschlagnahmte Bücher.

Gefängnis

Neben der Verurteilung eines Buches durch die Zensur droht kritischen Autoren der königliche Haftbefehl *(lettre de cachet)*, der sie ohne Gerichtsverhandlung und Verurteilung ins Gefängnis zwingt. Berüchtigte Gefängnisse sind die Bastille und Vincennes, die als Symbole der absolutistischen Staatsgewalt gelten.

Lesege-sellschaften

Wegen hoher Buchpreise und geringer Auflagen bei einem ständig anwachsenden Interessentenkreis entstehen im 18. Jahrhundert die ersten Lesegesellschaften *(cabinets de lectures)*, die das Bildungsbedürfnis des wissbegierigen Publikums befriedigen.

3 Zentren intellektueller Kommunikation

Salons

Bedeutung

Als Zentren geselliger Zusammenkünfte und intellektueller Kommunikation spielen die von adligen und großbürgerlichen Damen ins Leben gerufenen schöngeistigen Salons, deren Ursprünge im 17. Jahrhundert liegen, eine große Rolle bei der Verbreitung des aufklärerischen Gedankenguts, obschon gelegentlich Einschränkungen bei der Themenwahl üblich sind. Neben der galant-oberflächlichen Konversation über gesellschaftliche Neuigkeiten bieten die Salons jungen Schriftstellern ein erstes Publikum und dienen der Knüpfung nützlicher Beziehungen und Kontakte. In den geselligen Runden entstehen neue literarische Formen (z. B. das *proverbe dramatique*, s. S. 95) und galante Gelegenheitsdichtungen. Schließlich sind die Salons auch Orte der literarischen und ästhetischen Geschmacksbildung.

Konversation

Die geistreiche und elegant-spritzige Konversation ist Teil der Salonkultur, in deren Mittelpunkt die Frau steht. Die Kunstfertigkeit, geistvoll-galant eine Unterhaltung über alltägliche Themen oder philosophische und wissenschaftliche Fachgespräche zu führen, gehört zu den gepflegten Umgangsformen der aristokratischen Gesellschaft.

Literatur

Glotz/Maire (1949), Goodman (1994), Hellegouarc'h (1997), Schlieben-Lange (1989), Strosetzki (1989; 1995).

Salons	Daten	Einige berühmte Gäste
Salon der Duchesse du Maine	um 1700–1753	Voltaire, Houdar de La Motte, Mme du Deffand
Salon der Mme de Lambert	1710–1733	Fontenelle, Marivaux, Montesquieu
Salon der Mme de Tencin	1733–1749	Fontenelle, Montesquieu, Prévost, Marivaux, Lord Bolingbroke, Lord Chesterfield

Salon der Duchesse du MAINE

Biografie

Anne-Louise Bénédicte de BOURBON-CONDÉ, Duchesse du MAINE (1670–1753) heiratet 1692 den ältesten Sohn LUDWIGS XIV. und Mme de MONTESPANS. Um 1700 etabliert sie in dem Schloß in Sceaux ihren Salon, Cour de Sceaux genannt.

Bedeutung

Bis 1753 zieht der aristokratisch-mondäne Salon die berühmtesten Persönlichkeiten aus Politik, Kultur und Literatur an. Die von der Duchesse du MAINE ausgerichteten Feste und geselligen Runden spiegeln nach 1715 das Treiben der sinnenfrohen Régence wider.

Salon der Mme de LAMBERT

Biografie

Anne-Thérèse de LAMBERT (1647–1733) heiratet 1666 den späteren Gouverneur von Luxemburg. Nach dem Tod ihres Mannes muss sie um ihr Erbe kämpfen, gewinnt aber schließlich die Prozesse.

Bedeutung

Der literarische Salon Mme de LAMBERTS in der Rue de Richelieu stellt einen Gegenpol zu den frivolen Vergnügungen der Régence und der Cour de Sceaux dar. Zu den „Mardis" lädt Mme de LAMBERT Schriftsteller, Wissenschaftler und Künstler, während die „Mercredis" distinguierten Persönlichkeiten aus der Gesellschaft vorbehalten sind. Die literarischen und philosophischen Themen dürfen jedoch auf Anweisung von Mme de LAMBERT nicht kontrovers diskutiert werden. Der Salon ist zudem ein bedeutendes Sprungbrett in die Académie française. Neben literarischen und philosophischen Fragen interessiert sich Mme de LAMBERT auch für die Rolle der Frau, so etwa in ihren *Avis d'une mère à son fils* (1726) und den *Avis d'une mère à sa fille* (1728). Zwischen diesen beiden Texten entstehen 1727 ihre *Réflexions nouvelles sur les femmes*.

| **Literatur** | Die 1748 publizierten *Œuvres* von Mme de LAMBERT sind von R. Granderoute, Paris: Champion 1990, neu ediert. |

Salon der Mme de TENCIN

| **Biografie** | Claudine Alexandrine de TENCIN (1682–1749) wird mit 16 Jahren ins Kloster gezwungen, das sie 14 Jahre später verlässt. Sie geht nach Paris, wo sie sich auf Grund ihrer zahlreichen Affairen und Intrigen den Ruf einer skandalumwitterten Persönlichkeit erwirbt. Der Philosoph und Mitherausgeber der *Encyclopédie,* Jean Le Rond D'ALEMBERT, ist ihr unehelicher Sohn *(s. S. 74–76).* |

| **Bedeutung** | Schon vor der Institutionalisierung ihres literarischen Salons verkehrt Mme de TENCIN mit Politikern, Künstlern und Literaten, die sich in ihrem Salon in der Rue Saint-Honoré versammeln. Wie ihre Vorgängerin Mme de LAMBERT fördert sie Schriftsteller; zugleich ist sie selbst Autorin von vier Romanen *(s. S. 52)* und einem aufschlussreichen Briefwechsel *(s. S. 60).* Neben französischen verkehren auch illustre ausländische Politiker, Wissenschaftler und Literaten in ihrem Salon. |

Clubs

| **Bedeutung** | In den nach englischem Vorbild gebildeten Clubs haben nur Männer Zutritt. Im Rahmen einer größeren Öffentlichkeit ist der gelehrte Gedankenaustausch über philosophische und literarische, politische und ökonomische Themen weitaus freier als in den von Frauen geleiteten Salons. Während der Revolution erringen die Clubs als politische Parteizentralen eine große Bedeutung. |

| **Beispiele** | Eine einflussreiche Rolle spielt ab 1720 der Club de l'Entresol unter der Ägide des Abbé de SAINT-PIERRE. Offene und polemische Diskussionen über politische Fragen sind gang und gäbe, bis der Club aus diesem Grund 1731 auf Initiative des Kardinal FLEURY geschlossen wird. |

Kaffeehäuser

| **Bedeutung** | Eine größere geistige Freizügigkeit herrscht auch in den Kaffeehäusern, die – im Gegensatz zu Salons – als öffentliche Treffpunkte frei zugänglich sind und von Intellektuellen und Künstlern zur Diskussion aktueller Themen frequentiert werden. Auf Grund der Brisanz der Themen und weil auch subversive Schrif- |

Beispiele

ten unter der Hand weitergereicht werden, mischen sich nicht selten Polizeispitzel, *mouches* genannt, unter die Besucher der Cafés. Wie in Clubs sind in Kaffeehäusern ausschließlich Männer zugelassen.

Großer Beliebtheit erfreuen sich das Ende des 17. Jahrhunderts eröffnete Café Procope, später das Café Gradot und das Café der Veuve Laurent.

Akademien

Bedeutung

Neben der 1635 gegründeten Académie française – deren Sitze im Laufe des 18. Jahrhunderts mehrheitlich an die Aufklärer vergeben werden – und der ihr angegliederten Académie des Inscriptions, Académie royale des sciences und Académie des Beaux-Arts entstehen im *siècle des Lumières* in Paris und in der Provinz zahlreiche wissenschaftliche Akademien. Unabhängig davon, ob die Mitglieder der verschiedenen Akademien die Ideen der Aufklärer teilen oder nicht, tragen sie durch die Analyse und Diskussion der Werke zu deren Verbreitung bei. In den Akademien werden ökonomische, medizinische, politische, soziale und philosophische Fragen erörtert. Das wachsende Interesse an Chemie, Botanik und Physik zeigt sich an der Einrichtung von Studierzimmern und Laboratorien. Zu diesem Zweck bilden sich auch die so genannten *sociétés savantes*.

Literatur

Bénichou (1973), Darnton (1991; 1992a; 1995), Delon/Malandain (1996), Didier (1987; 1992), Grieder (1985), Habermas (1962), Lough (1978), Martino (1970), Masseau (1994), Mauzi (1990), Negroni (1996), Pomeau/Ehrard (1984), Rieger (³1994), Roche (1988). Speziell zu den Akademien: Roche (1978).

4 Architektur, Malerei, Musik

Überblick

Dem liberalen Geist der Epoche entsprechend, wendet sich der Kunstkritiker und Philosoph Abbé Dubos (1670–1742) in seinen *Réflexions critiques sur la poésie et sur la peinture* (1719) gegen eine rationalistische Ästhetik und dogmatische Kunstregeln und plädiert, in der Nachfolge des Sensualismus von Locke, für eine Beurteilung des Schönen durch das Gefühl. Diese sich auf subjektive Empfindungen gründende Ästhetik ist die des Rokoko.

Rationalismus	Sensualismus
Grundrichtung des philosophischen Denkens, die vom französischen Philosophen DESCARTES begründet wurde und Verstand und Vernunft zur Grundlage aller Erkenntnis macht.	Philosophische Lehre, die auf den englischen Philosophen LOCKE zurückgeht und meint, dass alle Erkenntnis auf Sinneswahrnehmungen basiert.

Malerei

Der Maler Antoine WATTEAU (1684–1721) hält in seinen Gemälden die galant-frivole Atmosphäre der Régence fest. Sein Bild *L'embarquement pour Cythère* (1717) markiert den Beginn einer neuen Epoche und die Entstehung eines neuen Genres, den *fêtes galantes*. Ferner fangen François BOUCHER (1703–1770) und Maurice Quentin de LA TOUR (1704–1788), später dann auch Jean Honoré FRAGONARD (1732–1806), den Charme und die Eleganz der Epoche in ihren graziösen, erotisierend-sinnlichen Bildern ein. In den Gemälden Jean-Baptiste CHARDINS (1699–1779) spiegelt sich in realistischen Alltagsszenen der Aufstieg des Bürgertums wider.

Rokoko

In der Phase des wirtschaftlichen Aufschwungs erleben Malerei und Architektur eine Blüte, die noch heute etwa das Hôtel Soubise in Paris lebendig hält. Die geschwungene Linien liebende, dramatisch-expressive und dynamische Ästhetik des Barock beeinflusst auch den ornamentalen Dekorationsstil, nach dem Begriff „rocaille" (Muschelwerk) Rokoko genannt, in dem freundlich-helle Farben und verspielt-graziöse Formen dominieren. Auch in der Mode ist die Betonung des Sinnlichen vorherrschend: in Pastelltönen gehaltene, schillernde und üppig mit Spitzenrüschen, Seidenschleifen und Volants besetzte Roben mit tiefausgeschnittenen Dekolletees sind Ausdruck der Epoche. Eine gepuderte, ausufernde Haarpracht, das stark geschminkte Gesicht, ein Schönheitspflästerchen, Handschuhe, mit Edelsteinen beringte Finger, ein Spitzentaschentuch, ein Beuteltäschchen (Pompadour genannt), Strumpfbänder und zierliche Schuhe runden die galant-frivole Erscheinung der Dame des Rokoko ab. Unter dem Einfluss des englischen Bürgertums wird die Mode in der 2. Jahrhunderthälfte schlicht und unauffällig; ungemusterte und dunkle Stoffe ohne übertriebene Zierelemente dominieren.

Umbruch

Ab ca. 1750 werden die barocke Ästhetik und auch das Rokoko durch eine neo-klassizistische, antikisierende Ästhetik (Klarheit, Einfachheit, Schlichtheit antiker Formen) verdrängt. Ausdruck dieses Umbruchs ist die kunsttheoretische Schrift *Les Beaux-Arts réduits à un même principe* (1746) von Charles BATTEUX (1713–1780), der sich für eine rationalistische, also vernunftgeleitete und klassizistische Ästhetik ausspricht.

Musik	Zwischen 1715 und 1750 dominiert der Komponist Jean-Philippe Rameau (1683–1764) die Musikszene. Das Publikum nimmt seine gefühlsbetonten Opern begeistert auf. Bekannte Schriftsteller – darunter Voltaire – verfassen Libretti zu seiner Musik.
Literatur	Didier (1985; 1992), Knabe (1972).

⌨ Autorenportrait Montesquieu

Würdigung	Mit Voltaire und Diderot gilt Montesquieu als der bedeutendste Denker der Aufklärung. In seiner grundlegenden politisch-philosophischen Schrift *De l'esprit des lois* (1748) propagiert er eine demokratische Regierungsform und die Gewaltenteilung, die Grundlage aller modernen Rechtsstaaten sind. So ist er auch der maßgebliche Wegbereiter der Verfassungen der französischen Revolution. Montesquieus Briefroman *Lettres persanes* (1721) ist darüber hinaus einer der wichtigsten Romane der Aufklärung.
Biografie	Charles-Louis de Secondat, Baron de La Brède et Montesquieu wird 1689 geboren. Er studiert Rechtswissenschaften und übernimmt 1716 das Amt seines Onkels als Präsident am Gerichtshof von Guyenne. Diese Tätigkeit füllt Montesquieu jedoch nicht aus, sodass er sich literarischen und naturwissenschaftlichen Studien zuwendet und an der Académie des sciences in Bordeaux forscht. Der Erfolg seiner *Lettres persanes* öffnet ihm 1721 die Türen des Club de l'Entresol und des Salons der Mme de Tencin. 1726 legt er sein Amt am Gerichtshof nieder, um sich ganz der Literatur widmen zu können. 1728 wird Montesquieu in die Académie française gewählt. Bis 1731 bereist er Europa. In London wird er am Hofe eingeführt und in die Royal Society aufgenommen. Während des zweijährigen Englandaufenthalts studiert Montesquieu die englische Verfassung. Seine Ergebnisse legt er 1734 nach der Rückkehr nach Frankreich in seinen *Considérations sur les causes de la grandeur des Romains et de leur décadence* nieder. Montesquieu stirbt 1755.
Lettres persanes	Die anonym in Amsterdam publizierten *Lettres persanes* (1721) sind ein satirischer Briefroman mit insgesamt 161 Briefen. Die Hauptfiguren, die Perser Rica und Usbek, gelangen während einer Europareise zwischen 1711 und 1720 nach Paris. Von dort schreiben sie sich gegenseitig sowie Freunden und Ehefrauen in der Heimat. Zugleich erhalten sie zahlreiche Briefe von dort, die sie über eine Haremsrevolte informieren. Rica und Usbek schildern in naiv-staunender Weise aus ihrer fremden Perspektive Ereignisse, Moden, Sitten, Institutionen, Politik, Regierungsfor-

men, König und Religion und beschreiben kuriose Typen der zeitgenössischen französischen Gesellschaft.

Kommentar

Die Darstellung der französischen Gesellschaft und die bissigen
Portraits bestimmter sozialer Typen („fermier", „poète"), ja sogar
des Königs und des Papstes, lassen den Roman zu einer Gesell-
schafts- und Religionskritik werden:

*Le roi de France est le plus puissant prince de l'Europe. Il n'a point de
mines d'or comme le roi d'Espagne, son voisin; mais il a plus de ri-
chesses que lui, parce qu'il les tire de la vanité de ses sujets, plus iné-
puisable que les mines. [...] D'ailleurs ce roi est un grand magicien:
il exerce son empire sur l'esprit même de ses sujets; il les fait penser
comme il veut. [...] Ce que je te dis de ce prince ne doit pas t'étonner: il
y a un autre magicien, plus fort que lui, qui n'est pas moins maître de
son esprit qu'il l'est lui-même de celui des autres. Ce magicien s'appelle
le Pape.* (Brief 24)

MONTESQUIEU greift zudem literarische Tendenzen der Zeit auf,
so die Mode des Orientalismus, die mit der ab 1704 erscheinenden Übersetzung der Geschichten aus *Mille et une nuits* durch Antoine GALLAND einsetzte *(s. S. 54)* und die MONTESQUIEU unter dem
Deckmantel des Exotismus eine gewagte Kritik an aktuellen Zuständen des Ancien Régime ermöglicht. Schließlich erlaubt es die
Beschreibung der Haremsrevolte, ein weiteres Modethema – die
Darstellung amourös-galanter Abenteuer – einzuarbeiten. In einer in den Briefwechsel eingelassenen *Histoire des Troglodytes*
(Briefe 11 bis 14) entwickelt der Autor zudem Reformvorschläge
und den Entwurf eines idealen Staates, der sich auf die Tugend
der Einwohner gründet. Der Einschub weist auf *De l'esprit des lois*
voraus.

Wirkung

Die *Lettres persanes* sind mit ihrem Erscheinen ein unglaublicher
Erfolg beim Publikum und machen MONTESQUIEU schlagartig
berühmt. Sie lösen zudem die Welle des Briefromans aus. Vom
Staat wird das Buch sofort verboten.

***De l'esprit
des lois***

De l'esprit des lois (1748) ist ein staatsphilosophisches Werk, das
ebenfalls sofort nach seiner Publikation großen Anklang findet.
In der Einleitung (1. Buch) formuliert MONTESQUIEU seine Aus-
gangshypothese: Gesetze sind Beziehungen, die sich aus der Natur der Dinge ergeben, d. h. konkreten politischen, geografischen
und sozialen Gegebenheiten, die je nach Land variieren können.
In den Büchern 2 bis 13 befasst sich MONTESQUIEU mit der Beziehung der verschiedenen Gesetze zur Staatsform und zur Verfassung; er behandelt die Republik, die Monarchie und die Despotie,
denen er jeweils ein Grundprinzip zuordnet: Tugend, Ehre, Furcht.
In den Büchern 14 bis 26 arbeitet der Autor die Beziehungen zwi-

schen den Gesetzen und den jeweils herrschenden geografischen, politischen und kulturellen Rahmenbedingungen heraus: Klima, Beschaffenheit des Bodens, Sitten. Zugleich müssen, so MONTES- QUIEU, die Gesetze mit Handel, Geldumlauf, Einwohnerzahl und Religion abgestimmt sein. Seine Ausführungen über die Wechsel- wirkungen zwischen Gesetzen und Generationen wendet er bei- spielhaft auf Rom und Frankreich an (Bücher 27–31).

Staatsformen		
Republik (Demokratie oder Aristokratie)	Monarchie	Despotie
Regierungschef ↓	König ↓	Gewaltherrscher ↓
„le gouvernement républicain est celui où le peuple en corps, ou seulement une partie du peuple, a la souveraine puissance"(II, 1)	„[le gouvernement] monarchique, [est] celui où un seul gouverne, mais par des lois fixes et établies" (II, 1)	„dans le [gouvernement] despotique, un seul, sans lois et sans règles, entraîne tout par sa volonté et par ses caprices" (II, 1)
↕	↕	↕
Tugend	Ehre	Furcht
Grundprinzipien		

Frankreich

MONTESQUIEU selbst favorisiert die republikanische Verfassung Englands, weil in dieser die Gewaltenteilung verwirklicht ist. Für Frankreich schlägt er die konstitutionelle Monarchie vor, in der die absolutistische Macht des Königs eingeschränkt ist; die Stabi- lisierung der Regierungsform und die Verhinderung von Macht- missbrauch, Willkür und Tyrannei sind dabei den „corps inter- médiaires" zu übertragen. Zudem propagiert MONTESQUIEU die Gewaltenteilung in exekutive, legislative und richterliche Gewalt sowie deren wechselseitige Kontrolle (Bücher 6-11).

Klima- theorie

In den Büchern 14 bis 17 entwickelt MONTESQUIEU die Klima- theorie *(théorie des climats)*. Diese besagt, dass das Klima Menta- lität und Temperament eines Volkes sowie dessen Gesetze be- stimmt. Außerdem prangert MONTESQUIEU ganz im Geiste der Aufklärung Missstände der französischen Gesellschaft an: Er de- nunziert die Intoleranz (nebenbei auch die spanische Inquisiti- on), die *lettres de cachet,* Folter und Sklaverei und benennt Geißeln wie Hunger und Kriege. Oberstes Ziel sind bei MONTESQUIEU Frei- heit und Glück der Menschen.

Wirkung

Neben dem großen Erfolg des in Genf erschienenen Werkes auf Seiten der Aufklärer – wobei VOLTAIRE sich allerdings verhalten äußert – wird *De l'esprit des lois* von Jesuiten und Jansenisten gleichermaßen attackiert. Das Buch leistet einen wesentlichen Beitrag zur Aufklärungsbewegung und wird die Verfassungsgeber während der Revolution inspirieren.

Literatur Bei der Voltaire Foundation in Oxford erscheinen die *Œuvres complètes*, hg. von L. Desgraves und E. Mass. *De l'esprit des lois*, hg. von L. Versini, Paris: Gallimard 1995. Vom selben Herausgeber liegt eine Taschenbuchausgabe der *Lettres persanes* (Paris: Garnier Flammarion 1995) vor.
Desgraves (1988) vermittelt einen Überblick über die umfangreiche Forschungsliteratur. Ausgewählte Monografien: Benrekassa (1987), Desgraves (1994), Ehrard (1965), Goldzink (1989), Goyard-Fabre (1993), Rosso (1971), Starobinski (1994).

3 Die Literatur der Frühaufklärung

Autorenportrait VOLTAIRE

Würdigung VOLTAIRE verkörpert das Jahrhundert der Aufklärung wie kein anderer. Daher wird das 18. Jahrhundert auch gelegentlich als das Zeitalter VOLTAIRES bezeichnet. Vom brillant dichtenden, freidenkerischen Jüngling der mondänen Salons entwickelt er sich zum führenden Kopf der Aufklärungsbewegung. Bis zu seinem Tod kämpft er mit der Feder und seinem Schlachtruf „Ecrasez l'Infâme" unermüdlich für Toleranz, Freiheit und Gerechtigkeit und gegen die Willkür der absolutistischen Herrscher und die in deren Umfeld gedeihende Heuchelei, Niedertracht, Korruption sowie deren Folgen (Folter, Verfolgung, Ungerechtigkeit). Sein enormes Gesamtwerk – in der Gesamtausgabe der Oxforder Voltaire Foundation sind 150 Bände geplant – trägt zur Verbreitung der Aufklärung bei und belegt zugleich, dass VOLTAIRE sich mit allen Wissensgebieten beschäftigt, sich unablässig zu Gunsten Verfolgter und Unterdrückter engagiert und zudem der Verfasser eines umfangreichen literarischen Œuvres ist: ein Epos, tausende von Versen, 26 Erzählungen, 39 Theaterstücke, zahlreiche historische Schriften und Abhandlungen sowie bedeutende philosophische Werke beweisen dies. VOLTAIRES kosmopolitischer Geist, seine Berühmtheit und seine kaum zu überschätzende Bedeutung spiegeln sich schließlich auch in seiner Korrespondenz, die auf etwa 40.000 Briefe geschätzt wird.

Die Biografie VOLTAIRES

Jugend Der als VOLTAIRE bekannte François-Marie Arouet, 1694 als Sohn eines Notars geboren, entstammt dem wohl situierten Bürgertum.

Nach dem Besuch des Collège Louis-le-Grand, wo er schon als Schüler wegen seiner außergewöhnlichen literarischen Begabung auffällt, und statt sich einer vom Vater gewünschten juristischen Karriere zu verschreiben, stürzt Arouet sich ins mondäne Leben und ist Gast an der Cour de Sceaux der Duchesse du MAINE. Das frivole Klima trägt dazu bei, sein aufmüpfiges Wesen und sein Freidenkertum zu bestärken. Er frequentiert nun auch wieder die libertine Société du Temple, in die er schon als Zehnjähriger eingeführt worden war.

Erste Werke

Seine ersten Werke verfasst VOLTAIRE mit sechs Jahren, es folgen zahlreiche Dichtungen für die mondäne Gesellschaft, darunter satirische Verse gegen den König, die ihn 1717 für elf Monate hinter Gitter bringen. In der Bastille beginnt er mit der Abfassung seines Epos *La Henriade*, das den toleranten HEINRICH IV. besingt. Der große Erfolg seiner Tragödie *Œdipe* (1718) öffnet ihm die Türen des Regenten und LUDWIGS XV. sowie berühmter Persönlichkeiten wie RICHELIEU und Lord BOLINGBROKE. Etwa zu dieser Zeit nimmt er das Pseudonym VOLTAIRE an.

England

Wegen eines Streits mit dem Chevalier de ROHAN, den er in Spottversen lächerlich gemacht hat, muss VOLTAIRE Frankreich verlassen. Er geht 1726 nach England, wo er bis Ende 1728 lebt und von hoch gestellten Persönlichkeiten, darunter der König, der Prince of Wales, WALPOLE und BOLINGBROKE, empfangen wird. Er ist von der in England herrschenden Toleranz und der Meinungsfreiheit begeistert. Zudem lernt er führende Philosophen und Literaten kennen: LOCKE, SWIFT, POPE, CONGREVE, GAY, und liest SHAKESPEARES Dramen, die ihn stark beeindrucken. Im naturwissenschaftlichen Bereich studiert er die Physik NEWTONS, deren Verbreitung in Frankreich er fortan maßgeblich fördern wird. Der Aufenthalt in England trägt entscheidend dazu bei, VOLTAIRES Denken in die Richtung der Aufklärungsbewegung zu lenken.

Rückkehr

1729 kehrt VOLTAIRE nach Paris zurück. Er führt mehrere Theaterstücke erfolgreich auf, darunter *Brutus* (1730) und *Zaïre* (1732). Wegen der Publikation der *Lettres philosophiques* (1734) muss VOLTAIRE erneut die Flucht ergreifen. Er findet für die folgenden zehn Jahre Unterschlupf bei Mme du CHÂTELET in Cirey.

Cirey

Dort widmet er sich ausgiebigen physikalischen und astronomischen Studien, insbesondere beschäftigt er sich mit NEWTON, woraus die populärwissenschaftliche Schrift *Eléments de la philosophie de Newton* (1738) hervorgeht. Neben der Lektüre historischer, literarischer und philosophischer Werke entstehen weitere Theaterstücke und historische Arbeiten. Ab 1736 korrespondiert VOLTAIRE mit dem späteren preußischen König FRIEDRICH II.

Paris	Zwischen 1743 und 1747 hält VOLTAIRE sich erneut in Paris auf. Er ist bei Hof wieder genehm und erhält eine Pension von Mme de POMPADOUR, steuert Werke zu königlichen Festen bei und wird 1745 zum königlichen Geschichtsschreiber *(Historiographe du Roi)* ernannt. Die Comédie-Française führt zahlreiche neue Theaterstücke von ihm auf. In dieser Zeit beginnt VOLTAIRE auch mit der Abfassung seiner Erzählungen. 1746 wählt man ihn in die Académie française, doch 1747 fällt er erneut beim König in Ungnade und zieht sich nach Cirey zurück, hält sich dann in Lunéville beim ehemaligen polnischen König STANISLAUS auf. Nach dem Tod von Mme du CHÂTELET 1749 kehrt VOLTAIRE kurz nach Paris zurück, bevor er die Einladung FRIEDRICHS II. nach Potsdam annimmt.
Potsdam	Von 1750 bis 1753 lebt VOLTAIRE in Potsdam, wo sich noch weitere französische Gelehrte (z. B. LA METTRIE, MAUPERTUIS) aufhalten. Nach verschiedenen Streitigkeiten mit Gelehrten und Höflingen kommt es schließlich zum Zerwürfnis mit FRIEDRICH II. VOLTAIRE verlässt Potsdam bei Nacht und Nebel, wird aber in Frankfurt am Main eingeholt und für mehrere Wochen gefangen gesetzt.
Genf	An den Höfen von Paris und Postdam unbeliebt, hält VOLTAIRE sich zunächst im Elsaß auf, bevor er in Genf auf dem Anwesen Les Délices eine Bleibe findet. Später kauft er ein weiteres Anwesen in Lausanne und das Schloss von Ferney. Damit schafft er sich strategisch günstige Rückzugsmöglichkeiten.
Les Délices	Hier verfasst er zwischen 1755 und 1758 seine 45 Artikel für die *Encyclopédie* (z. B. Esprit; Goût; Histoire; Idole, idolâtre, idolâtrie).
Ferney	1760 bezieht VOLTAIRE das Schloss in Ferney, das er bis kurz vor seinem Tod nicht mehr verlassen wird. Sein Leben gleicht dem eines Herrschers, dessen Hof Politiker, Philosophen, Künstler und Wissenschaftler anzieht. Von Ferney aus attackiert VOLTAIRE wütend die Auswüchse von Intoleranz und Willkür: Er ergreift Partei für zu Unrecht verurteilte und hingerichtete Personen, die Opfer von Intoleranz, Willkür und Justizirrtümern geworden sind, und erwirkt in einigen Fällen tatsächlich die postume Rehabilitation der Geschädigten (Affaire CALAS; Affaire SIRVEN; Affaire Chevalier de LA BARRE; Affaire LALLY-TOLLENDAL).
Triumph	1778 tritt der inzwischen 84-jährige VOLTAIRE seine letzte Reise nach Paris an, die zu einem unglaublichen Triumph wird. Grund der Reise ist die Uraufführung seiner Tragödie *Irène*. Ganz Paris begrüßt VOLTAIRE wie einen Halbgott und drängt sich, ihn zu sehen oder zu sprechen. Anlässlich der Premiere von *Irène* am 30. März 1778 krönen die Schauspieler in VOLTAIRES Anwesenheit

auf der Bühne seine Büste. Das Publikum rast vor Begeisterung. Auch die Académie française ehrt VOLTAIRE. Am 30. Mai 1778 stirbt er.

Das Werk VOLTAIRES

Inbegriff der Aufklärung

Zu Beginn seiner literarischen Karriere ist VOLTAIRE der klassischen Dichtungslehre verhaftet. Er versucht sich zunächst in den „großen" Gattungen Tragödie und Epos. Mit seinem unglaublich vielfältigen und umfassenden Gesamtwerk, das die Gebiete Literatur, Naturwissenschaft, Politik, Philosophie, Theologie, Historiographie, Sittenlehre und Rechtslehre umspannt, und durch sein persönliches Engagement für nahezu alle Bereiche des gesellschaftlichen Lebens (humanitäre und soziale Fragen), der Wissenschaft, der Kunst und der Politik, durch seine Mitarbeit an und das Abfassen von zentralen Werken der Aufklärungsbewegung gilt VOLTAIRE als Inbegriff der Aufklärung.

Versdichtungen

Hauptwerke

Neben einer großen Anzahl von Spottgedichten sowie in Versen abgefassten Schriften erlangt VOLTAIRE großen Ruhm mit seinem Epos in 10 Gesängen über HEINRICH IV. und die Protestantenmassaker des 16. Jahrhunderts, *La Henriade* (1728; frühere Fassung: *La Ligue ou Henri le Grand,* 1723). Die Darstellung der Ereignisse bietet dem Dichter die Gelegenheit, gegen religiöse Intoleranz und Fanatismus zu polemisieren. Er besingt den menschlichen HEINRICH IV., der die Hugenottenkriege mit dem Toleranzedikt 1598 beendete und den Religionsfrieden stiftete. 1756 verfasst VOLTAIRE unter den Eindruck des Erdbebens von Lissabon, dessen tragische Ausmaße 1755 ganz Europa erschütterten, sein *Poème sur le désastre de Lisbonne,* in dem er sich angesichts der weitreichenden Zerstörung gegen die Optimismus-These ausspricht (s. auch die Ausführungen zu *Candide*).

Korrespondenz

Dokument der Epoche

Die Zahl der von VOLTAIRE verfassten Briefe wird von dem VOLTAIRE-Forscher Theodore Besterman auf etwa 40.000 geschätzt, von denen Besterman ca. 22.000 publiziert, während die Pléiade-Ausgabe in 13 Bänden 15.284 Briefe beinhaltet. VOLTAIRES Briefe sind ein einzigartiges historisches Dokument der Epoche und belegen den kosmopolitischen Charakter VOLTAIRES und der Aufklärung, deren Zeichen und Spiegel sie sind. VOLTAIRE korrespondiert mit Monarchen (u. a. FRIEDRICH II., Zarin KATHARINA II., GUSTAV III. von Schweden), Schriftstellern (LESSING, POPE, GOLDONI), Wissenschaftlern, seinen Geliebten (Mme du CHÂTELET, Mme de DENIS), Freunden (DAMILAVILLE) und Verlegern (CRAMER). Die Bedeutung der Briefe, die das ganze Europa der Epoche miteinander vernetzen, ist schon von den Zeitgenossen erkannt worden, sodass bereits 1789 in der u. a von BEAUMARCHAIS und CONDORCET besorgten Edition de Kehl ca. 4500 Briefe der Öffentlichkeit zugänglich gemacht wurden.

Erzählungen

Definition
VOLTAIRE verfasst 26 Erzählungen *(contes philosophiques)*, von denen zahlreiche von der Mode des Orientalismus beeinflusst sind *(s. S. 54)*, sodass man diese auch als *contes orientaux* bezeichnet. Daneben rekurriert VOLTAIRE auf literarische Traditionen wie die utopische Weltraumreise, den Abenteuer- und Reiseroman oder die moralische Erzählung. Die *contes philosophiques* dienen stets dazu, auf ironische Weise politische, gesellschaftliche oder religiöse Missstände anzuprangern sowie vor allem philosophische Reflexionen anzustellen. *Candide ou L'optimisme* gilt als klassisches Beispiel des *conte philosophique*.

Stil
VOLTAIRES klarer, präziser und zugleich spielerisch-leichter Stil und der ironische, teils auch sarkastische und bissige Ton zeichnen die *contes philosophiques* aus.

Zadig
Zadig ou La destinée (1748) ist VOLTAIRES bekanntester *conte oriental*. Der junge, begabte und gut aussehende Zadig wird Minister auf Grund von Verdiensten, die er sich beim König und der Königin erworben hat. Er muss jedoch bald vor der Eifersucht des Königs fliehen, wird Sklave und erleidet eine Folge von Schicksalsschlägen. Schließlich gelangt er zurück nach Babylon, wo er seine Gegner besiegt und zum König ernannt wird.

Kommentar
Das orientalische Ambiente der Handlung (Serail, Karawanen) dient als satirische Verkleidung der zeitgenössischen Wirklichkeit. VOLTAIRE prangert die Intoleranz von Kirche und Priestern, die Niedertracht und Korruption von König und Hofstaat sowie die Frivolität und Unbeständigkeit der Frauen an. Diese Kritik an orientalischen Zuständen ist nur zu leicht als Zerrspiegel von Versailles zu entlarven. Mit Zadigs Wahl zum König propagiert VOLTAIRE Toleranz, Vernunft, Weisheit und eine aufgeklärte Politik.

Micromégas	In *Micromégas* (1752) gelangen der wegen eines missliebigen Buches vom Sirius verbannte Riese Micromégas (Winzig-Riesig) und sein Reisegefährte vom Saturn auf die Erde und machen die Bekanntschaft der mikroskopisch kleinen, aber unsagbar dünkelhaften Erdenbewohner, die sich für das Zentrum der Welt halten. Über diesen Irrglauben muss Micromégas lauthals lachen. In den Gesprächen zwischen den Menschen und Micromégas lässt VOLTAIRE im Sinne eines Relativismus die philosophischen und naturwissenschaftlichen Systeme von Thomas von AQUIN über DESCARTES bis LOCKE Revue passieren.
Candide	In dem *conte philosophique Candide ou L'optimisme* (1759) greift VOLTAIRE, wie schon in dem *Poème sur le désastre de Lisbonne,* die Optimismus-These von LEIBNIZ und WOLF auf, um sie ad absurdum zu führen. Der seinem Namen alle Ehre machende Candide wächst im Schloss des westfälischen Barons Thunder-ten-Tronckh auf und wird dort zusammen mit dessen Sohn und Tochter Cunégonde von dem lächerlichen Pangloss, einem Schüler von LEIBNIZ, in „métaphysico-théologo-cosmolonigologie" unterrichtet und in dem Glauben erzogen, in der besten aller Welten zu leben. Doch als Candide seine Liebe zu Cunégonde offenbart, wird er vom Baron verjagt. Dies ist der Anfang zahlreicher Abenteuer und Schicksalsschläge, die Candide auf seiner Reise um die ganze Welt erlebt. Nachdem er verschleppt und zum Kriegsdienst gezwungen wurde, flüchtet Candide nach Holland, wo er auf Pangloss trifft und erfährt, dass alle Bewohner des Schlosses getötet worden seien. Pangloss und Candide gelangen nach Lissabon und werden Augenzeugen des Erdbebens. Von der Inquisition verurteilt, rettet ihn die totgeglaubte Cunégonde, für deren Befreiung Candide wiederum einen Inquisitor und einen jüdischen Bankier töten muss. Das Paar flüchtet nach Amerika, wo es erneut getrennt wird. Über Paraguay, wo er vermeintlich Cunégondes Bruder tötet, und das Fantasieland Eldorado gelangt Candide zurück nach Europa. In Konstantinopel trifft er schließlich die inzwischen hässlich gewordene Cunégonde, ihren Bruder und Pangloss wieder. Candide und Cunégonde heiraten und bestellen zusammen mit den anderen ihren Garten:

... et Pangloss disait quelquefois à Candide: „Tous les événements sont enchaînés dans le meilleur des mondes possibles: car enfin si vous n'aviez pas été chassé d'un beau château à grands coups de pied dans le derrière pour l'amour de mademoiselle Cunégonde, si vous n'aviez pas été mis à l'Inquisition, si vous n'aviez pas couru l'Amérique à pied, si vous n'aviez pas donné un bon coup d'épée au baron, si vous n'aviez pas perdu tous vos moutons du bon pays d'Eldorado, vous ne mangeriez pas ici des cédrats confits et des pistaches. – Cela est bien

dit, répondit Candide, mais il faut cultiver notre jardin." (Ende von *Candide*)

Kommentar
Auf seinen Reisen trifft Candide ständig auf das Böse, das überall triumphiert: Naturkatastrophen, Schiffbrüche, grausame Armeen, Krankheiten, Morde, Machtgier, Undank und das Auftreten von Piraten, Betrügern, religiösen Fanatikern überstürzen sich in parodistischer Absicht. Candide lernt, dass Gut und Böse gleichermaßen in der Welt existieren. Neben der Kritik der Optimismus-These ist *Candide* eine Satire auf den Abenteuerroman. In Candides Schlusssatz resümiert VOLTAIRE die Frage nach dem Glück des Menschen, das Candide in seinem Garten findet.

Wirkung
Noch im Erscheinungsjahr folgen viele Neuausgaben und Übersetzungen. Bis heute gilt *Candide* als klassisches Beispiel des VOLTAIRESCHEN *conte philosophique*.

Historische Werke

Bedeutung
Mit den nachstehenden Werken öffnet VOLTAIRE der Geschichtswissenschaft radikal neue Wege: Statt ausschließlich große Taten eines Monarchen zu besingen, weitet VOLTAIRE den Blick auf die Nation aus und bezieht wirtschaftliche, soziologische und vor allem kulturelle Fakten ein. Er vollzieht so den Schritt von einem heilsgeschichtlichen bzw. panegyrischen zu einem philosophisch-antitheologischen Geschichtskonzept und schreibt die Kultur- und Zivilisationsgeschichte einer Epoche.

Le siècle de Louis XIV
In *Le siècle de Louis XIV* (1752) beginnt VOLTAIRE mit einer Darstellung Europas vor der Thronbesteigung LUDWIGS XIV. (Kap. 1) und behandelt anschließend politische und militärische Ereignisse (Kap. 2–24), auf die Anekdoten, Intrigen und Alltägliches vom Hofe folgen (Kap. 25–28). Die Darstellung der Innenpolitik (Kap. 29–30), der Wissenschaft und Künste (Kap. 31–34) sowie der religiösen Intoleranz, der Aufhebung des Edikts von Nantes und der Zerstörung Port-Royals schließen sich an (Kap. 35–39).

Kommentar
Wie BAYLE unterzieht VOLTAIRE überliefertes Wissen einer kritischen Überprüfung. Die methodische Verbindung von Fakten und Daten mit Kommentaren und Reflexionen des Autors sowie mit einer Kulturgeschichte sind bedeutende Neuorientierungen in der Geschichtsschreibung.

Essai sur l'histoire
In seinem für die Geschichtsschreibung ebenfalls bahnbrechenden *Essai sur l'histoire générale et sur les mœurs et l'esprit des nations*

depuis Charlemagne jusqu'à nos jours (1756) weitet VOLTAIRE die Perspektive sowohl zeitlich (Beginn mit KARL dem Großen) als auch geografisch (China, Indien, Arabien, Amerika) erheblich aus, um eine universale Kulturgeschichte der menschlichen Zivilisation zu erstellen.

Den genannten Geschichtswerken folgen noch u. a. der *Précis du siècle de Louis XV* (1768) und eine *Histoire du Parlement de Paris* (1769), in der VOLTAIRE – immer in anprangernder Absicht – Justizirrtümer und Amtsmissbräuche enthüllt.

Theater

Gesamtwerk

Schon VOLTAIRES Theaterdebüt mit der Tragödie *Œdipe* (1718) ist vom Erfolg gekrönt. Dies bleibt so bis zu seiner letzten Tragödie, der 1778 uraufgeführten *Irène*. Insgesamt verfasst VOLTAIRE 39 Theaterstücke (27 Tragödien, 12 Komödien).

Tradition

VOLTAIRE bleibt der klassischen Dramaturgie (Regel der drei Einheiten, 5 Akte, Vers) weitgehend verhaftet.

Innovation

Zugleich nimmt er thematisch eine Horizonterweiterung vor, indem er z. B. Jerusalem *(Zaïre)*, Peru *(Alzire)*, China *(L'orphelin de la Chine)* als Handlungsorte wählt oder auf die französische Geschichte zurückgreift *(Zaïre, Adélaïde du Guesclin)*.

Aufführung

Auch zur Etablierung einer neuen, realistischeren Theaterästhetik trägt VOLTAIRE bei, indem er die Bühne von Zuschauern befreit, spektakuläre Bühneneffekte einsetzt, die Schauspielweise einer natürlichen Vortragsweise annähert und die Kostüme Ort und Zeit der Handlung anpaßt *(s. S. 37, 82–83)*.

Stoffe

Folgende thematische Schwerpunkte lassen sich herauskristallisieren:

Tragödien

Tragödien, die **antike Stoffe** behandeln: Während sich in *Œdipe* (1718) erste Seitenhiebe auf Willkür und Gewaltherrschaft finden, entfaltet sich in *Brutus* (1730) im historischen Rahmen das politische Ideal und das Leitmotiv der Republik. Die dreiaktige Tragödie *La mort de César* (1735) zeigt einen Tyrannenmord, ebenso wie VOLTAIRES erfolgreichste Tragödie *Mérope* (1743).

Nationale Tragödien, die – in Abwendung von den Vorgaben der klassischen Poetik – **Stoffe der nationalen Geschichte** darstellen: *Zaïre* (1732) – ein Bühnentriumph VOLTAIRES, der ihm bei seinen Zeitgenossen den Ruf des besten Tragödiendichters einträgt – spielt im Jerusalem zur Zeit der Kreuzzüge und thematisiert den zentralen Konflikt zwischen Liebe und Religion: Zaïre, eine Europäerin christlicher Abstammung, liebt den Sultan Orosmane, der sie zur Frau nehmen will. Kurz vor ihrer Heirat erscheint der christliche Kreuzritter Nérestan, der sich als Zaïres Bruder erweist. Zwischen ihrer Liebe zu Orosmane und der Pflicht ihrer Religion gegenüber hin und her gerissen, wird Zaïre von Orosmane in einem Eifersuchtsanfall erstochen. Zu spät erfährt er, dass Zaïre ihn nicht mit Nérestan betrogen hat. Nachdem er alle christlichen Gefangenen freigelassen hat, tötet sich der Nérestan moralisch weit überlegene Orosmane. Angesichts der beiden Toten erkennt Nérestan seine Intoleranz, die am Ort der Passion Christi die Liebe und das Glück von Zaïre und Orosmane zerstört hat. In *Adélaïde du Guesclin* (1734) verarbeitet VOLTAIRE eine Episode aus dem Hundertjährigen Krieg.

In **exotischem Ambiente** situierte Tragödien: Die in Peru spielende Handlung von *Alzire* (1736) führt vor, wie der christliche Statthalter sich mit den Anführern der indianischen Bevölkerung versöhnt. Die Tragödie ist ein Manifest für Menschlichkeit und Seelengröße, die Ungerechtigkeit, Unterdrückung und Intoleranz überwinden. *Le fanatisme ou Mahomet le prophète* (1741) verdeutlicht die Indienstnahme des Theaters für militante Zwecke, indem religiöser Fanatismus und Intoleranz scharf angeklagt werden. Das exotische Ambiente von *L'orphelin de la Chine* (1755) dient gleichermaßen als Deckmantel für aufklärerisches Gedankengut: Der grausame Gengis Khan lässt sich zu Tugend und Menschlichkeit läutern.

Komödien

VOLTAIRES Komödien spiegeln den zeitgenössischen Geschmack wider: Die dreiaktige Verskomödie *Nanine ou Le préjugé vaincu* (1749) handelt von der Intrige einer Baronin, welche die Hochzeit des Comte d'Olban mit dem naiv-unschuldigen Landmädchen Nanine aus Standesdünkel verhindern will; doch die Liebenden überwinden die Vorurteile. Die fünfaktige Prosakomödie *Le café ou l'Ecossaise* (1760) dient dazu, den *anti-philosophe* FRÉRON – im Stück als intriganter Journalist Frélon unschwer zu erkennen – lächerlich zu machen.

Daneben verfasst VOLTAIRE Libretti für Musikstücke, wie z. B. für RAMEAUS *comédie-ballet La princesse de Navarre* (1745) und die Oper *Le temple de la gloire* (1745).

Philosophische Werke

Lettres philoso- phiques

Die gleichzeitig in Frankreich und England erscheinenden *Lettres philosophiques* (1734, auch *Lettres anglaises* genannt) loben in 25 kritischen „lettres" alle Bereiche der englischen Politik, Gesellschaft und Kultur und besingen die in England herrschende Freiheit und Toleranz: Religionsfreiheit (Lettres 1–7), vorbildliche politische und soziale Einrichtungen (Lettres 8–11), Philosophie und Wissenschaften (Lettres 12–17), Literatur, dabei vor allem SHAKESPEARE (Lettres 18–24). Der Band schließt mit kritischen Bemerkungen über PASCALS *Pensées* (Lettre 25).

Kommentar

Die *Lettres philosophiques* gehören zu den Hauptwerken der Aufklärung. Das Lob der Freiheit in den genannten Bereichen ist zugleich eine implizite Kritik an den rückständigen Verhältnissen in Frankreich: Es stehen die englische Religionsfreiheit dem katholischen Dogmatismus in Frankreich gegenüber, die englische konstitutionelle Monarchie dem absolutistisch regierenden französischen König, die Freiheit der englischen Gelehrten und Literaten der Verfolgung und Inhaftierung französischer Autoren. Mit dieser Schrift legt VOLTAIRE den Grundstein für seine aufklärerische Gesellschaftskritik.

Wirkung

Vom Gerichtshof als „contraire à la Religion, aux bonnes mœurs et au respect dû aux Puissances" eingestuft, werden die *Lettres philosophiques* sofort nach der Publikation verboten und wenig später öffentlich verbrannt. VOLTAIRE muss aus Paris flüchten. Der Erfolg des Buches beim Publikum ist enorm.

Dictionnaire philosophique

Im *Dictionnaire philosophique portatif* (1764), einem alphabetisch aufgebauten Lexikon, kritisiert VOLTAIRE Staat, Gesellschaft und Religion. Außerdem behandelt er philosophische, moralische, ästhetische und literarische Fragen.

Kommentar

VOLTAIRES scharfsinnige Argumentation führt zu pointierten, teils ironischen, teils satirischen Angriffen gegen kirchliche Dogmen und den Klerus. Eine erweiterte Ausgabe folgt 1770 unter dem Titel *Dictionnaire philosophique*. Zudem arbeitet VOLTAIRE die im *Dictionnaire* niedergelegten Überlegungen in weiteren Werken aus, z. B. in den *Questions sur l'Encyclopédie* (1770–1772).

Wirkung

1764 wird das Buch sofort verboten und öffentlich verbrannt. Auch Lesern und Buchhändlern bzw. Buchdruckern drohen für den Besitz und Vertrieb des Buches Folter und Gefängnis. Ein Exemplar wird mit dem gefolterten und hingerichteten Chevalier de LA BARRE verbrannt.

Pamphlete

Polémiste

Von Ferney aus kämpft VOLTAIRE unermüdlich für die Leitideen und Ideale der Aufklärung, indem er – vielfach unter Pseudonymen – in unzähligen Protest-, Schmäh-, Spott- und Kampfschriften (frz. *diatribes, libelles, satires, facéties*) zu skandalösen Ereignissen und Zuständen Stellung bezieht, Justizskandale aufdeckt, gegen Intoleranz und Aberglaube polemisiert. Ziel seiner wütenden Attacken sind nicht selten die eingeschworenen Feinde der Aufklärer, die *anti-philosophes* (FRÉRON, PALISSOT). Berühmte Beispiele für VOLTAIRES humanitäres Engagement sind die im biografischen Teil genannten Prozesse, bei denen VOLTAIRE zu Gunsten der Justizopfer Partei eingreift. Im Zusammenhang mit der Affaire CALAS entsteht 1763 der polemische *Traité sur la tolérance à l'occasion de la mort de Jean Calas,* in dem VOLTAIRE Intoleranz und Fanatismus brandmarkt.

Literatur Neben der Oxforder Gesamtausgabe liegen zahlreiche Bände bei Gallimard (Pléiade) vor. Empfehlenswerte Einzelausgaben sind: *Romans et contes,* hg. von R. Pomeau, Paris: Garnier-Flammarion 1966; *Lettres philosophiques,* hg. von F. Deloffre, Paris: Gallimard (Folio) 1986. Theaterstücke: *Œdipe, Zaïre, Le fanatisme ou Mahomet le prophète, Mérope, Nanine ou Le préjugé vaincu, La femme qui a raison, Le café ou L'Ecossaise* finden sich in der vorzüglichen Anthologie *Théâtre du XVIIIe siècle,* hg. von J. Truchet, 2 Bände, Paris: Gallimard (Pléiade) 1972–1974.

Die Sekundärliteratur zu Voltaire ist kaum überschaubar. Neben speziellen Voltaire-Bibliografien, z. B. Frederick A. Spear (Hg.) (1992): *Bibliographie analytique des écrits relatifs à Voltaire, 1966-1990,* Oxford: Voltaire Foundation, bieten die folgenden aktuellen Voltaire-Lexika Einstiegsmöglichkeiten: *Inventaire Voltaire,* hg. von J. Goulemot, A. Magnan, D. Masseau, Paris: Gallimard 1995. *Dictionnaire de la pensée de Voltaire par lui-même,* hg. von A. Versaille, Brüssel: Ed. Complexe 1994. *Dictionnaire Voltaire,* hg. von R. Trousson, J.Vercruysse, J. Lemaire, Brüssel: Hachette 1994. Neuere Monografien: Goldzink (1994), Menant (1994; 1995), Mervaud (1994), Pomeau (1956; 1985), Winklehner (1998). Zeitschrift: *Studies on Voltaire and the Eighteenth Century.*

1 Theater

Überblick über das Theaterwesen

Bedeutung Wegen der großen Beliebtheit des Theaters spricht man von der „théâtromanie" (J. Scherer) des 18. Jahrhunderts.

Oper	Die Académie Royale de Musique wurde 1672 von dem Komponisten Jean-Baptiste LULLI gegründet, der als Schöpfer der französischen Nationaloper gilt.
Repertoire	Die Oper besitzt das Monopol für Aufführungen mit Musik, Gesang und Tanz. Neben Opern kommt die neu entstandene Ballettoper *(opéra-ballet)* zur Aufführung. Wichtige Werke sind *L'Europe galante* (1697) von CAMPRA mit dem Libretto von HOUDAR DE LA MOTTE und *Les Indes galantes* (1735) von RAMEAU mit dem Libretto FUZELIERS. Es lässt sich eine Entwicklung hin zum *opéra bouffe* nachzeichnen. Im 18. Jahrhundert ist die Oper Austragungsort dreier Musikfehden: Die erste entzündet sich 1733 an RAMEAUS Oper *Hippolyte et Aricie* (1733). Anhänger LULLIS und RAMEAUS tragen diese *Querelle des Lullistes et des Ramistes* aus und entscheiden sie zu Gunsten RAMEAUS. Die zwei weiteren *Querelles* fallen in die 2. Jahrhunderthälfte *(s. S. 80–81).*
Comédie-Française	Die Gründung der Comédie-Française erfolgte 1680 durch den Zusammenschluss der Truppe MOLIÈRES mit der des Hôtel de Bourgogne.
Repertoire	Die Schauspieler unterstehen als „Comédiens ordinaires du Roi" der Autorität des Königs und haben die Aufgabe, sowohl die Tradition CORNEILLES, MOLIÈRES und RACINES zu pflegen als auch neue Theaterstücke aufzuführen. In der 1. Jahrhunderthälfte muss die Comédie-Française sinkende Zuschauerzahlen verkraften.
Comédie-Italienne	Die 1697 von LUDWIG XIV. ausgewiesene Truppe kehrt 1716 auf Wunsch des Regenten unter der Leitung von Luigi RICCOBONI zurück und ist ab 1723 ein offizielles Theater, dessen Schauspieler sich „Comédiens ordinaires du Roi de la troupe italienne" nennen dürfen.
Repertoire	Ab 1718 spielt die Truppe abwechselnd Stücke in französischer und italienischer Sprache, wobei das Französische leicht überwiegt, und bietet Aufführungen mit Musik und Tanz. Sinkende Zuschauerzahlen führen 1762 zur Fusion mit dem Opéra-Comique.
Théâtres de la Foire	Die Jahrmarktstheater finden im Frühjahr und Herbst anlässlich der Foire Saint-Germain und der Foire Saint-Laurent statt. Nach der Ausweisung der Comédie-Italienne hatten sich die Jahrmarktstheater deren Repertoire angeeignet. 1715 institutionalisiert sich eine Truppe mit dem Namen Opéra-Comique.
Repertoire	Das Jahrmarktstheater bietet ursprünglich Spektakel und Aufführungen verschiedenster Art: Marionettenspieler, Seiltänzer- und Akrobatiknummern. Zwischen 1721 und 1737 stellen die Au-

toren LESAGE und D'ORNEVAL das Repertoire der Théâtres de la Foire zusammen. Weitere bekannte Autoren sind FUZELIER, PIRON und später FAVART.

Provinz

Noch über den Tod LUDWIGS XIV. hinaus ist das Theater in Provinzstädten in katastrophalem Zustand. Es wird erst während der Régence wieder zum Leben erweckt und partizipiert dann im Laufe des Jahrhunderts am Theaterboom.

Zensur

1701 wird eine öffentliche Zensur des Theaters eingeführt und 1709 auf gedruckte Theaterstücke ausgeweitet. Die Zensur wacht hauptsächlich darüber, dass persönliche Angriffe gegen den König oder Attacken gegen Kirche und Politik ausbleiben.

Gattungen

Tragödie

Die **Tragödie** gilt auch im 18. Jahrhundert als die erhabenste und angesehenste dramatische Form. Mit RACINE als Vorbild bleibt die klassische Dramaturgie unangetastet: Einheit von Handlung, Zeit und Ort; 5 Akte; Vers (regelmäßiger Alexandriner). Wegen der Beibehaltung der klassischen Regeln nennt man die Tragödie des 18. Jahrhunderts auch neo-klassizistische Tragödie *(tragédie néo-classique)*. Erst nach 1760 setzt der Niedergang der Tragödie im Zusammenhang mit dem bürgerlichen Trauerspiel ein *(drame bourgeois, s. S. 85–86)*.

Stoffe

Die Stoffe der klassizistischen Tragödie sind der antiken Mythologie entnommen. VOLTAIRE ist zugleich Bewahrer und Erneuerer der Tragödie: Zu antiken Stoffen treten nun mittelalterliche und exotische hinzu. Diese dienen den Tragödienautoren – allen voran VOLTAIRE – im Laufe des Jahrhunderts verstärkt dazu, philosophische Fragen zu erörtern sowie politische und religiöse Missstände offen zu legen und anzuprangern.

Im Zuge der Anglomanie um die Jahrhundertmitte wird auch SHAKESPEARE eine große Bedeutung zugemessen. Übersetzungen und Adaptationen seiner Dramen erscheinen.

Komödie

In formaler Hinsicht steht die **Komödie** im Übergang vom 17. zum 18. Jahrhundert in der Nachfolge MOLIÈRES. Auch im Verlauf des Jahrhunderts bleibt MOLIÈRE ein Vorbild, doch büßen seine Stücke an Popularität ein, da das Publikum ab ca. 1730 immer weniger lachen und stattdessen gerührt werden möchte. Die Empfindsamkeit *(sensibilité)* wird das neue gesellschaftliche Ideal. Dem trägt die Komödie Rechnung, indem sie ernster und moralisierender wird. So kommt sie dem Bedürfnis des bürgerlichen, empfindsamen Publikums nach Stücken nach, welche Rührung *(attendrissement)* und Tränen hervorrufen.

| Stoffe | Inhaltlich werden der Aufstieg des Finanzbürgertums und der sich schon zu Lebzeiten LUDWIGS XIV. abzeichnende Wandel der Gesellschaft thematisiert. Der Finanzier avanciert zur beliebten Figur satirischer Darstellungen. Neben LESAGE *(s. S. 40–41)* thematisiert Jean-François REGNARD (1655–1709) in seiner Intrigenkomödie *Le légataire universel* (1708) die große Rolle des Geldes in den letzten Regierungsjahren des Sonnenkönigs. Später führt der soziale Aufstieg des Bürgertums dazu, dass dessen Wertvorstellungen über moralisch tugendhaftes Verhalten, über Ehe und Familienleben zunehmend zum Ausdruck kommen. |

Durch inhaltliche Akzentsetzungen lassen sich verschiedene Ausprägungen der Komödie benennen, die jedoch nur schwer voneinander abzugrenzen sind, da sie häufig zusammenfließen. Generell lässt sich folgende schematische Unterscheidung treffen:

Intrigenkomödie *(comédie d'intrigues)*	Charakterkomödie *(comédie de caractères)*
Regnard, Lesage	Regnard, Destouches, Piron, Gresset

Sittenkomödie *(comédie de mœurs)*	Weinerliche Komödie *(comédie larmoyante)*
Dancourt, Lesage, Gresset	Nivelle de la Chaussée, Mme de Graffigny

Intrigenkomödie: Die Komik gründet sich auf Verwicklungen, Verwechslungen und Intrigen sowie deren Auflösung.

Charakterkomödie: Die Komik basiert auf der stark typisierten Zeichnung eines deformierten Charakters, der sich auf ein Merkmal (z. B. Geiz) reduzieren lässt, sowie den daraus entstehenden Situationen.

Sittenkomödie: Meist in der zeitgenössischen Gegenwart und im Alltagsleben verankert, werden moralische Laster (z. B. Standesdünkel, Hartherzigkeit, Intoleranz) und Tugenden in ehelichen oder familiären Konflikten behandelt. Damit werden eine bestimmte soziale Schicht oder einzelne Vertreter in ihrer Tugendhaftigkeit bestätigt oder in ihrer moralischen Verwerflichkeit bloßgestellt und kritisiert. Florent Carton DANCOURT (1661–1725) zeichnet in seinen ca. 90 Stücken ein satirisches Sittengemälde der frivolen Gesellschaft.

Weinerliche Komödie: In den 30er- und 40er-Jahren entsteht diese gattungstypologische Neuheit, die zugleich auf das bürgerliche Trauerspiel *(drame bourgeois)* vorausweist:

| Definition | *„La comédie larmoyante est un genre intermédiaire entre la comédie et la tragédie, qui introduit des personnages de condition privée, vertueux ou tout près de l'être, dans une action sérieuse, grave, parfois pa-* |

thétique, et qui nous exite à la vertu en nous attendrissant sur ses infortunes et en nous faisant applaudir à son triomphe. La Chaussée en fut l'inventeur.* (Lanson, 1970, S. 1)

GRAFFIGNY

Mme de GRAFFIGNY (1695–1758) gilt hauptsächlich als Romanautorin *(s. S. 53)*. Mit ihrer *comédie larmoyante Cénie* (1750) in der Nachfolge NIVELLE DE LA CHAUSSÉES legt sie an der Schwelle zur 2. Jahrhunderthälfte ein erfolgreiches Theaterstück vor.

MARIVAUX

Eine weitere Sonderform der Komödie ist die **psychologische Liebeskomödie** von MARIVAUX *(s. S. 42–43)*, der Elemente der Intrigen- und Sittenkomödie, der italienischen Stegreifkomödie und der empfindsamen Komödie mit einer neuartigen nuancierten psychologischen Studie des *amour naissant* verknüpft.

Literatur

Daniel (1964), Hinck (1974), Lancaster (1950; 1953), Lanson (1970), Larthomas (^{2}1989), Morel (^{3}1968), Ridgway (1961), Schalk (1977), Schoell (1983), v. Stackelberg (1992), Voltz (1964).

Autoren und Werke

VOLTAIRE

Zu VOLTAIRES Tragödien und Komödien siehe das **Autorenportrait** VOLTAIRES.

CRÉBILLON

Biografie

Prosper Jolyot de CRÉBILLON (1674–1762) ist Rechtsanwalt in Paris. Er beginnt seine Karriere als Dramatiker mit einem Misserfolg. Seine zweite Tragödie, *Idoménée*, findet 1705 dagegen guten Anklang beim Publikum. 1731 wird CRÉBILLON in die Académie française gewählt. Neben seiner literarischen Tätigkeit ist CRÉBILLON ab 1733 königlicher, ab 1735 polizeilicher Zensor. Er verhindert die Aufführungen von VOLTAIRES *La mort de César* (1735) und *Mahomet* (1741), wodurch er sich dessen Hass zuzieht.

Werke

CRÉBILLONS Tragödien basieren auf Stoffen der antiken Mythologie: *Atrée et Thyeste* (1707); *Electre* (1708); *Rhadamiste et Zénobie* (1711); *Xerxès* (1714); *Phyrrus* (1926); *Catilina* (1748); *Le Triumvirat* (1754).

Hauptwerk

Die fünfaktige Verstragödie *Atrée et Thyeste* (1707) behandelt die Legende der Pelopiden. Liebe, Rache, Mord und Selbstmord sind die dramatischen Versatzstücke der grausamen Handlung: Atreus tötet Plisthène, den Sohn seines Bruders Thyestes, und serviert diesem den Kopf des Toten in einer Schale, um sich für den einstigen Raub seiner Braut durch Thyestes zu rächen. Die Liebesgeschichte zwischen Plisthène und dessen Halbschwester Théodamine sowie der Selbstmord Thyestes in der letzten Szene steigern die Dramatik der blutrünstigen Handlung.

Kommentar

Diese Tragödie ist repräsentativ für CRÉBILLONS dramatisches Schaffen: Im Unterschied zu seinen Vorgängern im Grand Siècle – RACINE vor allem – zeichnen sich CRÉBILLONS pathetische Schauertragödien durch besondere Grausamkeit und Blutrünstigkeit aus. CRÉBILLON selbst soll gesagt haben: „Corneille a pris la terre, Racine le ciel; il me reste l'enfer." Mit seinen Tragödien erringt CRÉBILLON große Erfolge, wodurch er sich zu VOLTAIRES Erzrivalen macht.

Literatur

Atrée et Thyeste findet sich in der gut dokumentierten Ausgabe Théâtre du XVIIIe siècle, hg. von J. Truchet, Band 1, Paris: Gallimard (Pléiade) 1972.
Dutrait (1970).

LESAGE

Biografie

Alain René LESAGE (1668–1747) stammt aus einer Juristenfamilie. 1694 heiratet er nach Paris, wo er seine Schriftstellerkarriere beginnt. Durch einen Freund lernt er Spanisch und beschäftigt sich intensiv mit spanischen Autoren des Siglo de Oro. Die Lektüre der Werke von Francisco de ROJAS, LOPE DE VEGA und CALDERÓN inspirieren ihn zu eigenen Theaterstücken.

Hauptwerke

Das erste Theaterstück, Le Point d'Honneur (1702), ist kein Erfolg. Dieser stellt sich erst 1707 mit der Komödie Crispin rival de son maître und dem Roman Le diable boiteux (s. S. 48) ein. Später verfasst LESAGE ca. 100 Stücke für das Théâtre de la Foire.

Die fünfaktige satirische Gesellschaftskomödie Turcaret (1709) zeigt den aus niedrigen Verhältnissen stammenden, aber inzwischen sozial aufgestiegenen und reichen Steuerpächter Turcaret, der eine Baronin umgarnt, um sich Zutritt zu Adelskreisen zu verschaffen. Die finanziell ruinierte Baronin heuchelt Turcaret aber ihre Liebe nur vor, weil sie mit seinem Geld einen Chevalier aushält, der sie wiederum nur ausnutzt. Schließlich verliert Turcaret durch unlautere Finanzspekulationen seinen Reichtum. Eine Reihe von Entlarvungen vernichtet schließlich die lügenhaften und parasitären Scheinidentitäten. Nur Turcarets Diener Frontin ist am Ende der alleinige Nutznießer, da er zuvor genügend Geld zur Seite geschafft hat: „Voilà le règne de M. Turcaret fini; le mien va commencer."

Kommentar	Die Komödie ist eine bittere Satire auf die durch das Finanzsystem Ludwigs XIV. reich gewordenen Steuerpächter und die moralische Verdorbenheit der Gesellschaft. Mit Lesages Werk erreicht die Figur des *financier* ihren literarischen Höhepunkt. Die Verknüpfung der Figuren in einer Betrugskette von Lügen, geheuchelten Gefühlen, Geldgier und parasitären Beziehungen wird durch einen Diamantring symbolisiert, der von einer Figur zur anderen weitergereicht wird.

Die Komik des Stückes speist sich neben sprachlicher Komik (z. B. Flüche, doppeldeutige Sätze) aus den Figuren, deren wahre Identität trotz Rollenspiel, Verstellung und Heuchelei für den Zuschauer stets erkennbar ist, von den einzelnen Figuren wegen ihrer Arroganz und Eitelkeit zunächst aber nicht realisiert wird.

Wirkung	Als die bevorstehende Aufführung des Stückes bekannt wird, erwirken Finanzleute, die sich zu recht als Zielscheibe der bissigen Attacke sehen, ein Verbot des Stückes. Erst ein Jahr später gelingt es Lesage, die Komödie in überarbeiteter Fassung und mit ausdrücklichem Befehl von Monseigneur spielen zu lassen. Trotz des enormen Erfolgs setzt die Comédie-Française *Turcaret* ab. Lesage wendet sich daraufhin dem Théâtre de la Foire zu.

Literatur	*Turcaret* findet sich in der Anthologie *Théâtre du XVIIIᵉ siècle,* hg. von J. Truchet, Band 1, Paris: Gallimard (Pléiade) 1972. Gerhardi (1983), Wagner (1997).

Piron

Biografie	Alexis Piron (1689–1773) stammt aus Dijon, wo er mit einer *Ode à Priape* einen Skandal heraufbeschwört. 1719 kommt er nach Paris und erringt dort mit dem *opéra-comique Arlequin-Deucalion* (1722) einen Erfolg. Bis 1732 ist er neben Lesage einer der Hauptlieferanten von Stücken für das Théâtre de la Foire.

Hauptwerk	Neben einigen Tragödien verfasst er 1738 seine bekannteste Komödie *La métromanie ou Le poète* (5 Akte, Verse). Piron lässt autobiografische Elemente in seine Darstellung des von der „métromanie" (Verswahn) befallenen Dichters Damis einfließen. Die Handlung ist recht verwickelt und besteht aus mehreren parallelen Strängen: u. a. die literarischen Ambitionen von Damis, die Liebesbeziehung zwischen Dorante und Lucile, die Feindschaft von deren Vätern, die Vorbereitung einer Theateraufführung. Die positive Charakterisierung der Hauptfigur Damis wertet die sonst in der Literatur eher lächerlich gezeichnete Figur des Poeten auf.

Literatur	Das Stück findet sich in *Théâtre du XVIIIe siècle*, hg. von J. Truchet, Band 1, Paris: Gallimard (Pléiade) 1972. Verèb (1997).

MARIVAUX

Biografie

Pierre Carlet de Chamblain de MARIVAUX (1688–1763) wächst als Sohn eines Finanzbeamten in Riom auf. Im Börsenkrach des Engländers LAW verliert er 1720 sein Vermögen, sodass er fortan von den Einkünften seiner Schreibtätigkeit leben muss. Er verkehrt in den Salons Mme de LAMBERTS und Mme de TENCINS. Neben journalistischen Tätigkeiten *(s. S. 60–61)* verfasst MARIVAUX Theaterstücke und Romane *(s. S. 50)*. 1742 wird er in die Académie française aufgenommen.

Hauptwerke

Nach F. DELOFFRE (1989) lässt sich MARIVAUX' vielfältiges dramatisches Werk grob wie folgt thematisch untergliedern:

Allegorische Komödien: Diese Komödien behandeln abstrakte moralische Themen: *L'amour et la vérité* (1720), *Le triomphe de Plautus* (1728), *La réunion des amours* (1731).

Soziale Utopien: MARIVAUX entwirft ideale Gesellschaften, in denen moralische und – ansatzweise – soziale und politische Verhaltensideale durchgespielt werden: *L'île des esclaves* (1725), *Les petits hommes ou L'île de la raison* (1727), *La nouvelle colonie* (1729).

Sittenkomödien: In diesen Komödien kritisiert MARIVAUX lächerliches und moralisch verwerfliches Verhalten: *L'héritier de village* (1725), *Le petit-maître corrigé* (1734), *La commère* (1741).

Erziehungskomödien: Die Mädchen-Erziehung und das Verhältnis Mutter-Tochter sind Gegenstand von *L'école des mères* (1732) und *La mère confidente* (1735).

Charakterkomödien: In *Le legs* (1736), *Les sincères* (1739) entfaltet sich die Handlung um komische Charaktere.

Liebeskomödien: Hauptthema ist die Liebe, die psychologisch feinsinnig in ihrem Entstehungsprozess *(amour naissant)* und all ihren Nuancen analysiert wird: *Arlequin poli par l'amour* (1720), *La surprise de l'amour* (1722), *La double inconstance* (1723), *La seconde surprise de l'amour* (1727), *Le jeu de l'amour et du hasard* (1730), *Le triomphe de l'amour* (1732), *Les fausses confidences* (1737), *L'épreuve* (1740).

Le jeu de l'amour

Die dreiaktige Prosakomödie *Le jeu de l'amour et du hasard* (1730) zählt zu MARIVAUX' berühmtesten Theaterstücken. Um den vom Vater bestimmten zukünftigen Ehemann Dorante zu prüfen, tauscht Silvia mit ihrer Dienerin Lisette die Rolle. Dieselbe Idee hatte Dorante, bevor er bei Silvia vorstellig wird. Sein Diener Arlequin präsentiert sich deshalb als der Bewerber, während Doran-

Gesellschaft, Kultur und Literatur der Frühaufklärung: 1715 bis 1750

te in der Kleidung des Dieners auftritt. Silvia und Dorante sind vom untypischen und noblen Auftreten des Gegenübers überrascht und innerlich berührt (1. Akt). So wie Arlequin und Lisette einander gefallen, fassen auch Dorante und Silvia Zuneigung zueinander. Als Dorante die Maske fallen lässt und sich zu erkennen gibt, triumphiert Silvia insgeheim, setzt das Spiel jedoch fort, um Dorantes Gefühle zu prüfen (2. Akt). Als Silvia erkennt, dass Dorante sie über die vermeintlichen Standesgrenzen hinweg heiraten möchte, enthüllt auch sie ihre wahre Identität und stimmt der Heirat zu (3. Akt).

Kommentar Die Neuartigkeit der MARIVAUXSCHEN Dramaturgie lässt sich anhand einiger Aspekte verdeutlichen: Trotz des Rückgriffs auf traditionelle komische Elemente wie Rollentausch, Verkleidung und Verwechslungsspiel sowie die typisierte Figur Arlequin konzentriert sich MARIVAUX' Stück primär auf das Erwachen der Liebe *(amour naissant)* und die daraus resultierenden Schwierigkeiten und Qualen der Hauptfiguren, sich selbst und anderen die Liebe einzugestehen, so dass der „aveu" zu einem strukturbildenden Merkmal dieser und vieler anderer Komödien von MARIVAUX wird und die zentrale Rolle der Sprache deutlich macht: Die zur Realisierung der Heirat zu überwindenden Hindernisse sind folglich nicht äußere Zwänge (z. B. die von Eltern geplante Vernunftehe, Standesunterschiede), sondern die eigenen Standesdünkel, Vorurteile, seelischen Konflikte, Ängste, Gefühle und der *amour-propre* der Figuren. Aus diesen Situationen entwickelt MARIVAUX eine differenzierte psychologische Analyse der Figuren und ihrer Seelenzustände. Die zu Beginn in Aussicht gestellte glückliche Heirat wird stets realisiert. In dem so zwischen Anfang und Ende gespannten Raum entfalten sich die subtilen psychologischen Analysen des inneren Wandels.

Marivaudage MARIVAUX schafft einen Sprachstil, der alle Nuancierungen der durchlebten Gefühle, Seelenzustände und -regungen zum Ausdruck bringen kann: Angst, Zweifel, Misstrauen, Zögern, Interesse, Eitelkeit, Erwachen der Liebe. Bereits MARIVAUX' Zeitgenossen prägten dafür den Begriff *marivaudage*, um in abfälliger Absicht die Verbindung von psychologischer Analyse mit alltäglicher, banaler Sprache zu bezeichnen. Heute meint der Begriff dagegen die ausgesucht elegant-geschliffene, verfeinerte Ausdrucksweise der Figuren: *„Marivauder: Tenir, échanger des propos d'une galanterie délicate et recherchée."* (Petit Robert)

Literatur *Théâtre complet*, hg. von H. Coulet und M. Gilot, Paris: Gallimard (Pléiade) 1993–1994, mit einer ausführlichen Bibliografie. *Théâtre complet*, hg. von F. Deloffre und F. Rubellin, Paris: Bordas (Classiques Garnier) 1989–1992.

Dabbah El-Jamal (1995), Deguy (1986), Deloffre (²1971), Miething (1975; 1979), Ratermanis (1961), Rubellin (1996).

Destouches

Biografie	Philippe Néricault, genannt DESTOUCHES (1680–1754), gehört zu den produktivsten Komödienautoren der 1. Jahrhunderthälfte. Er arbeitet zunächst als Sekretär, widmet sich dann aber ganz dem Theater. 1723 wird er in die Académie française aufgenommen.
Hauptwerke	DESTOUCHES' von MOLIÈRE beeinflusste moralisierende Charakterkomödien präsentieren Hauptfiguren, die mit Fehlern und Lastern behaftet sind, sich aber im Sinne des *sensibilité*-Ideals am Ende stets zur Tugend bekehren lassen. Seine bekanntesten und erfolgreichsten Stücke sind *Le philosophe marié* (1727) und *Le glorieux* (1732). Die fünfaktige Verskomödie *Le glorieux* stellt einen jungen dünkelhaften Grafen vor, der erst die Liebe der bürgerlichen Isabelle gewinnt, als er seine Überheblichkeit ablegt. Das moralisierende Ende entspricht dem Zeitgeschmack.
Literatur	Das Stück findet sich in *Théâtre du XVIIIᵉ siècle,* hg. von J. Truchet, Band 1, Paris: Gallimard (Pléiade) 1972. Hoffmann-Liponska (1979).

Gresset

Biografie	Jean-Baptiste Louis GRESSET (1709–1777) ist zunächst im Jesuitenorden als Lehrer in der Provinz tätig. Er macht sich durch einige satirische Gedichte, darunter das berühmte *Ver-Vert* (1734), bekannt. 1735 verlässt er den Orden und versucht, als *homme de lettres* in Paris Fuß zu fassen. 1748 wird er in die Académie française aufgenommen.
Hauptwerke	GRESSET verfasst drei Theaterstücke: eine Tragödie, *Edouard III* (1740), die ein Misserfolg ist, und das Drama *Sidney* (1745). GRESSETS letztes Stück, die fünfaktige Verskomödie *Le méchant* (1747), ist ein großer Erfolg. Der „méchant", Cléon, versucht aus reiner Freude am Intrigieren die Liebe zwischen seinem Freund und dessen Verlobten Chloé zu zerstören. Obwohl sein Plan scheitert und er bloßgestellt wird, lässt er sich nicht zur Tugend bekehren. Das Stück enthält eine deutliche Kritik an Paris und der mondänen Gesellschaft, deren „méchanceté" GRESSET anprangert. Der raffinierte Intrigant steht in deutlichem Kontrast zu den natürlichen, unverdorbenen Figuren, die auf dem Land leben.

Literatur	*Le méchant* findet sich in *Théâtre du XVIIIᵉ siècle,* hg. von J. Truchet, Band 1, Paris: Gallimard (Pléiade) 1972. Siehe Truchets Hinweise in der vorstehend genannten Ausgabe.

NIVELLE DE LA CHAUSSÉE

Biografie	Pierre Claude NIVELLE DE LA CHAUSSÉE (1691–1754) führt lange Jahre ein plan- und bindungsloses Leben in der mondänen Gesellschaft und wendet sich erst recht spät dem Theater zu. 1736 wird er in die Académie française aufgenommen.
Form	NIVELLE DE LA CHAUSSÉE gilt als Erfinder der moralisierenden *comédie larmoyante (s. S. 38–39)*. Seine erste *comédie larmoyante, La fausse antipathie,* stammt von 1733. Im Theater durch MARIVAUX und DESTOUCHES vorbereitet, ereignet sich der Erfolg seiner Rührstücke zu einer Zeit, in der die *sensibilité* auch im Roman à la RICHARDSON und PRÉVOST wahre Triumphe feiert.
Hauptwerke	Nach *Le préjugé à la mode* (1735) verfasst NIVELLE DE LA CHAUSSÉE seine bekannteste *comédie larmoyante Mélanide* (1741), auf die schließlich *L'école des mères* (1744) folgt. *Mélanide,* in fünf Akten und in Versen abgefasst, handelt von verworrenen Familienbeziehungen, die sich am Ende glücklich entwirren lassen.
Kommentar	Empfindsamkeit, Einfühlungsvermögen, Mitfühlen und Mitleiden *(sensibilité, attendrissement)* sind die neuen Verhaltensnormen, die NIVELLE DE LA CHAUSSÉES Figuren veranschaulichen. In zahlreichen Regieanweisungen beschreibt der Autor, wie die Schauspieler die Emotionen sichtbar machen sollen (Ausrufe, abgebrochene Sätze, Schluchzen, Ohnmachtsanfälle, Händeringen).
Literatur	*Mélanide* findet sich in *Théâtre du XVIIIᵉ siècle,* hg. von J. Truchet, Band 1, Paris: Gallimard (Pléiade) 1972. Lanson (1970), Vincent-Buffault (1986).

2 Erzählprosa

A Roman

Überblick	Wie auch im 17. Jahrhundert gilt der Roman noch über die Jahrhundertmitte des *siècle des Lumières* hinaus als „niedere" Gattung. Dies liegt in der klassischen Poetik begründet, die sich am Vorbild der Antike orientiert und die dort gepflegten großen Gattungen (Epos, Tragödie, Komödie) und deren Bewertung übernimmt. Da der Roman poetologisch nicht durch bestimmte Regeln fixiert ist,

ermöglicht er formal und inhaltlich eine große Gestaltungsfreiheit. Obschon er von der Literaturkritik nicht anerkannt ist, erfreut der Roman sich beim Publikum einer großen Beliebtheit. Ab 1685 ist ein bedeutender Anstieg der Romanproduktion zu verzeichnen.

Formen

Der **Memoiren-Roman** *(roman-mémoires),* eigentlich handelt es sich um Pseudo-Memoiren-Romane, ist die beliebteste Form in der 1. Jahrhunderthälfte und erscheint mit den verschiedensten Bezeichnungen: *roman d'apprentissage, roman autobiographique, roman picaresque, roman d'aventures, roman de mœurs.* Die Romane beinhalten den retrospektiv und von einem weisen Standpunkt aus erzählten Lebensbericht einer Figur, die ihren gesellschaftlichen Aufstieg von der Jugend bis zum Alter oder aber ihre Liebesgeschichte schildert. Die Ich-Erzählung bezeugt die Authentizität des Erzählten. Im Zuge des Bedeutungszuwachses des Bürgertums werden die Pseudo-Memoiren immer mehr von bürgerlichen Figuren erzählt. Es wird häufig eine Rahmenhandlung geschaffen, in der ein fiktiver Herausgeber die Memoiren veröffentlicht (Herausgeberfiktion).

Briefroman *(roman épistolaire):* Der Briefroman basiert auf dem Ich-Erzählmodus und besteht aus dem fiktiven Briefwechsel zweier oder mehrerer Schreiber *(polyphonie épistolaire).* Liegen nur die Briefe einer Figur vor, während die Antworten des Briefpartners fehlen, spricht man von der monoperspektivischen Darstellung einer Korrespondenz *(monodie épistolaire).* Der Briefroman erlebt in der 2. Jahrhunderthälfte seine Blütezeit.

Briefroman	Memoirenroman
Montesquieu, *Lettres persanes*	Challe, *Les illustres Françaises*
Crébillon fils, *Lettres de la marquise de ****	Lesage, *Gil Blas*
Mme de Graffigny, *Lettres d'une Péruvienne*	Marivaux, *La vie de Marianne*
	Marivaux, *Le paysan parvenu*
	Prévost, *Manon Lescaut*
	Crébillon fils, *Les égarements du cœur et de l'esprit*
	Mme de Tencin, *Mémoires du comte de Comminge*

Inhalte

Der **pikareske Roman** bzw. **Schelmenroman** nach spanischem Vorbild *(roman picaresque)* ist eine Sonderfom des Abenteuerromans: Gegenstand sind die Lebensgeschichte und der gesellschaftliche Aufstieg eines jungen Burschen niederer Herkunft.

Der **libertine Roman** *(roman libertin, roman érotique)* legt die Betonung auf die Darstellung erotischer Abenteuer. Neben CRÉBILLON fils *(s. S. 51)* sind DUCLOS mit den *Confessions du Comte de ****

écrites par lui-même à un ami (1741) und der Marquis D'ARGENS mit *Thérèse philosophe* (1748) Vertreter des erotisch-libertinistischen Romans.

Der **Sitten-** oder **Gesellschaftsroman** *(roman de mœurs)* legt den Schwerpunkt auf die Darstellung der Sitten einer Gesellschaft.

Literatur Barguillet (1981), Behrens (1994), Coulet (1967–68), May (1963), Mylne (1965), Versini (1979).

Autoren und Werke

CHALLE

Biografie Robert CHALLE (1659–1721) stammt aus bürgerlichen Verhältnissen. Er dient in der Armee, hält sich dann beruflich mehrere Jahre in Kanada auf und tritt später in die Marine ein. Auf den Reisen entsteht sein *Journal de voyage.* Die Aufklärer haben ihm ferner eine antiklerikale Schrift, die *Difficultés sur la religion* (1710), zu verdanken.

Hauptwerk Die sieben in der Romanhandlung verknüpften Liebesgeschichten sind unter dem Tiel *Les illustres Françaises* (1713) zusammengefasst. Die im Titel genannten Protagonistinnen entstammen nicht dem Adel, sondern dem Bürgertum. Sie zeichnen sich durch ein selbstbewusstes, emanzipatorisches Auftreten und Gefühlsleben aus. CHALLE zeichnet individuelle Charaktere und deren psychologische, charakterliche und familiäre Konflikte und Bindungen, die sich im Verlauf der Liebesbeziehungen offenbaren. Standesunterschiede und Verbote der Eltern lassen sich zu Gunsten der bürgerlichen Liebesheirat beiseiteräumen. Alle Erzählungen sind in der zeitgenössischen Wirklichkeit verankert.

Kommentar Auf Grund der realistischen, mehrheitlich in Ich-Form vermittelten Geschichten („histoires véritables"), die gegen den historischen Roman von HAMILTON und COURTILS DE SANDRAS gerichtet sind, sowie der tief gehenden Analysen psychologischer Vorgänge und Konflikte gelten CHALLES Erzählungen als bedeutende Vorläufer der realistischen psychologischen Novelle des 19. Jahrhunderts. Auch auf Romanschriftsteller des 18. Jahrhunderts übt sein Werk eine große Wirkung aus.

Literatur *Les illustres Françaises* liegen in der von J. Cormier und F. Deloffre besorgten, bestens dokumentierten Ausgabe vor (Paris: Le Livre de Poche 1996).
Coulet (1967–68), Chupeau (1993), Cormier (1995–96), Delley (1993), Weil (²1991).

Biografie	Angaben zur Biografie von LESAGE finden sich *S. 40.*
Le diable boiteux	Der Roman *Le diable boiteux* (1707) hat den spanischen Roman *El diablo cojuelo* (1641) von Gabriel VÉLEZ DE GUEVARA zum Vorbild. Er erzählt den nächtlichen Ausflug des Studenten Cléofas mit dem hinkenden Teufel Asmodée, der für ihn die Dächer der Madrider Häuser abdeckt. So hat Cléofas die Möglichkeit, unbeobachtet die unverhüllten Machenschaften der Diebe, Gauner und Prostituierten, der Geizhälse und der Spieler, aber auch der braven Bürger zu beobachten.
Kommentar	Die Schilderung des nächtlichen Treibens dient LESAGE zur ironischen Darstellung zeitgenössischer französischer Sitten und zahlreicher Typen, die er in pointierten Charakterportraits festhält.
Gil Blas	Die *Histoire de Gil Blas de Santillane* erscheint zwischen 1715 und 1735 in mehreren Teilen. In der Tradition des spanischen Pikaro-Romans präsentiert LESAGE den Sohn eines Stallmeisters, Gil Blas de Santillane, der zum Studium nach Salamanca aufbricht. Nachdem Wegelagerer ihn überfallen haben, tritt er in den Dienst verschiedener Personen, wodurch er alle sozialen Schichten bis hinauf zum Hof durchläuft. Zahlreiche Abenteuer, Schicksalsschläge und auch Glücksfälle lassen ihn die Korrumpiertheit der Gesellschaft kennen lernen und gleichzeitig von ihr profitieren. Nach einem wechselhaften Leben zieht Gil Blas sich auf ein Landgut zurück.
Kommentar	Wie schon *Le diable boiteux* ist dieser Roman ein ungemeiner Erfolg. Er stellt den Höhepunkt des französischen pikaresken Romans dar. LESAGE, der selbst nie in Spanien war, schafft durch das Studium von Reiseberichten ein spanisches Ambiente *(couleur locale).* Obwohl der Roman im 17. Jahrhundert während der Regierungen PHILIPPS III. und PHILIPPS IV. in Spanien spielt, sind Bezüge zur Régence und deren korrupter, sittenloser Gesellschaft unverkennbar und intendiert.
Literatur	*Le diable boiteux,* hg. von R. Laufer, Paris: Gallimard (Folio) 1984. *Histoire de Gil Blas de Santillane,* hg. von Etiemble, Paris: Gallimard (Folio) 1973. Laufer (1971), Wagner (1997).

MONTESQUIEU

Zu MONTESQUIEUS Briefroman *Lettres persanes* (1721) siehe das **Autorenportrait** MONTESQUIEU *(s. S. 22–25).*

Biografie

Antoine-François PRÉVOST D'EXILES (1697–1763) schlägt die religiöse Laufbahn ein – mit einem Intermezzo in der Armee –, muss aber 1728 vor seinem Orden ins englische und niederländische Exil flüchten. Dort studiert er die englische Literatur und vollendet die *Mémoires et aventures d'un homme de qualité*. 1735 kehrt er nach Frankreich zurück und erhält eine Anstellung im Haus des Prinzen von CONTI, wo er sich der Übersetzung von RICHARDSON widmet und historische Werke verfasst.

Hauptwerke

Die *Histoire du chevalier Des Grieux et de Manon Lescaut* (1731) ist im 7. Band der *Mémoires d'un homme de qualité* erschienen. In einem Rückblick berichtet Des Grieux dem Erzähler, jenem „homme de qualité", die Geschichte seiner fatalen Liebe *(amour fatal)* zu Manon Lescaut: Des Grieux verfällt der verführerischen und leidenschaftlich liebenden Manon, die ihn jedoch bald zu Gunsten reicher Freier verlässt, deren Luxus sie fasziniert. Die schöne, aber leichtfertige und skrupellose Manon manipuliert den naiv-gutgläubigen Des Grieux, der sich immer wieder auf kriminelle Machenschaften und Verbrechen einlässt. Nach zahlreichen Verhaftungen, Trennungen und Versöhnungen wird Manon verurteilt und nach Amerika verbannt. In New Orleans gelingt es Des Grieux, sie zu befreien. Nach einem Duell müssen sie in die Wüste flüchten, wo Manon vor Erschöpfung stirbt.

Kommentar

Der Roman ist ein Beispiel für die Verschmelzung verschiedener Romantypen: Das wechselhafte Schicksal der Liebenden und die zahlreichen Fluchten sind dem Abenteuer- und Reiseroman entlehnt. Gleichzeitig enthält der Roman Elemente des Sittenromans: Die detaillierte psychologische Analyse der fatalen und bedingungslosen „passion" führt vor, wie diese der Verletzung sittlicher, moralischer und sozialer Normen übergeordnet werden kann. Die subjektive Schilderung der leidenschaftlichen Gefühle kündigt zudem den empfindsamen Roman und die Romantik an *(sensibilité, préromantisme)*. Mit der Beschreibung amerikanischer Landschaften eröffnet PRÉVOST dem literarischen Exotismus eine neue Welt. Er führt dies in seinem in England entstandenen Abenteuer- und Reiseroman fort: *Le philosophe anglais ou L'histoire de M. Cleveland, fils naturel de Cromwell* (1731–1739) zeigt Glück und Unglück Clevelands in Amerika auf der Suche nach seiner Frau, der im Stile des empfindsamen Romans nach vielen Jahren und einer Reihe von Prüfungen für seine Tugendhaftigkeit belohnt wird.

Literatur

Histoire du chevalier Des Grieux et de Manon Lescaut, hg. von H. Coulet, Paris: Garnier-Flammarion 1967.
Sgard (1986; 1995).

Biografie	Zu MARIVAUX' Biografie s. S. 42.
Hauptwerke	Nach MARIVAUX' Debüt mit dem parodistischen Roman *Pharsamon ou Les folies romanesques* (1712), gefolgt von *Les effets surprenants de la sympathie* (1712–1714), erscheinen weitere parodistische und burleske Werke.
La vie de Marianne	Der Memoiren-Roman *La vie de Marianne ou Les aventures de Madame la comtesse de **** (1731–1741) beinhaltet die Lebensgeschichte Mariannes, die als Manuskript von einem fiktiven Herausgeber gefunden wurde: Marianne berichtet rückblickend von ihrer Jugend, die sie als Findelkind im Haus einer Wäscherin verbrachte. Ihre Liebe zu Valville bleibt unerfüllt, weil eine seiner Verwandten die Heirat aus Standesdünkel verhindert. Als sich Mariannes adlige Herkunft schließlich aufdecken lässt, haben sich die Liebenden jedoch bereits entfremdet. Ihre Zuhörerin, Mlle de Tervire, erzählt anschließend ihre eigene Lebensgeschichte.
Kommentar	Die Lebensberichte bieten Platz für realistische Schilderungen des zeitgenössischen Alltagslebens in Paris und für zahlreiche Portraits und Episoden sowie ausgedehnte Analysen der Gefühle. *La vie de Marianne* ist unvollendet geblieben. Die Schauspielerin und Schriftstellerin Mme RICCOBONI verfasst 1751 einen abschließenden Teil.
Le paysan parvenu	Auch in dem pikaresken Memoiren-Roman *Le paysan parvenu* (1734–1735) schildert die Hauptfigur, der Bauer Jacob, rückblickend seinen Lebensweg und sozialen Aufstieg. Als Jacob nach Paris kommt, um seinem Herrn Wein zu bringen, beschließt er, in der Stadt zu bleiben und sein Glück zu machen. So arbeitet Jacob sich vom Diener bis zum Steuerpächter empor. In der sich wandelnden Gesellschaft gelingt es ihm, sich durch Klugheit und Gerissenheit – auch in Herzensangelegenheiten –, durch profitable Finanzgeschäfte und gute Beziehungen Zutritt zur vornehmen Gesellschaft und zur Politik zu verschaffen.
Kommentar	Der ebenfalls unvollendete Roman bildet aus einer zweiten Perspektive die zeitgenössische Pariser Gesellschaft ab. Doch überwiegt nicht die Gesellschaftskritik; vielmehr konzentiert sich MARIVAUX auf die subtilen Portraits der Charaktere, die Jacob auf seinem Weg nach oben begegnen. Nach MARIVAUX' Tod erscheint eine anonyme Fortsetzung des Romans.
Literatur	*La vie de Marianne,* hg. von F. Deloffre, Paris: Garnier 1963. *Le paysan parvenu,* hg. von M. Gilot, Paris: Garnier-Flammarion 1965. Baader (1976), Coulet (1975), Goubier (1996), Miething (1979).

CRÉBILLON fils

Biografie

Claude Prosper Jolyot de CRÉBILLON, genannt CRÉBILLON fils (1707–1777), ist der Sohn des Tragödienautors Prosper Jolyot de CRÉBILLON *(s. S. 39)*. 1734 findet er Zugang zum Salon der Duchesse du MAINE, was ihm auch in Paris die Türen der Salons öffnet. Wegen der erotisch-libertinistischen Erzählung *Le sopha* wird er 1742 einige Wochen aus Paris verbannt. 1759 wird CRÉBILLON auf Betreiben Mme de POMPADOURS königlicher Zensor. Neben den hier vorgestellten Romanen verfasst CRÉBILLON fils einige Erzählungen *(s. S. 55)*.

Lettres de la marquise

Der Briefroman *Lettres de la marquise de M*** au comte de R**** (1732) ist ein Beispiel für die monoperspektivische Darstellung einer Korrespondenz: Da angeblich nur die Briefe der Marquise erhalten sind, nicht aber die Antworten ihres Geliebten, erlebt man nur aus ihrer Perspektive den Konflikt zwischen der Leidenschaft für den Comte und dem Pflichtbewusstsein ihrem Ehemann und ihrem guten Ruf gegenüber. Die Marquise stirbt schließlich, belastet von ihrem schlechten Gewissen, ihre Tugend und ihre Pflicht verletzt zu haben.

Kommentar

Die Darstellung einer sensiblen, zwischen dem Wunsch nach der Realisierung ihrer Liebe und den Zwängen von Tugend und Ehre hin und her gerissenen Frauenfigur in einer heuchlerischen und sittenverdorbenen Gesellschaft belegt, dass es CRÉBILLON um eine differenzierte psychologische Analyse seiner Protagonistin geht. 1768 wird er mit den *Lettres de la duchesse de *** au duc de **** an den Briefroman anknüpfen.

Les égarements du cœur

Les égarements du cœur et de l'esprit ou Mémoires de M. de Meilcour (1736–1738) ist ein Memoiren-Roman: Der reife Meilcour berichtet rückblickend, wie er als unerfahrener und schüchterner Jüngling in die kokette und bigotte Gesellschaft eingeführt wurde, die unter dem Mantel der Tugendhaftigkeit ihre losen Sitten zu verbergen sucht.

Kommentar

CRÉBILLON fils zeichnet die seelischen Vorgänge in Meilcour nuanciert nach. Zugleich entlarvt er die Verderbtheit der Sitten, die Eitelkeit, Affektiertheit, Verlogenheit und Unbeständigkeit der frivolen Gesellschaft sowie die Welt des Libertinage, der Heuchelei und der Perfidie.

Literatur

Lettres de la marquise de M*** au comte de R***, hg. von J. Dagen, Paris: Desjonquères 1990. *Les égarements du cœur et de l'esprit*, hg. von J. Dagen, Paris: Flammarion 1985.
Cazenobe (1991), Dornier (1994), Funke (1972), Géraud (1995), Sturm (1995).

Mme de TENCIN

Biografie	Zur Biografie *s. S. 19,* wo auch ihr Salon vorgestellt wird.

Mémoires du comte de Comminge	Die *Mémoires du comte de Comminge* (1735) sind die Pseudo-Memoiren des Titelhelden, der seine Liebesgeschichte mit Adélaïde de Lussan niedergeschrieben hat: Adélaïde geht die von den Eltern erzwungene Vernunftehe mit dem Marquis de Bénavidès ein. Dieser stirbt im Duell mit Comminge, woraufhin Comminge sich in ein Kloster zurückzieht. Dorthin verschlägt es auch Adélaïde, die sich jedoch erst auf ihrem Sterbelager zu erkennen gibt. Erst im Tode sind die beiden Liebenden vereint.

Kommentar	Die *sensibilité* und die innere Zerrissenheit der Liebenden zwischen Pflicht und leidenschaftlicher Liebe sowie der Generationskonflikt mit dem strengen Vater, der die Erfüllung der Liebe versagt, deuten auf die Romantik voraus. Der Roman erfährt allein im 18. Jahrhundert mehrere Neuauflagen, die unter dem Titel *Le comte de C. ou Les amants malheureux* erscheinen.

Le siège de Calais	Der historische Roman *Le siège de Calais* (1739) spielt vor dem Hintergrund des Hundertjährigen Krieges und thematisiert die Liebesgeschichte von M. de Canaple und Mme de Granson, deren Heirat erst nach der Überwindung verschiedener äußerer Hindernisse (gesellschaftliche Konventionen, Krieg) und innerer Widerstände (die Tugendhaftigkeit Mme de Gransons) möglich ist.

Kommentar	In diesem Roman, der sich auch einer großen Beliebtheit erfreut, spricht Mme de TENCIN auf eine liberale Weise einige „Frauen-Themen" an (z. B. uneheliche Kinder, Zwang zum Klosterleben). Ähnliche Konflikte erlebt auch die Heldin in *Les malheurs de l'amour* (1747). Mme de TENCINS letzter Roman, *Anecdotes de la cour et du règne d'Edouard II, roi d'Angleterre* (1776), wird von Mme Elie de BEAUMONT fertig gestellt.

Literatur	*Mémoires du comte de Comminge,* hg. von M. Delon, Paris: Desjonquères 1996; *Le siège de Calais,* hg. von P.-J. Rémy, Paris: Desjonquères 1983. Castries (1986).

Mme de GRAFFIGNY

Biografie	Françoise de GRAFFIGNY (1695–1758) beginnt nach einer glücklosen Ehe ihre schriftstellerische Tätigkeit erst im Alter von 50 Jahren. Sie debütiert mit einer *nouvelle espagnole Le mauvais exemple.*

KAPITEL **2** Gesellschaft, Kultur und Literatur der Frühaufklärung: 1715 bis 1750

Auch als Dramatikerin feiert Mme de GRAFFIGNY Erfolge *(s. S. 39)*. Sie gehört zur schöngeistigen Pariser Gesellschaft und pflegt Kontakte z. B. zu CRÉBILLON fils, MARIVAUX und ROUSSEAU.

Hauptwerk

Der Briefroman *Lettres d'une Péruvienne* (1747) greift die Erzählstrategie der *Lettres persanes* auf: Die junge Peruanerin Zilia berichtet ihrem in der Heimat gebliebenen Geliebten Aza über die Pariser Gesellschaft, deren Zügellosigkeit und Verdorbenheit sie ablehnt. Besonders die benachteiligte Stellung der Frau in der französischen Gesellschaft gibt ihr Anlass zu harscher Kritik.

Kommentar

Die Bedeutung des monofonen Romans liegt in der emanzipatorischen Aussage, welche die Protagonistin auf ihrem Lebensweg vermittelt. Auch wegen der gelungenen Verknüpfung der MONTESQUIEUSCHEN Tradition und des empfindsamen Romans sind die *Lettres d'une Péruvienne*, die zunächst anonym erscheinen, ein unglaublicher Erfolg. Erst in einer um einige Briefe erweiterten 2. Ausgabe gibt sich Mme de GRAFFIGNY 1752 als Autorin zu erkennen.

Literatur

Lettres d'une Péruvienne, hg. von J. DeJean u. N.K. Miller, New York: MLA 1993; und hg. von B. Bray, Paris: Garnier Flammarion 1983. *Correspondance de Madame de Graffigny*, hg. von J.A. Dainard und E. Showalter, Oxford: Voltaire Foundation 1985ff. Curtis (1994), von Kulessa (1997).

B Erzählung

Definition

Die Erzählung des 18. Jahrhunderts basiert auf zwei Erzähltraditionen: einer märchenhaft-unrealistischen und einer realistischen, wirklichkeitsnahen, die mit den Begriffen *conte* und *nouvelle* voneinander abgegrenzt werden. Doch weder die dadurch suggerierte scharfe inhaltliche Abgrenzung von *conte* und *nouvelle* noch die eindeutige Verwendung der Begriffe ist im 18. Jahrhundert eingehalten worden.

conte	*nouvelle*
märchenhaft-unrealistisch *(le merveilleux)*, exotisch	realistisch, Authentizitätsanspruch
conte de fées, conte philosophique, conte oriental, conte licencieux	*nouvelle psychologique, dialogue*

Conte

Definition

Der *conte* ist eine Erzählung, in der das von der klassischen Dichtungstheorie verpönte Element des Wunderbaren *(le merveilleux)* den fiktiven Charakter des Erzählten betont und zugleich eine märchenhafte Fantasiewelt schafft. Die Verlegung der Handlung in entfernte Länder oder Zeiten dient der Verfremdung und Maskierung der zeitgenössischen Gesellschaft. Mit VOLTAIRES *contes philosophiques* entfaltet dieser nicht-illusionistische Erzählmodus seine volle Blüte.

Inhaltliche Tendenzen

Conte de fées: Der Erfinder des Kunstmärchens ist Charles PERRAULT mit seinen ab 1697 veröffentlichten *Contes,* die eine ungeheure Modewelle auslösen.

Conte philosophique: Um die Jahrhundertmitte entsteht schließlich mit VOLTAIRE die philosophische Erzählung. VOLTAIRE verwendet den *conte philosophique* dazu, pointiert und anschaulich einen philosophischen Gedanken darzustellen. Die ironische, satirische Illustration seiner philosophischen Thesen lässt zugleich seine Kritik an zeitgenössischen Missständen durchscheinen.

Conte oriental: Die Übersetzung der *Mille et une nuits* durch Antoine GALLAND (1704–1712) löst eine Modewelle orientalischer bzw. pseudo-orientalischer Erzählungen aus. Auch in diesem Gewand bringt VOLTAIRE seine Toleranzidee und seine philosophischen Überzeugungen zum Ausdruck.

Conte licencieux: Aus dem *conte oriental* entwickelt sich die freizügige erotische Erzählung, deren Abenteuer in einem exotisch-orientalischen Rahmen noch pikanter erscheinen. Als Begründer der Gattung gilt CRÉBILLON fils mit seiner Erzählung *Le sopha* (1742).

Nouvelle

Definition

Durch ein realistisches Erzählverfahren sollen die Illusion der Wirklichkeit erzeugt und ein Authentizitätsanspruch erhoben werden. Deshalb greifen die Autoren auf real existierende Textsorten (z. B. Briefe) oder auf mündliche Erzählmodelle (z. B. Dialoge) zurück. Neben dem Terminus *nouvelle* finden auch die Begriffe *histoire, histoire véritable* oder *anecdote* Verwendung.

Psychologische Novelle: In der Tradition der psychologischen Liebesnovelle Mme de LAFAYETTES *(Princesse de Montpensier,* 1662) steht zu Beginn des 18. Jahrhunderts der aus sieben miteinander verknüpften Erzählungen zusammengefügte Roman *Les illustres Françaises* (1713) von Robert CHALLE *(s. S. 47),* der eine maßgebliche Rolle in der Entwicklung der Novelle spielt.

Literatur

Blüher (1985), Godenne (1970), Pabst (²1967).

Autoren und Werke

VOLTAIRE

Zu VOLTAIRES *contes* siehe das **Autorenportrait VOLTAIRE.**

Comte de CAYLUS

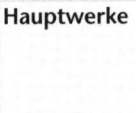**Biografie**	Der Comte de CAYLUS (1692–1765) ist der Sohn Mme de MAINTE-NONS. Der Lebemann und Archäologe wird 1731 Mitglied der Académie des Beaux-Arts, 1742 Mitglied der Académie des Inscriptions et Belles-Lettres. Er ist der Verfasser von galanten Versen, Theaterstücken, Märchen und Erzählungen sowie Schriften über die Malerei.
Hauptwerke	CAYLUS verfasst zahlreiche Märchenerzählungen. 1743 erscheinen seine *Contes orientaux*, eine Sammlung pseudo-orientalischer erotischer Erzählungen. Eine realistische Darstellung der unteren Gesellschaftsschichten bietet die pittoreske *Histoire de M. Guillaume, cocher* (1737).
Literatur	*Histoire de M. Guillaume, cocher,* hg. von P. Testud, Cadeilhan: Zulma 1993. Godenne (1969).

CRÉBILLON fils

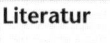**Biografie**	Zur Biografie von CRÉBILLON fils *s. S. 51.*
Hauptwerke	Der *conte licencieux* – vom Umfang her handelt es sich eher um einen Roman – *Le sopha, conte moral* (1742) erzählt die Unterhaltung des Sultans mit einem Brahmanen, der in einem früheren Leben ein Sofa war, auf dem sich zehn Liebespaare zu erotischen Affären trafen. Ort und Handlung sind unschwer zu erkennen als die im orientalischen Kostüm verkleidete frivole Pariser Gesellschaft in ihrer Zügellosigkeit. Der Brahmane verknüpft die Schilderung erotischer Abenteuer allerdings mit moralisierenden Kommentaren.
Literatur	*Le sopha,* hg. von J. Sgard, Paris: Desjonquères 1993. Funke (1972), Géraud (1995), Sturm (1995).

Mme de Gomez

Biografie	Madeleine Angélique de Gomez (1684–1770), Tochter des Schauspielers Poisson, beginnt ihre schriftstellerische Karriere als Dramatikerin mit vier klassizistischen Tragödien und einer Komödie.
Erste Werke	Das Prosawerk von Mme de Gomez ist äußerst umfangreich. Ihre ersten Erzählungen erscheinen 1722 in Amsterdam unter dem Titel *Anecdotes ou Histoire de la Maison Ottomane*. 1723 folgen die *Histoire secrète de la conquête de Grenade* und die Marguerite de Navarre nachempfundenen *Journées amusantes* (1723–1731). In zahlreichen Erzählungen folgt Mme de Gomez auch der orientalischen Mode, z. B. in den *Anecdotes persanes* (1727) oder in *Crémentine, reine de Sanga, histoire indienne* (1727).
Hauptwerk	Die *Cent nouvelles nouvelles* (1735–1739) gelten als ihr Hauptwerk. Es ist der Tradition der barocken Novelle, aber auch dem realistischen Erzählverfahren verpflichtet. Leitmotivisch wiederkehrende Themen wie Kindertausch, Wiedererkennungen und am Ende aufgeklärte Familienbande spiegeln zudem die bürgerlich-empfindsame Ausrichtung der Erzählungen wider.
Literatur	Eine moderne Ausgabe liegt nicht vor. Jones-Day (1994).

3 Lyrik

Bedeutung	Die Lyrik der 1. Jahrhunderthälfte orientiert sich inhaltlich in zwei Richtungen: Mit Jean-Baptiste Rousseau, Louis Racine und Lefranc de Pompignan entsteht eine religiöse Dichtung. Bei Voltaire nimmt die Versdichtung eine philosophische Richtung, die auf aktuelle politische und gesellschaftliche Ereignisse reagiert. Kürzere galante Gelegenheitsdichtungen sind zudem in den Salons überaus beliebt. Sie eignen sich für satirische Zwecke und tragen zur Unterhaltung der mondänen Gesellschaft bei, wie etwa Gressets *Ver-Vert (s. S. 44–45).*
Literatur	Menant (1981).

Autoren und Werke

Voltaire	Im **Autorenportrait** Voltaire sind dessen Versdichtungen behandelt worden *(s. S. 25–35).*
Rousseau	Jean-Baptiste Rousseau (1671–1741) ist Sohn eines Schuhmachers. Er gelangt durch die Bekanntschaft mit Boileau in literari-

sche Kreise und wird von einflussreichen Männern protegiert. Seine schriftstellerische Karriere beginnt mit erfolglosen Theaterstücken. Für diesen Misserfolg macht er in zahlreichen diffamatorischen Couplets seine persönlichen Gegner verantwortlich, wofür er mit lebenslänglicher Verbannung bestraft wird. Er lebt fortan in Belgien, der Schweiz und Österreich, wo er ebenfalls Protektoren findet und bei seinen Zeitgenossen den Ruf des größten Dichters des Jahrhunderts genießt. Seine *Odes sacrées* (1702) basieren auf Psalmen des Alten Testaments, deren Auswahl und Bearbeitung ROUSSEAUS dichterische Meisterschaft belegen. Der große Erfolg des Werkes begründet das Ansehen des Dichters, der im 18. Jahrhundert als „le grand Rousseau" gilt.

RACINE

Der jüngste Sohn des Dramatikers Jean RACINE, Louis (1692–1763), bleibt poetologisch dem Grand Siècle und BOILEAU verpflichtet. Sein religiöses Gedicht *La Grâce* (1720) besteht aus vier Gesängen, in denen er die Doktrin der Kirchenväter verarbeitet. Es bleibt wegen RACINES jansenistischer Überzeugung zunächst verboten. Sein berühmtestes Gedicht *La Religion* (1742) hat das didaktische Ziel, Ungläubige zum Glauben zurückzuführen.

LEFRANC DE POMPIGNAN

Jean-Jacques LEFRANC DE POMPIGNAN (1709–1784) gibt 1745 in seinem Geburtsort Montauban eine juristische Karriere zu Gunsten der Literatur auf und reist nach Paris. Er debütiert als Dramatiker, zieht sich aber nach zwei positiv aufgenommenen Stücken wegen einer Intrige VOLTAIRES vom Theater zurück. Anlässlich seiner Aufnahme in die Académie française (1760) hält er eine Rede, in der er die *philosophes* attackiert, die sich wütend zur Wehr setzen *(s. S. 79)*. Nach dieser Affaire zieht LEFRANC DE POMPIGNAN sich in seine Heimat zurück, wo er stirbt. Die *Poésies sacrées et philosophiques* (ab 1751 publiziert) begründen den guten Ruf LEFRANC DE POMPIGNANS als Dichter.

4 Moralistik

Definition

Unter Moralistik versteht man die auf Beobachtungen basierenden Beschreibungen des moralischen Verhaltens der Gesellschaft, das in meist kurzen literarischen Formen, wie etwa Aphorismen oder Maximen, reflektiert wird. Die Moralistik des *siècle des Lumières* steht in der Tradition des 17. Jahrhunderts (LA ROCHEFOUCAULD, LA BRUYÈRE).

| Biografie | Luc de Clapiers de Vauvenargues (1715–1747) stammt aus altem provenzalischem Adel. 1744 quittiert er, enttäuscht und gesundheitlich angegriffen, seinen Dienst in der Armee und zieht nach Paris. Dort findet er in Voltaire einen literarischen Berater. 1747 stirbt er an den Folgen einer Kriegsverletzung. |

Werke

1746 veröffentlicht Vauvenargues seine *Introduction à la connaissance de l'esprit humain* zusammen mit den *Réflexions et Maximes*, die ihm den Ruf eines Moralisten einbringen. Dies wird seinem schmalen, aber thematisch vielfältigen Werk jedoch nicht ganz gerecht, denn er hinterlässt auch literaturkritische Reflexionen über Autoren wie Corneille, Molière und Boileau mit dem Titel *Réflexions critiques sur quelques poètes* und *Fragments sur les orateurs et sur La Bruyère*, ferner *Dialogues*, einige *Discours* sowie religiöse Texte wie die *Méditation sur la foi* und eine *Prière*. Nach seinem Tod haben die Abbés Trublet und Séguy weitere unveröffentlichte Texte in die Ausgabe von 1747 aufgenommen, so beispielsweise den *Essai sur quelques caractères*, der 60 Portraits enthält.

Kommentar

In den *Maximes* legt Vauvenargues fragmentarisch seine Grundüberlegungen zum menschlichen Verhalten dar und versucht, das Gefühl gegen den Vernunftkult aufzuwerten. Die harmonische Verbindung von Gefühl und Verstand ist Vauvenargues' Ideal, das er etwa in der Maxime *„Les grandes pensées viennent du cœur"* formuliert. Er erklärt das Handeln zum obersten Ziel des Menschen. Über die Moralisten des 17. Jahrhunderts hinausgehend, konzentriert sich Vauvenargues auf das Individuum und gilt so als „moraliste des moralistes" (Dagen). Mit der Rückbesinnung auf sich selbst und die Aufwertung des Gefühls klingen J.-J. Rousseau und vorromantische Tendenzen an.

Literatur

Introduction à la connaissance de l'esprit humain, Fragments, Réflexions critiques, Réflexions et Maximes, Méditation sur la foi, hg. von J. Dagen, Paris: Garnier-Flammarion 1981.
Acke (1993).

5 Memoiren und Korrespondenzen

Memoiren

Memoiren sind Lebenserinnerungen, in denen es weniger darum geht, das eigene Leben chronologisch aufzurollen, wie es etwa in der Autobiografie geschieht, als vielmehr darum, persönliche Erlebnisse und Erfolgsmomente sowie gesellschaftliche oder politische Ereignisse herauszugreifen und diese plaudernd darzustellen und zu kommentieren. Nicht selten dient die Schilderung von politisch oder gesellschaftlich bedeutsamen Augenblicken, Begebenheiten und Vorkommnissen dazu, diese mit der eigenen Person zu verbinden und damit die Wichtigkeit der eigenen historischen Rolle in Szene zu setzen. So entsteht ein subjektiv gefärbtes Bild einer Epoche, als deren würdiger Vertreter der Memoirenschreiber sich präsentiert.

Die Memoiren der 1. Jahrhunderthälfte sind thematisch noch stark von der Regierungszeit LUDWIGS XIV. geprägt. 1717 erscheinen die Memoiren des Kardinals de RETZ, die wahrscheinlich schon vor 1675 verfasst, aber nicht veröffentlicht wurden.

SAINT-SIMON

Biografie

Louis de Rouvroy, Herzog von SAINT-SIMON (1675–1755), stammt aus einem der höchsten Adelsgeschlechter Frankreichs. Er wächst im Umkreis des Hofes auf und schließt Freundschaft mit dem zukünftigen Regenten, Philippe D'ORLÉANS. SAINT-SIMON strebt eine Militärlaufbahn an. Wegen seiner Opposition zu LUDWIGS XIV. beabsichtigter Veränderung der Rangfolge der Herzöge und Pairs von Frankreich und durch Machenschaften persönlicher Feinde fällt SAINT-SIMON für viele Jahre am Hofe in Ungnade, was ihn seine militärische Karriere kostet. Beim Regierungsantritt des Regenten wird er dessen Berater und Diplomat. Nach dessen Tod zieht sich SAINT-SIMON ins Privatleben zurück und widmet sich der Abfassung seiner *Mémoires,* welche die Jahre 1691 bis 1723 umspannen.

Hauptwerk

In seinen *Mémoires* (1739–1750) berichtet SAINT-SIMON aus nächster Nähe kritisch über LUDWIG XIV., dessen Regierung und das Leben bei Hof. Er sammelt Anekdoten und Gerüchte, befragt am Hof bedienstete Personen wie Diener und Ärzte und verfasst zahlreiche, auf detaillierten Beobachtungen basierende, psychologisch tiefsinnige Portraits der Hofgesellschaft, in die er persönliche Sympathien und Antipathien einfließen lässt.

Kommentar

Aus historischer und soziologischer Perspektive sind die *Mémoires* ein eindrucksvolles Dokument der Epoche. Der Herzog betrachtet mit Wehmut die Machtbeschneidung des Hochadels durch den Sonnenkönig, der der Bourgeoisie und dem niederen Adel den Vorrang gegeben hat. Daher sind SAINT-SIMONS Erinnerungen von einer nostalgischen Schwärmerei für LUDWIG XIII. geprägt. Literarisch gesehen liegt die Bedeutung der *Mémoires* in den stilistisch abwechslungsreichen, präzisen Portraits, Skizzen und Situationsbeschreibungen sowie in der Lebendigkeit und Leidenschaftlichkeit des Erzählstils.

Literatur	Die aktuellste Gesamtausgabe sind die *Mémoires,* hg. von Y. Coirault, Paris: Gallimard (Pléiade) 1983–1988. Eine Auswahl liegt vom selben Herausgeber vor: *Mémoires,* Gallimard (Folio) 1990. Coirault (1965), Le Roy Ladurie (1997).
Korrespondenzen	Im Verlauf des Jahrhunderts ist der Brief ein bevorzugtes Medium der sozialen und auch intellektuellen Kommunikation. Nicht selten dient der Brief der Erörterung naturwissenschaftlicher, philosophischer und literarischer Fragen. Ein Beispiel dafür sind die Briefe Mme du CHÂTELETS, die nicht nur ihren Wissensaustausch mit zahlreichen Gelehrten, sondern auch ihre eigenen naturwissenschaftlichen Forschungen und Kenntnisse dokumentieren. Der Brief dient freilich auch der Knüpfung und Aufrechterhaltung persönlicher Kontakte und Liebesbeziehungen.
	Ein einmaliges Dokument der Aufklärungsbewegung sind die Korrespondenzen VOLTAIRES, die Ausdruck des kosmopolitischen Geistes der Epoche sind (zu VOLTAIRES Briefen *s. S. 28–29*). Auch MONTESQUIEUS ca. 450 Briefe, u. a. an MAUPERTUIS, HELVÉTIUS, HUME, Mme de TENCIN und Mme de LAMBERT, spiegeln die Epoche und geben zugleich Einblicke in MONTESQUIEUS Persönlichkeit sowie seine wissenschaftlichen und literarischen Interessen. Zu erwähnen sind ferner die umfangreiche Korrespondenz von Mme de TENCIN und die – inzwischen als Neuausgabe vorliegende – Korrespondenz von Mme de GRAFFIGNY *(s. S. 53).*
Briefroman	Nicht zuletzt ist die überaus große Beliebtheit des Briefes auch in Form des Briefromans in die Literatur eingegangen.

6 Journalismus

Sparten	Die Presselandschaft bleibt bis zum Ausbruch der Revolution relativ homogen. Erst nach der Jahrhundertmitte wird sie einen enormen Aufschwung erleben. Der Wissenshunger des Publikums fördert dies. Es gibt folgende Sparten von Zeitschriften:
	Politische Presse: Politische Ereignisse werden in der *Gazette* veröffentlicht. 1631 gegründet, ist sie bis 1762 halbamtlich, danach avanciert sie zum offiziellen Organ der Regierung.
	Wissenschaftliche Presse: Das 1665 gegründete *Journal des savants* spricht Wissenschaftler und Gelehrte an und informiert über Theologie, Naturwissenschaften, Philosophie und Geschichte.
	Gesellschaftlich-literarische Presse: Den Bereich Kultur, Literatur und Gesellschaft deckt der 1672 ins Leben gerufene *Mercure galant* ab. Er enthält Anekdoten, kurze literarische Werke wie Lieder, Erzählungen und Gedichte sowie Informationen über literarische Neuerscheinungen, die in Buchbesprechungen vorgestellt

werden. Zielgruppe ist die mondäne Gesellschaft. 1724 wird das Journal in *Mercure de France* umbenannt.

Zum *Mercure* kommen verschiedene literarische Blätter des Abbé de DESFONTAINES hinzu: *Nouvelliste du Parnasse* (1731–1732), *Observations sur les écrits modernes* (1735–1743) und *Jugements sur quelques ouvrages nouveaux* (1744–1745) sind Zeitschriften, in denen DESFONTAINES sich an ein breites Publikum wendet und Gedichte, Romane und Theaterstücke nicht selten in polemischer Weise vorstellt.

Religiöse Presse: Im Verlauf des Jahrhunderts spielt auch das bis 1762 unter Federführung der Jesuiten veröffentlichte *Journal de Trévoux* eine große Rolle. Es richtet sich gegen andere religiöse Gruppen (Protestanten, Jansenisten) und Freidenker wie die *philosophes*, die – wie u.a. VOLTAIRE – ihrerseits das Journal attackieren. Auch die Jansenisten melden sich in ihrem Presseorgan, den *Nouvelles ecclésiastiques,* zu Wort.

Druck im Ausland	Eine Vielzahl von teils nur kurz erscheinenden Zeitschriften, die man in den Niederlanden druckt, finden in Frankreich Verbreitung. Ein schon erwähntes Beispiel sind die 1684 bis 1718 in Amsterdam größtenteils von BAYLE abgefassten *Nouvelles de la République des Lettres.* Diese Zeitschriften tragen dazu bei, kritisches philosophisches Gedankengut in Frankreich bekannt zu machen.
Literatur	Moureau (1993), Rétat (1982), Sgard (1991; 1998).

Autoren und Werke

MARIVAUX	MARIVAUX erwirbt 1717 das *privilège* des *Nouveau Mercure*, in dem er auch einige seiner frühen Werke veröffentlicht. 1721 gründet er nach dem Vorbild der moralischen Wochenschriften von STEELE (*The Tatler*, 1709–1711) und ADDISON (*The Spectator*, 1711–1712) seine eigene Zeitung *Le spectateur français*, die bis 1724 erscheint. 1726 setzt MARIVAUX seine journalistische Tätigkeit in *L'indigent philosophe* für einige Monate fort, 1734 folgt *Le cabinet du philosophe.*
Definition	Die **moralische Wochenschrift** richtet sich nicht an ein Fachpublikum, sondern an die schöngeistige Gesellschaft, die sich über literarische Neuheiten, Aspekte des Alltagslebens und moralische Fragen informieren lassen möchte (Kartenspiel, Frauenerziehung, Tabakrauchen, Ehe). Die moralische Wochenschrift ist geprägt von einem bürgerlich-aufklärerischen Geist, der die Tugend als Verhaltensideal propagiert.
Kommentar	Der jeweils im Titel der Journale genannte „spectateur" oder „philosophe" ist eine fiktive Person, hinter der sich MARIVAUX verber-

gen kann, um ungehindert seine Meinung zu moralischen Fragen und alltäglichen Beobachtungen äußern zu können. Zugleich erlaubt die periodische Erscheinungsweise der Blätter es dem Autor, literarische Formen und Ausdrucksweisen – etwa die Improvisation, die Skizze oder den Kommentar – zu erproben.

Literatur
Journaux et œuvres diverses, hg. von M. Gilot, Paris: Classiques Garnier 1988.
Gilot (1975).

Prévost
Auch der Abbé Prévost *(s. S. 49)* betätigt sich als Journalist. Zwischen 1733 und 1740 erscheint seine Zeitschrift *Le pour et contre,* die sowohl von Bayle als auch vom englischen Einfluss Steeles und Addisons geprägt ist. Wie der Titel schon besagt, zielt Prévost auf einen ausgeglichenen, nicht in binären Oppositionen verharrenden Journalismus ab.

Kommentar
Le pour et contre beinhaltet Artikel zu literarischen, historischen, kunstästhetischen und wissenschaftlichen Themen, ferner Buchbesprechungen und Übersetzungen literarischer Werke. In den ersten Jahren ist die Schrift – wie auch seine Romane – deutlich von der Englandbegeisterung Prévosts gekennzeichnet *(s. S. 49).*

Literatur
Le Pour et contre, hg. von S. Larkin, Oxford: Voltaire Foundation 1993.
Sgard (1986).

3

KAPITEL

Gesellschaft, Kultur und Literatur der Aufklärung: 1750 bis 1789

1 Die Bedeutung der Jahrhundertmitte und die politische, soziale und ökonomische Situation bis 1789

Bedeutung

Die Jahrhundertmitte gilt allgemein als Scharnierdatum für den Übergang von der Frühaufklärung zur Aufklärung. Zwar waren schon in der 1. Jahrhunderthälfte politische und philosophische Schriften erschienen, die Kritik an den politischen, sozialen und ökonomischen Zuständen des Ancien Régime übten. Um 1750 häufen sich jedoch derartige Publikationen, die als Schlüsseltexte der Aufklärungsbewegung gelten und auf die im Folgenden näher einzugehen ist.

Krise

Zu diesem Zeitpunkt erreicht die Krise der Monarchie einen Höhepunkt. Der Friede von Aachen (1748) nach dem Spanischen Erbfolgekrieg hat nicht nur desaströse Folgen für die Staatsfinanzen. Die Unzufriedenheit mit dem König ist inzwischen so groß, dass kritische Stimmen ein offenes Ohr finden. Angriffspunkte sind die absolutistische Macht des Monarchen und die Vormachtstellung der Kirche. Deistische und atheistische Überzeugungen setzen der Kirche eine starke Opposition entgegen.

Encyclopédie

Mit der *Encyclopédie* erscheint zudem ab 1751 ein Werk, das als Kompendium des kritischen Wissens zum Symbol der Aufklärung avanciert.

Préroman-tisme

Parallel dazu entsteht aber auch eine dem Primat der Vernunft entgegengerichtete Strömung, die als *préromantisme* bezeichnet wird. Ausgehend vom moralischen Verhaltensideal der *sensibilité* der 30er-Jahre (PRÉVOST, MARIVAUX, NIVELLE DE LA CHAUSSÉE) bricht sich der Gefühlskult mit ROUSSEAU langsam Bahn, bis die Verabsolutierung von Herz und Leidenschaft bei André CHÉNIER ihren Höhepunkt erreicht. Auch unter dem Einfluss der englischen und deutschen Literatur finden Empfindsamkeit, Naturgefühl und -schwärmerei Eingang in die Literatur.

Anti-philosophes

Während sich die *Encyclopédie* ab 1751 zum Inbegriff der Aufklärung entwickelt und die *philosophes* nach und nach die Sitze der Académie française erobern, nehmen die Repressalien von Seiten der Regierung und der Kirche stark zu. Verfolgungen, Verurteilungen, Verbannungen, Inhaftierungen und Bücherverbrennungen sind deren Machtinstrumente. Außerdem bekämpfen die sogenannten *anti-philosophes* die Aufklärungsbewegung aufs

	heftigste und versuchen, in Pamphleten, in der Presse und in Theaterstücken ihre Gegner zu verunglimpfen *(s. S. 79)*.
Literatur	Baasner (1988), Fabre (1963), Monglond (1965), Mornet (1971), Trahard (1931–1933), Van Tieghem (1960).

Politische, ökonomische und gesellschaftliche Situation bis 1789

Konflikte	Mit dem aufstrebenden Bürgertum, dem erstarkenden Adel und dem Klerus gerät LUDWIG XV. ab 1749 in Konflikt: Um die Staatsfinanzen nach dem Frieden von Aachen 1748 zu sanieren, beschließt LUDWIGS Finanzminister, eine neue Steuer einzuführen. Dies stößt auf erbitterten Widerstand bei den Gerichtshöfen (Parlements), bis der König 1751 doch nachgibt und damit den Versuch einer Etatsanierung scheitern lässt. Auch die Auseinandersetzung mit den Jesuiten und Jansenisten sowie schließlich das 1757 von DAMIENS auf den König verübte Attentat belegen, wie geschwächt die Position des Königs vor und während des Siebenjährigen Krieges (1756–1763) ist.
Wirtschaft	Mit dem neuen Minister CHOISEUL setzt eine Phase des Liberalismus und des erneuten wirtschaftlichen Aufschwungs ein (1758–1770). CHOISEUL ist um einen Ausgleich mit den Jansenisten sowie den Gerichtshöfen bemüht, erweist sich letztlich jedoch als zu nachgiebig. Nach der Entlassung dieses Staatsmannes kehrt mit dem „triumvirat" MAUPEOU/TERRAY/D'AIGUILLON eine Phase absolutistischer Machtausübung zurück, die ihren Ausdruck in der Parlamentsreform von 1770/1771 findet.
Ludwig XVI.	Als LUDWIG XVI. 1774 die Regierung antritt, übernimmt er einen sanierten Staatshaushalt sowie reformierte Parlamente. Er ist jedoch zu schwach, um an diesen Errungenschaften festzuhalten. Vielmehr ist er so ungeschickt, MAUPEOU zu entlassen und die alten Befugnisse der Parlamente wiederherzustellen. Die persönliche Schwäche des Königs, seine seltsame Vorliebe – Basteln in seiner Schlosserwerkstatt –, sein Ungeschick in politischen Angelegenheiten sowie die als intrigant und verschwenderisch geltende Königin MARIE-ANTOINETTE (Halsbandaffaire 1785/1786) lassen das Ansehen des Königshauses sinken.
Staatskrise	Die Teilnahme am Krieg in den nordamerikanischen Kolonien (1778–1783) treibt das Land in den Staatsbankrott. Gescheiterte Reformpläne der Finanzminister TURGOT (1776), NECKER (1781) u. a., Missernten und Hungerkatastrophen ab 1778, verbunden mit einem enormen Preisanstieg und einem Anwachsen der Arbeitslosigkeit, erschweren die innenpolitische Lage ungemein und schüren auch im Volk eine große Unzufriedenheit.

1789	Die *réaction nobiliaire* erreicht 1788 schließlich ihren Höhepunkt, als die Parlamente beschließen, die für 1789 einberufenen Generalstände nach Ständen getrennt abstimmen zu lassen. Das Ziel der Aristokratie ist es, die ohnehin stark reduzierte Autorität des Königs weiter zu beschränken. Der Zusammenschluss von Adel und Klerus bedeutet, dass diese den Dritten Stand überstimmen könnten. Die größtenteils von den Idealen der Aufklärer geprägten Vertreter des Dritten Standes, dessen Selbstbewusstsein im Laufe des Jahrhunderts auf Grund seiner wirtschaftlichen Macht gestiegen ist, widersetzen sich dieser Einberufung nach Ständen statt nach Köpfen und erklären sich am 17. Juni 1789 zur *Assemblée nationale*. In wachsender Zahl treten ihr Angehörige des Adels und des Klerus bei. Der Dritte Stand bildet am 9. Juli die *Assemblée nationale constituante* und leitet damit einen Prozess ein, der – u. a. zusammen mit Volksaufständen – in die Revolution mündet.
Literatur	Bluche (1993), Goubert/Roche (1984), Le Roy Ladurie (1991).

② Die Verbreitung der Aufklärung

1 Reisen

Bedeutung	Nach 1750 dienen Reisen und Beziehungen zum Ausland verstärkt dazu, das Gedankengut der Aufklärung zu verbreiten und es gleichzeitig fest zu verankern. VOLTAIRES Einfluss und Rolle bleiben entscheidend im Kampf gegen Despotie, Aberglaube und Intoleranz. Wie er pflegen zahlreiche andere *philosophes* intensive Beziehungen zur russischen Zarin KATHARINA II., dem preußischen König FRIEDRICH II. oder englischen Staatsmännern, die sie durch persönliche Besuche und längere Aufenthalte vertiefen.
England	Der Kontakt zur englischen Literatur wird auch durch Übersetzungen hergestellt. Die philosophischen Schriften HUMES und LOCKES, die Romane STERNES, FIELDINGS und RICHARDSONS sind dem französischen Publikum zugänglich. Moralische Wochenschriften nach englischem Vorbild bleiben ein wichtiger Bestandteil der französischen Kultur. Die Englandbegeisterung, Anglomanie genannt, erreicht ihren Höhepunkt: In Mode, Landschaftsarchitektur und Lebensart lässt sich die französische Gesellschaft vom englischen Vorbild inspirieren.

2 Kaffeehäuser, Clubs und Salons

Bedeutung

Auch die schon in der 1. Jahrhunderthälfte überaus beliebten Clubs und Kaffeehäuser haben weiter Bestand. Die literarischen Salons bleiben soziale Treffpunkte und tragen zudem zum kosmopolitischen Flair der Epoche bei, weil in Paris lebende und auf der Durchreise befindliche Ausländer gern gesehene Gäste sind.

Nicht zu unterschätzen ist auch die finanzielle Unterstützung, die Mme du DEFFAND und Mme GEOFFRIN ihren Schützlingen zukommen lassen, indem sie deren Bücher oder Gemälde kaufen und die *Encyclopédie* fördern.

Salons	Daten	Einige berühmte Gäste
Mme du Deffand	1740–1780	Fontenelle, Choiseul, Turgot, Hume, Walpole, Montesquieu, Marivaux, Voltaire, Marmontel, Condorcet, d'Alembert,
Mme Geoffrin	1749–1777	Falconet, Van Loo, Boucher, Montesquieu, Marmontel, Marivaux, Helvétius, d'Alembert
Julie de Lespinasse	1764–1776	d'Alembert, Condillac, Marmontel, Condorcet, Turgot
Baron d'Holbach	1759–1788	Diderot, Condillac, Turgot, Rousseau, Helvétius, Walpole, Hume

Salon der Mme du DEFFAND

Biografie

Marie de Vichy-Champrond (1697–1780) stürzt sich mit ihrem Mann, dem Marquis du DEFFAND, in das galante Treiben der Régence, zieht sich dann aber in das Kloster Saint-Joseph zurück. Die Briefwechsel Mme du DEFFANDS mit u. a. Horace WALPOLE, der Duchesse de CHOISEUL und VOLTAIRE sind nicht nur ein beredtes Zeugnis ihrer scharfsinnigen Beobachtungen, sondern vor allem ein bedeutendes Dokument der Epoche *(s. S. 118)*.

Bedeutung

Sie versammelt in ihrem Salon zahlreiche illustre Adlige, englische Philosophen und Politiker sowie bedeutende Literaten. Nach dem Zerwürfnis mit der unehelichen Tochter ihres Bruders, Julie de LESPINASSE, verlassen viele Aufklärer ihren Salon.

Salon der Mme GEOFFRIN

Biografie

Marie-Thérèse GEOFFRIN (1699–1777), Tochter eines königlichen Kammerdieners, heiratet im Alter von 14 Jahren den viel älteren und reichen Fabrikanten GEOFFRIN. Sie unterhält auch enge freundschaftliche Bande zum schwedischen König, zum ehemaligen polnischen König STANISLAUS und zur Zarin KATHARINA II., die sie an ihre Höfe einladen.

Bedeutung

Ihr Salon in der Rue Saint-Honoré steht montags für Maler und Bildhauer offen, während Literaten und Philosophen mittwochs zum Diner geladen sind. Beliebt und verehrt wegen ihrer enormen Großzügigkeit – sie rettet z. B. die *Encyclopédie* vor dem Ruin –, regiert Mme GEOFFRIN doch streng über ihre Gäste, denen sie kritische Gespräche über Politik, Religion, Finanzen usw. strikt verbietet.

Salon der Julie de LESPINASSE

Biografie

Julie des LESPINASSE (1732–1776) kommt auf Betreiben ihrer Tante, Mme du DEFFAND, 1754 nach Paris und wird in deren Salon von zahlreichen männlichen Gästen umschwärmt.

Bedeutung

Nach dem Bruch mit Mme du DEFFAND folgen ihr 1764 viele in ihren Salon, der bald Treffpunkt der Enzyklopädisten wird, da man bei ihr offen über politische, philosophische und literarische Themen diskutieren darf.

Briefe

Neben ihrer Rolle als Gastgeberin brilliert Julie de LESPINASSE als empfindsame Briefeschreiberin, wie ihre von Leidenschaftlichkeit und psychologischer Selbstanalyse durchdrungenen Liebesbriefe an M. de GUIBERT beweisen *(s. S. 118)*.

Weitere Salons

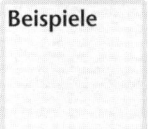

Beispiele

Weitere Salons gibt es beispielsweise im Hause des Finanzministers NECKER (dem Vater von Mme de STAËL), bei Mme HELVÉTIUS in Auteuil und bei dem aus Baden stammenden Baron D'HOLBACH (1723–1789), dessen Salon zum Zentrum der *Encyclopédie* und des *combat philosophique* avanciert.

3 Buchmarkt und Lektüre

Entwicklungen
Die fortschreitende Alphabetisierung der Bevölkerung, die steigende Bedeutung der Presse, die Zunahme von Buchdruckereien und die Beliebtheit des Lesens – diese zeigt sich beispielsweise im Erfolg der Bibliothèque Bleue – tragen maßgeblich dazu bei, das aufklärerische Gedankengut zu verbreiten.

Literatur
Bénichou (1973), Bluche (1993), Chartier (1987), Darnton (1983; 1992a), Glotz/Maire (1949), Goodman (1994), Roche (1988).

☞ Autorenportrait DIDEROT

Würdigung
Als Herausgeber der großen Encyclopédie (s. S. 74–76) und als Verfasser eines umfangreichen philosophischen, literarischen und kunsttheoretischen Werkes, das sich durch seine Originalität und Modernität auszeichnet und zu den maßgeblichen Schriften der Aufklärung zählt, gehört DIDEROT neben MONTESQUIEU und VOLTAIRE zu den bedeutendsten Köpfen der Epoche. In seinem Denken verbinden sich bereits „raison" und „sentiment".

Die Biografie DIDEROTS

Jugend und Ankunft in Paris
Denis DIDEROT wird 1713 als Sohn eines Messerschmieds in Langres geboren und besucht dort das Collège der Jesuiten. 1728 geht er nach Paris, wo er seine Studien fortsetzt und alsbald ein ausschweifendes Bohème-Leben führt. Er hält sich mit Gelegenheitsarbeiten und Übersetzungen englischer Werke über Wasser. In diesen Jahren lernt er ROUSSEAU, CONDILLAC und D'ALEMBERT kennen.

Encyclopédie
1747 bietet ihm der librable (Buchhändler und -drucker) LE BRETON die Herausgeberschaft der Encyclopédie an. DIDEROT nimmt das Angebot an und verfasst selbst zahlreiche Artikel für das Lexikon. Die folgenden fast 30 Jahre widmet DIDEROT der Encyclopédie sowie seinem breit gefächerten literarischen, philosophischen und kunsttheoretischen Werk.

Russland
Als Protégé der russischen Zarin KATHARINA II. hält sich DIDEROT 1773/1774 mehrere Monate bei ihr in Sankt-Petersburg auf, wird jedoch enttäuscht, da sie nicht die aufgeklärte Despotin ist, als die er sie idealisiert hat.

Rückkehr
Nach Paris zurückgekehrt, nimmt DIDEROT seine literarischen und philosophischen Arbeiten wieder auf und überarbeitet seine früheren Werke. Er stirbt 1784.

Die Werke DIDEROTS

Philosophische Schriften

Werke

Nach seinem ersten Werk, den *Pensées philosophiques* (1746), offenbart DIDEROT in der *Lettre sur les aveugles à l'usage de ceux qui voient* (1749) seine materialistische Überzeugung, was ihm einige Monate Haft im Gefängnis von Vincennes einbringt. 1751 folgen die auch an LOCKES Sensualismus anknüpfenden sprachphilosophischen *Lettres sur les sourds et muets à l'usage de ceux qui entendent et qui parlent* (vgl. CONDILLAC, *S. 77*). Höhepunkt seines materialistischen Denkens ist 1769 die Trilogie *Entretien entre d'Alembert et Diderot, Le rêve de d'Alembert* und *La suite de l'entretien.*

Dramatisches Werk

Bedeutung

DIDEROT ist nicht nur Dramatiker; vor allem ist er als Dramentheoretiker maßgeblich an der Grundlegung des *drame bourgeois*, d.h. des bürgerlichen Trauerspiels, beteiligt. Seine Überlegungen zielen in drei Richtungen:

genre sérieux

1. Etablierung einer neuen dramatischen Gattung. Zwischen traditioneller Tragödie und Komödie, die weder in der Handlung noch im Figurenpersonal dem bürgerlichen Publikum Rechnung tragen, siedelt DIDEROT das *genre sérieux* an, das die soziale und familiäre Situation und den Beruf („condition") von bürgerlichen Figuren sowie deren Pflichten, Tugenden und familiäre Konflikte behandeln soll.

Tugend

2. Wirkung des Dargestellten. Das bürgerliche Publikum soll sich durch die von moralisch verwerflichen Verhaltensweisen provozierten Konflikte rühren lassen und zugleich durch den Sieg des tugendhaften, vorbildlichen Verhaltens moralisch belehrt werden. Rührende und pathetische Szenen („tableaux") sollen das sittliche Empfinden des Publikums wecken.

Bühne

3. Reform der Schauspielweise. Neben den inhaltlichen Neuerungen müsse auch die Schauspielweise dem Ideal des „naturel" angepasst sein. Statt der gebundenen Rede wird nun die Prosasprache gewählt, die der Forderung nach mehr Natürlichkeit entspricht. Die natürliche Spielweise (Sprache, Mimik, Gestik: von DIDEROT „pantomime" genannt) sowie die realistische Präsentation der Schauspieler (Kostüme, Maske, Frisuren) und des Bühnenbilds sollen die Illusion der Wirklichkeit erzeugen.

Werke	Diese neuen Konzepte will das Drama *Le fils naturel* (1757) realisieren. Inhaltlich sind Parallelen zu NIVELLE DE LA CHAUSSÉES *comédie larmoyante Mélanide (s. S. 45)* unübersehbar: Die Freunde Clairville und Dorval lieben Rosalie, wollen sich wegen ihrer Freundschaft aber nicht gegenseitig im Wege stehen. Erst als sich plötzlich der verschollen geglaubte Vater einfindet und in Rosalie und Dorval seine Kinder erkennt, können Rosalie und Clairville heiraten. In den dramentheoretischen *Entretiens sur le fils naturel* (1757) werden die Schlüsselbegriffe „le naturel" und „le vrai" im Zusammenhang mit dem Drama diskutiert.

Auch das fünfaktige Prosastück *Le père de famille* (1758) behandelt einen häuslichen Konflikt zwischen Vater und Sohn: Standesdünkel des Vaters verleiten diesen dazu, seinem Sohn die Ehe mit der armen Waise Sophie zu verbieten. Als sich Sophies Herkunft auf unvorhergesehene Weise aufklärt, steht der glücklichen Heirat nichts mehr im Wege. Der dem Stück beigegebene *Discours sur la poésie dramatique* (1758) enthält eine Dramentheorie, in der DIDEROT die Forderung nach einer an „la nature et la vérité" inspirierten Dramen- und Theaterästhetik weiter ausführt. Ziel des Theaters ist es demnach, das Publikum gleichzeitig zu unterhalten und moralisch zu belehren.

In dem um 1777 entstandenen *Paradoxe sur le comédien* postuliert DIDEROT das Ideal eines Schauspielers, der emotionslos und mit kühler Distanz seine Rolle verkörpert.

DIDEROTS letztes Theaterstück ist die Sitten- und Charakterkomödie *Est-il bon? Est-il méchant?* (1781). Die Hauptfigur, M. Hardouin, löst auf höchst originelle Weise die Probleme seiner Freunde.

Kunsttheoretische Schriften

Bedeutung	1759 wird DIDEROT von Melchior GRIMM, dem Herausgeber der *Correspondance littéraire (s. S. 118),* beauftragt, für eben dieses Werk Berichte über Kunstausstellungen im Louvre zu verfassen. In diesen später unter dem Titel *Salons* bekannten neun Berichten (1759–1781) spricht sich DIDEROT für eine emotionale Wirkung der Kunst aus: Wie die Literatur soll die Malerei Tugend und Moral verbreiten und den Betrachter rühren. So entsprechen etwa die empfindsamen und pathetischen Szenen bürgerlichen Familienlebens von GREUZE DIDEROTS kunsttheoretischen Vorstellungen. Ferner versteht DIDEROT es, Kunstbetrachtungen literarisch ansprechend zu präsentieren und damit das Interesse des Publikums für die Kunst selbst zu wecken. Durch seine Arbeit als Kunstkritiker macht er die Bekanntschaft der Maler CHARDIN, VERNET und GREUZE sowie des Bildhauers FALCONET.

Romane

Bedeutung

DIDEROTS Romane, die er bis zu seinem Tod mehrmals überarbeitet, entziehen sich einer eindeutigen Klassifizierung. Vom englischen empfindsamen Roman RICHARDSONS geprägt, weisen sie mit der Parodie traditioneller Romanformen, eingeschobenen romantheoretischen Reflexionen unter dem Einfluss von STERNES *Life and Opinions of Tristram Shandy* (1760–1767) und innovativen Erzählverfahren auf moderne Romanformen voraus.

Les bijoux indiscrets

1748 erscheint der libertinistische und pseudo-orientalische Roman *Les bijoux indiscrets:* Mittels eines Zauberrings gelingt es dem Sultan, allen Damen seines Hofes deren erotische Geheimnisse zu entlocken. Neben der satirischen Betrachtung der zeitgenössischen Gesellschaft übt DIDEROT auch Kritik am traditionellen Roman und am Theater, dessen gekünstelte und unnatürliche Bühnenpraxis ihm missfällt.

La religieuse

Der um 1760 entstandene und 1796 postum veröffentlichte Roman *La religieuse* geht auf eine Plaisanterie von Mme D'EPINAY, DIDEROT und GRIMM zurück, die den abwesenden Freund CROISMARE veranlassen wollten, sich zu ihnen zu gesellen: DIDEROT schrieb dazu einen von einem tatsächlichen Fall inspirierten Brief, in dem die fiktive Nonne Suzanne Simonin dem Marquis de CROISMARE ihre Lebensgeschichte erzählt und um seine Hilfe bittet. Als uneheliche Tochter einer angesehenen Dame wurde sie von ihren Eltern nacheinander in drei Klöster gesperrt. Dort war sie das Opfer von Quälereien, Grausamkeiten und sexuellen Perversionen. Erst spät gelingt es ihr zu flüchten. In dieser Situation wendet sie sich an CROISMARE.

Kommentar

Die Verurteilung der Heuchelei, Unmenschlichkeit und Grausamkeit im Kloster fußt auf DIDEROTS antiklerikaler Haltung. Der Roman dient der Illustration seiner Überzeugung, dass das einsame Klosterleben zur Selbstentfremdung des Menschen führe.

Le neveu de Rameau

DIDEROT verfasst *Le neveu de Rameau, satire seconde* um 1762. Der Roman beinhaltet einen philosophisch-satirischen Dialog zwischen einer dem Neffen des berühmten Komponisten RAMEAU nachempfundenen Gestalt und einer Figur, die sich als „Moi" ausgibt. Dieses „Moi" tritt in vielen Werken DIDEROTS auf und lässt sich als Maske des Autors deuten. Der Neffe, eine stadtbekannte Persönlichkeit, leidet an dem Konflikt zwischen dem Traum vom genialen Künstlertum und der erniedrigenden Rolle als schmarotzender Unterhalter des reichen Finanziers Bertin. „Moi" ist dagegen ein angesehener und etablierter Philosoph. In der Konfrontation dieser beiden Figuren werden etwa das Bohème-Leben sowie das Verhältnis von Kunst und Moral kontrovers diskutiert. Letztlich überlässt DIDEROT es dem Leser, sich ein Urteil darüber zu bilden, welche der beiden Lebensarten die bessere sei.

Jacques le fataliste

Der um 1771–1773 geschriebene Roman *Jacques le fataliste et son maître* präsentiert sich als Gespräch zwischen dem Diener Jacques und seinem Herrn, die durch Frankreich reiten und sich dabei über Willensfreiheit und Fatalismus unterhalten. Ihre philosophische Konversation wird immer wieder durch eingeschobene Geschichten unterbrochen (z. B. die Geschichte der Mme de la Pommeraye). Auch der Romanerzähler selbst schaltet sich in das Geschehen ein, indem er über seine Gestaltungsmöglichkeiten als Autor reflektiert und den Leser anspricht.

Kommentar

Die häufigen Unterbrechungen des Erzählvorgangs durch Abschweifungen und Einschübe, die Parodie des Abenteuer-, Reise- und Pikaro-Romans und die Einmischungen des Erzählers belegen, inwieweit DIDEROT auf den modernen Roman vorausweist. Große Beachtung findet in der Forschung auch die Umkehrung des Herr-Diener-Verhältnisses: der scharfsinnige, gewitzte Jacques ist seinem Herrn weit überlegen. Schließlich entfaltet DIDEROT auf dem Ritt durch Frankreich ein breites Spektrum sozialer Unterschiede.

Erzählungen

Bedeutung

Auch auf dem Gebiet der Erzählung setzt DIDEROT mit der Dialogerzählung einen wichtigen innovativen Akzent. Bis auf *Les deux amis de Bourgogne* lässt DIDEROT in all seinen Erzählungen stets zwei Personen auftreten, von der eine, wie bereits erwähnt, oft „Moi" genannt wird und hinter der sich DIDEROT verbirgt.

Hauptwerke

Thematisch bilden die Dialogerzählungen *Supplément au voyage de Bougainville* (1772), *Ceci n'est pas un conte* (1772) und *Mme de la Carlière* (1772) ein Triptychon. Das *Supplément au voyage de Bougainville* ist der kulturkritische Dialog zwischen den Figuren A und B, die sich über den Reisebericht *Voyage autour du monde* (1771) von Louis-Antoine de BOUGAINVILLE unterhalten. In ihre Diskussion, die als Rahmenhandlung fungiert, sind drei Texte eingelassen, welche die in Frankreich herrschenden religiösen und moralischen Normen kritisch beleuchten: „Les adieux du vieillard" ist die Abschiedsrede eines weisen Tahitianers, der den Europäern bittere Vorwürfe wegen ihrer grausamen Kolonialpolitik und moralischen Korruptheit macht. „L'entretien de l'aumônier et d'Orou" bezeichnet das Gespräch zwischen einem französischen Schiffskaplan und dem Tahitianer Orou über sexuelle Freiheit. Der Geistliche muss am Ende zugeben, dass seine Glaubensdogmen höchst unnatürlich sind. Der „Discours de Polly Baker" schließlich berichtet von der sexuellen Freizügigkeit einer unverheirateten Mutter. Ziel der Rahmenhandlung und der eingebetteten Erzählungen ist es, einerseits an der kolonialistischen Haltung BOUGAINVILLES Kritik zu üben, andererseits an den in Frankreich herrschenden sozialen und religiösen Verhaltensnormen, denen eine primitive, naturverbundene und glückliche Gesellschaft entgegengehalten wird. In *Ceci n'est pas un conte* sprechen A und B über zwei analoge und gleichermaßen abschreckende Liebesbeziehungen: Einmal wird das Schicksal von M. Tanié geschildert, der sich sein Leben lang für die skrupellose Geliebte aufopfert, die ihn bis zu seinem Tod ausnutzt. Darauf folgt die Lebensgeschichte der unglücklichen Mme Rymer, die sich von ihrem kaltblütigen und egoistischen Geliebten ausbeuten lässt. Die Geschichte von *Mme de la Carlière* thematisiert die Forderung nach absoluter Treue, deren Nichteinhaltung zum Tod einer ganzen Familie führt.

Kommentar

Die Gesprächspartner der DIDEROTSCHEN Dialogerzählungen diskutieren kontrovers zentrale Gedanken der Aufklärung. Durch die Präsentation des Dialogs zweier fiktiver Personen gelingt es DIDEROT, in besonders eindringlicher Weise eine authentisch anmutende Gesprächssituation zu schaffen, die dem Leser den Eindruck von Unmittelbarkeit vermittelt. Der Authentizitätsgrad wird noch dadurch gesteigert, dass eine literarische Figur als „Moi" auftritt und damit suggeriert, das Erzählte basiere auf einer wahren, vom Autor selbst erlebten Geschichte. Zugleich fiktionalisiert DIDEROT damit den philosophischen Dialog der Aufklärung.

Literatur

Œuvres philosophiques, hg. von P. Vernière, Paris: Bordas (Classiques Garnier) 1990. Von Diderot-Spezialisten besorgte Einzelausgaben der besprochenen Werke liegen als Taschenbücher u. a. bei Garnier-Flammarion, Folio und Livre de Poche vor.
Bibliografie: Spear (1980, 1988). Ausgewählte Monografien: Chouillet (1977; 1984), Delon/Drost (1989), Dieckmann (1959), Dirscherl (1985), Jauß (1961), Lepape (1991), Mass/Knabe (1985), Melançon (1996), Ménil (1995), Niklaus (1963a), Proust (1992; ²1995), Schlobach (1992), Sieß (1994) sowie die Zeitschriften *Diderot Studies* und *Recherches sur Diderot et sur l'Encyclopédie.*

3 Die *Encyclopédie*

Bedeutung	Die unter DIDEROTS und D'ALEMBERTS Federführung entstandene *Encyclopédie* gilt als Symbol der Aufklärung.
Programm	Der Titel der *Encyclopédie* ist zugleich ihr Programm: *Encyclopédie ou Dictionnaire raisonné des sciences, des arts et des métiers, par une société de gens de lettres.* Das enzyklopädische Wörterbuch will das gesamte Wissen der Zeit aufnehmen und es sowohl wissenschaftlich als auch gemeinverständlich vorstellen und somit verbreiten: Die neuesten Entdeckungen und Entwicklungen aus den Bereichen der Naturwissenschaften, Technik, Geschichte, Wirtschaft, Politik und der Künste sowie die im 18. Jahrhundert aufgewerteten handwerklichen und technischen Berufe *(métiers)* werden beschrieben und durch zahlreiche Abbildungen veranschaulicht.
Ziel	Den kritischen Geist der Aufklärung widerspiegelnd, soll die *Encyclopédie* das Publikum vom Joch der Vorurteile und der Intoleranz befreien und die Aufklärung – Fortschritt, Freiheit und Glück – verbreiten. Wegen dieses Ziels wird das Unternehmen mehrmals von der Regierung gestoppt und sogar vorübergehend verboten (1752 und 1759).
Vorläufer	Das 1697 von BAYLE verfasste *Dictionnaire* sowie das *Dictionnaire de Trévoux* (1704) gelten als Vorläufer der *Encyclopédie*.
Startschuss	1745 beschließt der Verleger LE BRETON, die *Cyclopaedia or an Universal Dictionary of Arts and Sciences* (London 1728) von Ephraim CHAMBERS übersetzen zu lassen. Er gewinnt DIDEROT für diese Aufgabe, der sich jedoch vom Plan der Übersetzung abwendet und der *Encyclopédie* eine eigene Form und Bedeutung sowie einen neuen Inhalt geben will. Als Mitherausgeber engagiert DIDEROT den Mathematiker **Jean le Rond D'ALEMBERT** (1717–1783), der bereits mit 23 Jahren Mitglied der Académie des sciences geworden ist. 1754 wird er in die Académie française gewählt. Er verfasst Artikel für den mathematisch-naturwissenschaftlichen Teil und den Artikel „Genève".
Mitarbeiter	DIDEROT gewinnt namhafte Wissenschaftler, Forscher, Philosophen und Literaten als Mitarbeiter, damit jedes Thema von einem Spezialisten bearbeitet wird. DIDEROT selbst verfasst über 1000 Artikel zu den unterschiedlichsten Themengebieten (Philosophie, Literatur, Geschichte, Moral). VOLTAIRE schreibt zwischen 1755 und 1758 ca. 45 Artikel *(s. S. 27).* **Jean-Jacques** ROUSSEAU steuert bis zum Zerwürfnis mit den *encyclopédistes* Artikel über Musik bei *(s. S. 97).* MONTESQUIEU liefert den Artikel „Essai sur le goût". Der **Baron** D'HOLBACH redigiert Artikel über Chemie und Mineralogie. **Jean-François** MARMONTEL ist für Literatur zuständig. Seine

in der *Encyclopédie* erschienenen Artikel sind in seinen *Eléments de littérature* (1787) zusammengestellt. Der **Abbé** MORELLET schreibt Artikel über Theologie und Metaphysik. Der **Chevalier de** JAUCOURT ist die Seele des Unternehmens und steuert sein Vermögen sowie eine Fülle von Artikeln bei. Die Ökonomen QUESNAY und TURGOT verfassen Artikel zu ihrem Fachgebiet. Zudem wirken zahlreiche weniger bekannte Theologen, Mediziner, Juristen sowie Fachleute des technischen und handwerklichen Bereichs mit (Architektur, Kartografie, Militärwesen, Maschinen).

Aufbau

Im *Prospectus* (1750) skizziert DIDEROT die Zielsetzung der *Encyclopédie*. Die Verbreitung des Wissens soll den Fortschritt des menschlichen Geistes fördern. D'ALEMBERT nennt in seinem *Discours préliminaire* (1751) die Grundsätze, welche die *Encyclopédie* leiten.

Die 17 Textbände mit insgesamt ca. 60 000 Artikeln behandeln in alphabetischer Reihenfolge die Summe des zum Entstehungszeitpunkt verfügbaren Wissens. Zur Illustration dienen etwa 2 900 Kupferstiche *(planches)*, die in 11 Bänden beigefügt sind.

Verweissystem

Wegen der starken Attacken von Seiten der Kirche und wegen des drohenden Publikationsverbots greifen die Autoren zu einer Verhüllungstechnik: Unter dem Deckmantel vermeintlich akzeptabler Beschreibungen und Überlegungen verbergen sich in den Bereichen Religion, Politik und Moral brisante Gedanken der Aufklärer. Durch geschickte Querverweise zu anderen Artikeln konstruieren die *philosophes* ein Kommentarsystem, mit dem sie scheinbar harmlose Darstellungen einzelner Artikel widerlegen.

Verbote

Der *Discours préliminaire* von D'ALEMBERT ruft heftige Protestaktionen von Seiten der Jesuiten hervor, sodass 1752 das erste Verbot der Publikation ergeht. Mme de POMPADOUR und der oberste Zensurbeamte MALESHERBES intervenieren zu Gunsten der *Encyclopédie*. Das Verbot steht auch im Zusammenhang mit der Affaire des Abbé de PRADES, einem Mitarbeiter der *Encyclopédie*, der wegen einer theologischen Schrift von der Sorbonne verfolgt wird. 1759 wird erneut die Druckerlaubnis entzogen. Der Papst verdammt die *Encyclopédie*. Doch die MALESHERBES zu verdankende „permission tacite" ermöglicht die Fortsetzung.

Vollendung

1772 ist die *Encyclopédie* abgeschlossen. 1776–1777 kommen vier Supplementbände und ein Band mit zusätzlichen Illustrationen hinzu. Zwei Registerbände werden 1780 nachgeliefert. Die Erstausgabe der *Encyclopédie* trägt die Bezeichnung Edition de Paris-Neuchâtel.

Verbreitung

Mit etwa 2500 Subskribenten und 4200 verkauften Exemplaren verbreitet sich die *Encyclopédie* außergewöhnlich rasch und mit großem Erfolg. Auch im Ausland findet die *Encyclopédie* schnell Absatz. In den folgenden zehn Jahren wird die *Encyclopédie* mehrmals neu aufgelegt.

Wirkung

Neben der ungemein positiven Aufnahme der *Encyclopédie*, welche die zahlreichen Subskriptionen belegen, wird die *Encyclopédie* von Seiten der Antiaufklärer heftig attackiert; selbst einzelne Mitarbeiter, z. B. die Abbés de PRADES und MORELLET sowie MARMONTEL, verfolgt man. Sie müssen aus Paris flüchten oder werden in der Bastille gefangen gesetzt, wie etwa der Verleger der *Encyclopédie*, LE BRETON. Prominente Gegner sind FRÉRON, der vor allem als Journalist gegen die Aufklärer und die *Encyclopédie* polemisiert, und PALISSOT, der in seinem Theaterstück *Les philosophes* (1760) eben diese – speziell DIDEROT und ROUSSEAU – der Lächerlichkeit preisgibt *(s. S. 79)*. Zudem werden die Enzyklopädisten insbesondere bezüglich der Kupferstiche des Plagiats bezichtigt. Heftige Vorwürfe werden auch wegen zahlreicher Fehler und Ungenauigkeiten laut.

Literatur

Ausgewählte Artikel der *Encyclopédie* liegen in Paris: Garnier-Flammarion (1986) vor.
Darnton (1992b), Haechler (1995), Kafker (1996), Le Ru (1994), Mass/Knabe (1985), Moureau (1990), Proust (1992, ²1995).

4 Ökonomie und Philosophie im Umkreis der *Encyclopédie*

Ökonomie

Die Beschäftigung mit Frankreichs natürlichen Ressourcen erlangt im Laufe des Jahrhunderts einen großen Stellenwert, geht es doch darum, die Wirtschaftsordnung des Merkantilismus abzulösen. Dies erscheint umso dringender, nachdem das neo-merkantilistische System John LAWS 1720 in einem desaströsen Börsenkrach kollabiert war. Die neue liberale Wirtschaftstheorie der Physiokraten wird von François QUESNAY (1694–1774) begründet und von seinem Schüler, dem Marquis de MIRABEAU (1715–1789), weiter vertreten. Nach zwei Artikeln für die *Encyclopédie* („fermiers“, „grains“) verfasst QUESNAY sein Hauptwerk, das *Tableau économique* (1758), in dem er erstmals den Wirtschaftskreislauf erläutert. Der Finanzminister TURGOT (1727–1781) schließt sich der Lehre an und lässt den ökonomischen Liberalismus in seine Reformversuche einfließen. TURGOTS Freund, der Philosoph CONDILLAC (1714–1780), publiziert 1776 seine Schrift *Le commerce et le gouvernement considérés relativement l'un à l'autre,* wegen der er als Begründer der modernen Ökonomie in Frankreich gilt. Gegner der Physiokraten ist u. a. CONDILLACS Bruder, der Abbé MABLY (1709–1785), der eine frühsozialistische Überzeugung vertritt.

Literatur Braudel/Labrousse (1970), Larrère (1992).

**Antikolo-
nialismus**

Der zunächst dem Jesuitenorden angehörende Guillaume Thomas RAYNAL (1713–1796) kritisiert die Politik aus einer anderen Perspektive. Er wendet sich in *L'histoire philosophique et politique des établissements et du commerce des Européens dans les deux Indes* (1770; erweiterte Fassung 1780) gegen die Ausbeutung und Versklavung Asiens und Amerikas durch die Europäer. Seine Schrift, an der DIDEROT maßgeblich mitwirkte, gilt als Auftakt der antikolonialistischen Bewegung.

Literatur Lüsebrink/Tietz (1991), Womack (1972).

Philosophie

Die zum Kreis der *Encyclopédie* zählenden Philosophen CONDILLAC, HELVÉTIUS, LA METTRIE und D'HOLBACH sollen hier kurz vorgestellt werden. Die philosophischen Werke CONDILLACS *(s. S. 76)* sind von LOCKES Sensualismus stark beeinflusst. CONDILLACS *Essai sur l'origine des connaissances humaines* (1746) basiert auf LOCKES *Essay Concerning Human Understanding* (1690). CONDILLAC geht in seiner Schrift aber über LOCKE hinaus, indem er die Bedeutung der Sprache für die intellektuellen Fähigkeiten des Menschen untersucht. In seinem *Traité des sensations* (1754) entwickelt er seine sensualistischen Überlegungen weiter und führt sie zu einem Höhepunkt. Der Baron D'HOLBACH *(s. S. 67)*, Verfasser der materialistischen Schrift *Système de la nature* (1770), vertritt ebenfalls die These, dass alle intellektuellen Fähigkeiten des Menschen auf Sinneswahrnehmungen basieren.

**Materialis-
mus**

Die philosophische Lehre des Materialismus lehnt alles Metaphysische ab und definiert die Welt als in Bewegung befindliche Materie. Ein Großteil der Enzyklopädisten ist dieser Überzeugung: Julien Offroy de LA METTRIE (1709–1751), der Direktor der Akademie in Berlin, legt seine materialistische Überzeugung 1747 in *L'homme-machine* dar. Als Manifest des Materialismus gilt die philosophische Schrift *De l'esprit* (1758) von Claude-Adrien HELVÉTIUS (1715–1771). Er beruft sich auf den Sensualismus von LOCKE und CONDILLAC und verbindet seine Überlegungen zur sensualistischen Philosophie mit Gedanken zum Staat und zur Gesellschaft. Das Werk wird von der Sorbonne, vom Parlement und vom Papst verurteilt und danach verbrannt.

Literatur Baruzzi (1968), Bloch (1982), Bourdin (1996), Cassirer (³1973), Desné (1965), Goyard-Fabre (1972), Gusdorf (1971).

5 BUFFON und die *Histoire naturelle*

Biografie

Georges Louis Leclerc, Comte de BUFFON (1707–1788), wird 1739 Verwalter des königlichen Gartens. Er widmet sich zeit seines Lebens naturwissenschaftlichen Forschungen. 1753 wird er in die Académie française aufgenommen. Zu diesem Anlass hält er den berühmten *Discours sur le style*.

Hauptwerk

Zwischen 1749 und 1789 entsteht unter der Mitwirkung mehrerer Forscher die *Histoire naturelle générale et particulière*. BUFFONS naturwissenschaftliche Enzyklopädie in 36 Bänden erscheint ab 1749 mit der *Théorie de la Terre* (1 Band) und der *Histoire naturelle de l'homme* (2 Bände). 1753–1767 folgt die *Histoire naturelle des animaux quadrupèdes* (12 Bände), 1770–1783 die *Histoire naturelle des oiseaux* (9 Bände) und 1783–1788 die *Histoire naturelle des minéraux* (5 Bände). 1774–1789 erscheinen die *Suppléments* (7 Bände), in denen sich auch der *Discours sur le style* befindet. Nach BUFFONS Tod erweitert Etienne LACÉPÈDE DE LAVILLE das Werk bis 1804 um acht Bände.

Bedeutung

Die *Histoire naturelle* ist neben der *Encyclopédie* das größte Buchdruckerunterfangen des 18. Jahrhunderts. Ganz im Geiste der Aufklärung betätigt sich BUFFON als Vulgarisator, indem er Fachwissen literarisch gefällig und zudem mit Kupferstichen illustriert an das interessierte, gebildete Laienpublikum vermittelt. Darüber hinaus liegt die Bedeutung der *Histoire naturelle* darin, eine Theorie von der Geschichte der Erde und der Lebewesen bis zur Entstehung der Zivilisation entworfen zu haben. Damit ist BUFFON einer der ersten modernen Wissenschaftler, der die Entwicklung der Arten behandelt und so zum Vorläufer LAMARCKS avanciert.

Wirkung

Das umfangreiche Lexikon ist ein noch größerer Publikumserfolg als die *Encyclopédie*. Wie diese ist die *Histoire naturelle* mehrmals den Attacken der Sorbonne ausgesetzt. Mehrere Neuauflagen und Übersetzungen ins Englische, Spanische und Deutsche erscheinen schon zu Lebzeiten BUFFONS.

Literatur

Histoire naturelle (Auszüge), hg. von J. Varloot, Paris: Gallimard (Folio) 1984.
Gascar (1983), Roger (1989).

6 Der Kampf gegen die Aufklärung

Verfolgung

Die Verfolgung der *philosophes* durch Regierung und Kirche ist am Beispiel mehrerer Autoren deutlich geworden. Die Rückschläge, die während des Entstehungsprozesses der *Encyclopédie* hingenommen werden mussten (Verdammung durch den Vatikan, Entzug der Druckerlaubnis, Verbot), sind symptomatisch für die Bekämpfung der gesamten Aufklärungsbewegung. Die Verurteilung und öffentliche Verbrennung von Büchern der Aufklärer durch das Parlement de Paris, den Conseil du Roi oder die Sorbonne sind verzweifelte Versuche, den eigenen Machtverlust zu bremsen.

Gegner

Zur Bekämpfung der Aufklärer von Seiten der Regierung und der Kirche kommen die Angriffe von Schriftstellerkollegen hinzu, die aus ideologischen und zum Teil auch aus persönlichen Gründen – etwa Neid und Missgunst – Attacken gegen einzelne Aufklärer reiten. Gegen Ende der 50er-Jahre treten diese *anti-philosophes* massiv in Erscheinung. 1757 attackiert der Advokat MOREAU die *philosophes* in seinem Pamphlet *Nouveau mémoire pour servir à l'histoire des Cacouacs.* Mit den „Cacouacs" sind die Aufklärer gemeint. Der Dichter LEFRANC DE POMPIGNAN greift die Aufklärer 1760 anlässlich seiner Wahl in die Académie française in seiner Rede an. Im selben Jahr degradiert PALISSOT die *encyclopédistes* in seiner satirischen Komödie *Les philosophes* zu jämmerlichen Gestalten. Doch die Verunglimpfung ist keinesfalls einseitig. Auch die *philosophes* lancieren Schmähschriften gegen ihre persönlichen Gegner. So reagiert VOLTAIRE postwendend auf PALISSOTS Stück mit seiner Komödie *Le café ou L'Ecossaise (s. S. 33)*. Die gegenseitigen Attacken werden auch in der Presse ausgetragen *(s. S. 119)*.

7 Illuminismus und Freimaurerei

Illuminismus

Etwa zu dem Zeitpunkt, als sich der Sieg der Aufklärungsbewegung mit der *Encyclopédie* abzuzeichnen beginnt und die Aufklärer gegen die Kirche Sturm laufen, formieren sich Bewegungen, die sich entschieden gegen den Kult der Vernunft wenden und neue Formen der Religiosität suchen. Diese esoterischen Bewegungen des 18. Jahrhunderts, Illuminismus genannt, sind vor allem in Frankreich und Deutschland besonders aktiv. Der bekannteste Illuminist ist der Portugiese MARTINÈS DE PASQUALLY, der seinen Anhängern ein religiöses Gemeinschaftserlebnis außerhalb der offiziellen Kirche bieten will. Sein Schüler SAINT-MARTIN, der sich selbst „philosophe inconnu" nennt, gewinnt im vorrevolutionären Frankreich eine große Schar von Anhängern. Er spielt während der Revolution eine bedeutende Rolle *(s. S. 126)*. Zahlreiche Scharlatane wie MESMER und CAGLIOSTRO machen sich die Orientierungslosigkeit vieler Menschen zu Nutze, um mit Schwarzer Magie, Geisterbeschwörungen, Magnetismus und okkultistischen Sitzungen auf Seelenfang zu gehen.

Literatur	Auch für die Literatur ist diese Bewegung von Bedeutung, da die erste fantastische Erzählung der französischen Literatur, *Le diable amoureux* (1772) von CAZOTTE, aus dem Umkreis der Illuministen stammt *(s. S. 113–114)*. Zudem strahlt der Illuminismus bis ins 19. Jahrhundert aus und prägt Romantiker und Symbolisten.
Freimaurer	Das Freimaurertum wird im 18. Jahrhundert zum Sammelbecken für freidenkerisches Gedankengut. Um 1720 fasst es in Frankreich Fuß und rückt mit seinen Idealen wie Freiheit und Toleranz in die geistige Nähe der Aufklärer. Zugleich ergeben sich durch die geheimbundartige Organisation der Freimaurer in Logen auch wechselseitige Kontakte zu Illuministen.
Literatur	Chevallier (1974), Darnton (1984), Faivre (1973).

8 Die Literatur der Aufklärung

1 Theater

Überblick	Ab der Jahrhundertmitte kommt es in der Dramen- und Theatertheorie sowie der Theaterpraxis zu einer folgenreichen Neuorientierung: Die Entstehung einer neuen dramatischen Gattung, des *drame bourgeois*, geht einher mit einer Reform der Schauspielweise und der Bühnenausstattung. Insgesamt übernimmt das Theater immer deutlicher die didaktische Funktion, das Publikum moralisch zu belehren und dabei politische und soziale Missstände anzuprangern. Es avanciert zum „Medium der Aufklärung" (Gumbrecht).
Theater-wesen	Die Organisation des offiziellen Theaterwesens bleibt bis 1762 unverändert *(s. S. 35–37)*. 1762 erfolgt dann der Zusammenschluss des Opéra-Comique und der Comédie-Italienne; das Theater trägt bis 1783 den Namen Comédie-Italienne, danach wird es in Opéra-Comique umbenannt. Ebenfalls im Jahre 1762 ruft diese Bühne GOLDONI nach Paris.
Oper	In der 2. Jahrhunderthälfte ist die Oper erneut Austragungsort zweier Musikstreits *(s. S. 36)*. 1752 bricht die *Querelle des Bouffons* aus: Anlässlich der Aufführung von PERGOLESIS *opéra-comique La*

Gesellschaft, Kultur und Literatur der Aufklärung: 1750 bis 1789

serva padrona favorisiert ein Teil des Publikums die italienische Musik, während der andere die französische Oper und den Komponisten RAMEAU erfolglos verteidigt. Ab etwa 1770 stehen sich dann die Anhänger GLUCKS und PICCINIS gegenüber. GLUCK, der als Sieger gefeiert wird, vertritt die Ansicht, dass die Musik das Libretto begleiten und damit dessen Ausdruck im Sinne der *sensibilité* steigern soll.

Boulevard-Theater

1759 öffnet der ehemalige Foire-Schauspieler Jean-Baptiste NICOLET am Boulevard du Temple sein eigenes Theater. Diese Neueröffnung ist ein bedeutender Schritt zur Ausdifferenzierung verschiedener Theaterformen. Nach einer Aufführung vor dem König im Jahre 1772 darf sich die Truppe „Les Grands Danseurs du Roi" nennen. Das Programm ist abwechslungsreich: Neben Komödien mit Gesangs- und Tanzeinlagen treten auch Seiltänzer mit ihren Nummern auf.

Neue Theater

Auf Grund des Erfolgs von NICOLET siedeln sich am Boulevard du Temple bis 1789 weitere vier Theater an: 1769 öffnet das Marionetten- und Kindertheater L'Ambigu-Comique von AUDINOT seine Pforten. 1774 wird das Théâtre des Associés gegründet, das das Repertoire der Comédie-Française nachspielt. 1779 folgen die Variétés Amusantes, 1787 schließlich die Délassements Comiques. Ab 1791 kommen wegen der Aufhebung der Zensur weitere Bühnen hinzu *(s. S. 130)*.

Hausbühnen

Die Theaterbegeisterung des 18. Jahrhunderts spiegelt sich auch in den Privataufführungen der Comédie-Française und der Comédie-Italienne am Hofe LUDWIGS XVI. sowie in den Amateurbühnen in Schlössern, Landgütern und Privathäusern wider *(théâtres de société)*. Es ist Mode, Schauspielunterricht zu nehmen. Viele folgen dem Beispiel der Königin, die sich von berühmten Schauspielern in die Bühnenkunst einweisen lässt.

Repertoire

Das Repertoire der *théâtres de société* wird von den offiziellen Theatern übernommen; die Privatbühnen würzen es aber mit freizügigen Stücken, die in öffentlichen Aufführungen nicht akzeptabel wären.

Provinz

Nicht zuletzt partizipiert auch die Provinz am Theaterboom der Epoche. Ab der Jahrhundertmitte entstehen dort insgesamt 23 architektonisch fortschrittliche Theaterbauten. Architektonische Höhepunkte sind die Theaterbauten von Lyon (1756) und Bordeaux (1780). In ihrer Organisation sind die Provinztheater am Pariser Theaterwesen orientiert. Die großen Städte unterhalten eine feste Schauspieltruppe, während kleine Städte durch einen dem heutigen „Tournee-Theater" ähnlichen Betrieb versorgt werden.

Publikum	Im Publikum sind alle gesellschaftlichen Klassen vertreten, allerdings durch die Platzkategorien räumlich voneinander getrennt. Die Verbürgerlichung des Publikums schreitet weiter voran.
Autoren	Die Dramatiker erhalten von den Schauspielern nur wenig Geld für ihre Stücke, die sie der Truppe zudem abtreten müssen. Da erst 1791 Autorenrechte eingeführt werden, sind die Autoren zudem schlecht vor Raubkopien und Plagiat geschützt. Verärgert über diesen Zustand, gründet BEAUMARCHAIS 1777 zusammen mit anderen Dramatikern, darunter MARMONTEL und SEDAINE, die Société des auteurs dramatiques, die von den um ihre Privilegien besorgten Schauspielern scharf attackiert wird.
Literatur	Descotes (1964), Gumbrecht (1981), Howarth (1978), Niklaus (1963b), Rougemont (1996), Scherer (1975), v. Stackelberg (1992).

Die Etablierung einer neuen Theater- und Schauspielästhetik

Bühnendekor	Die Bühnendekoration bestand ursprünglich aus aufgehängten Leinwänden und einigen für bestimmte Szenen hereingeschobenen Möbelstücken. Dieses statische, der Handlung der Stücke wenig angepasste Bühnenbild wird im Laufe des 18. Jahrhunderts durch eine individuellere Ausstattung der Stücke ersetzt. Die Handlungsorte werden nun durch landes- und zeittypische Bühnendekorationen und Versatzstücke optisch angezeigt.
	Behindert werden die Schauspieler durch Publikumssitzplätze auf der Bühne, die entlang der Bühnenseiten aufgestellt sind. Nicht selten machen sich diese Zuschauer selbst zu Akteuren, indem sie während der Vorstellung über die Bühne spazieren und so die Aufmerksamkeit des Publikums auf sich ziehen. Erst 1759 gelingt es u. a. VOLTAIRE und dem berühmten Schauspieler LEKAIN, die Bühne von den Sitzplätzen zu befreien. Die damit erwirkte Trennung von Bühne und Zuschauerraum wird noch dadurch verbessert, dass man in der Comédie-Française 1782 und in dem Opéra-Comique ab 1788 Sitzplätze im Parkett installiert. Das Umherlaufen der Zuschauer während der Vorstellung ist dadurch unmöglich.
Beleuchtung	Die Beleuchtung, die bislang hauptsächlich durch eine entlang der Bühnenrampe angebrachte Reihe von Kerzen erfolgte, leuchtet die Bühne schlecht aus. Um gesehen zu werden, müssen die Schauspieler deshalb ganz nah an der Rampe agieren. Zudem erschwert die starke Rauchentwicklung der Kerzen die Sicht. Eine übertriebene Mimik und Gestik sollen die schlechten Sichtverhältnisse kompensieren. Dieser Zustand ändert sich ab 1784 mit der Installation von Öllampen *(quinquets).*

Kostüm/ Maske	Statt die aktuelle Mode des Hofes und der Pariser Gesellschaft zu imitieren, passen die fortschrittlichen Schauspieler ihre Kostüme, ihre Frisuren und ihre Schminke nun der Handlung und den von ihnen dargestellten Figuren an.
Spielweise	Die Schauspiel- und Sprechweise ist ebenfalls Gegenstand der Kritik. Eine natürliche, einfache und ungekünstelte Sprechweise verdrängt die traditionelle monoton-singsangartige Vortragsweise immer mehr. Vorreiter in diesem Prozess sind BARON, LEKAIN und ihre Kolleginnen Mlle LECOUVREUR und Mlle CLAIRON. Neben diesen fortschrittlichen Akteuren treten aber weiterhin Schauspieler auf, die der alten Schauspielweise verhaftet bleiben, wodurch die optische, akustische und künstlerische Einheit verloren geht. Das liegt vor allem auch daran, dass es zu diesem Zeitpunkt noch keinen Regisseur gibt. All die beschriebenen Veränderungen der neuen, natürlichen Schauspielweise führt der Sohn des Direktors der Comédie-Italienne, François RICCOBONI, in seiner schauspieltheoretischen Schrift *L'art du théâtre* (1750) aus und gibt damit den entscheidenden Anstoß für DIDEROTS Reformvorschläge.
LEKAIN	Um die neue, natürliche und zugleich realistische Schauspielweise weitergeben zu können, erhält LEKAIN 1774 vom König die Erlaubnis, eine Ecole royale d'art dramatique zu gründen. Aus ihr geht beispielsweise der berühmte TALMA hervor, der besonders während der Revolution ein gefeierter Bühnenstar ist *(s. S. 131)*.
Literatur	Jomaron (1988–89), Peyronnet (1974), Rougemont (1996).

Tragödie

Form	Nach 1760 macht sich der Niedergang der neoklassizistischen Tragödie bemerkbar. Er steht in engem Zusammenhang mit der Etablierung des *drame bourgeois* und der Reform der Bühnen- und Schauspielkunst. Insgesamt erfolgt eine Aufweichung der strikten Abgrenzungen zwischen den dramatischen Gattungen. Die klassischen Regeln (Einheit von Handlung, Zeit und Ort) und die Abfassung im regelmäßigen Alexandriner bleiben aber zunächst unangetastet.
Stoffe	Zu den antiken Stoffen kommen nun mittelalterliche und exotische hinzu. DE BELLOY führt VOLTAIRES Innovationen *(s. S. 32)* mit seiner *tragédie nationale* fort.
Tragédie nationale	Die thematische Neuorientierung hin zur nationalen Geschichte spiegelt sich in der Bezeichnung derselben als *tragédie nationale* wider. Sie hat nach dem Siebenjährigen Krieg (1756–1763) und dem für Frankreich nachteiligen Frieden von Paris Hochkonjunk-

tur, weil sie glorreiche Momente der französischen Geschichte herausgreift und damit auf die Stärkung der patriotischen Gesinnung der Zuschauer zielt. DE BELLOY, Autor mehrerer *tragédies nationales*, definiert im Vorwort zu *Le siège de Calais* die Wirkungsintention der Gattung: *„Nous savons exactement tout ce qu'ont fait César, Scipion, Titus; nous ignorons parfaitement les actions les plus fameuses de Charlemagne, de Henri IV, du Grand Condé."*

Literatur　Boës (1982), Daniel (1964), Morel (³1968).

Autoren und Werke

VOLTAIRE

Zu VOLTAIRES Tragödien siehe das **Autorenportrait VOLTAIRE**.

DE BELLOY

Biografie　Pierre Laurent Buirette, genannt Dormont DE BELLOY (1727–1775), lehnt eine juristische Laufbahn ab und wird Schauspieler und Tragödienautor.

Hauptwerke　Die fünfaktige Verstragödie *Le siège de Calais* (1765) gilt als Musterbeispiel der patriotischen *tragédie nationale*. Das Stück spielt zur Zeit des Hundertjährigen Krieges in Calais und greift die bekannte Episode der sechs Bürger heraus, die sich dem englischen Feind ausliefern. DE BELLOY stellt dabei einen König dar, der sich für seine treuen Untertanen opfern will.

Kommentar　Das Theaterstück ist äußerst erfolgreich. Der König ist voll des Lobs für *Le siège de Calais*, sieht er doch die enge Bindung zwischen König und Volk in der Tragödie besungen. DE BELLOY erhält königliche Ehrungen und Pensionen und wird in die Académie française aufgenommen. Um die patriotische Aussage der Tragödie so großflächig wie möglich zu verbreiten, finden kostenlose Aufführungen in der Comédie-Française und in Garnisonsstädten statt.

Auch die nachfolgenden Tragödien *Gabrielle de Vergy* (1770), *Gaston et Bayard* (1771) und *Pierre le Cruel* (1772) behandeln Stoffe der französischen Geschichte.

Literatur　*Le siège de Calais* findet sich in in der Anthologie *Théâtre du XVIIIe siècle*, hg. von J. Truchet, Band 2, Paris: Gallimard 1974. Boës (1982).

Komödie

Form

Da – wie bereits angemerkt – das Lachen im Laufe des Jahrhunderts immer mehr von der Bühne der großen offiziellen Theater verdrängt wird und da das Publikum nicht mehr belustigt werden will, sondern seine *sensibilité* durch Tränen und Rührung zum Ausdruck bringen möchte, verliert die von Molière geprägte Komödie immer mehr an Beliebtheit. Wegen ihrer weniger streng fixierten Form bietet sich die Komödie aber für Ausdifferenzierungen in verschiedene Richtungen an: Die *comédie larmoyante* ist eine solche Anpassung an den veränderten Publikumsgeschmack. Mit dem Opéra-Comique entsteht die musikalische Komödie. Auch der Übergang zum *drame bourgeois* ist fließend, zumal die Dramatiker selbst ihre Komödien als *drames bourgeois* oder ihre *drames bourgeois* als Komödien bezeichnen.

Der Unterschied zwischen der *comédie larmoyante* und dem *drame bourgeois* liegt formal lediglich darin, dass die *comédie larmoyante* in Versen abgefasst ist. Da diese auch bisweilen traurige und ernste Konflikte im Privatleben vorführt, ist hier auch die inhaltliche Abgrenzung schwierig. Am ehesten unterscheiden beide Gattungen sich in der intendierten Wirkung auf die Zuschauer: In der *comédie larmoyante* stehen weniger der Beruf oder die gesellschaftliche Rolle im Vordergrund als vielmehr die Betonung rührender, zum Weinen anregender Szenen.

Literatur

Hinck (1974), Schalk (1977), Schoell (1979; 1983).

Drame bourgeois

Form

Ein erster Schritt in Richtung des *drame bourgeois* ist die *comédie larmoyante* von Nivelle de La Chaussée. Auf Grund der theoretischen Auseinandersetzung mit der als überholt empfundenen klassischen Tragödie und der herkömmlichen Komödie gelten Diderot, Beaumarchais und Mercier als Begründer des *drame bourgeois*. Als „genre sérieux" siedeln sie es zwischen Tragödie und Komödie an.

Theorie

Die Verbindung von Dramenpoetologie und Theaterpraxis findet sich erst in den wegweisenden Schriften von Diderot (*s. S. 69–70*).

Beaumarchais verfasst seinen *Essai sur le genre dramatique sérieux* (1767) anlässlich der Publikation seines „drame sérieux" *Eugénie*. In seinen dramentheoretischen Ausführungen schließt Beaumarchais sich Diderot an. Durch die Darstellung von „malheurs domestiques" auf der Bühne soll das Publikum zu tugendhaftem Verhalten angehalten werden.

Auch Mercier sieht in Diderot sein Vorbild. Sein Essai *Du théât-*

re ou Nouvel essai sur l'art dramatique (1773) bekräftigt die Positionen von DIDEROT und BEAUMARCHAIS, indem er die Anpassung des Theaters an soziale und politische Gegebenheiten postuliert.

Inhalt

Dem *drame bourgeois* wird die Position zwischen der Komödie und der Tragödie zugewiesen. Um die bürgerlichen Zuschauer moralisch zu belehren und emotional zu bewegen, sollen unglückliche Ereignisse aus dem Familienleben auf der Bühne behandelt werden.

Figuren

Der direkte Bezug zum bürgerlichen Publikum entsteht, weil das Figurenpersonal dem Bürgertum entstammt: Kaufleute, Händler, Philosophen, Schriftsteller und Magistraten erscheinen in ihrer Rolle als Familienvater oder Sohn und rücken mit ihren Ehefrauen oder Töchtern ins Zentrum der Handlung. Das bürgerliche Publikum sieht nun auf der Bühne seine eigenen Probleme und Konflikte behandelt.

Sprache

Um realistisch zu wirken und so die Nähe zwischen Publikum und Bühnenhandlung zu gewährleisten, sind die Stücke in Prosa abgefasst. Das mimische und gestische Spiel der Schauspieler schafft pathetische und sentimentale Szenen, die das Publikum rühren sollen. Hier treffen sich auch die neue Schauspielweise und die neue Dramenpoetologie.

Vorbilder

Vorbild des französischen *drame bourgeois* oder *genre sérieux* ist die englische *domestic tragedy* (LILLO, MOORE).

Literatur

Das Standardwerk zum *drame bourgeois* stammt von Gaiffe (1970). Biermann (1978), Fontius (1979a; 1979b), Lioure (1973), Ménil (1995), Neuschäfer (1970), Rougemont (1996), Sarrazac (1988), Szondi (1979).

Autoren und Werke

DIDEROT

Die beiden *drames bourgeois* von DIDEROT, *Le fils naturel* (1757) und *Le père de famille* (1758), sind im **Autorenportrait DIDEROT** behandelt.

BEAUMARCHAIS

Biografie

Pierre-Augustin Caron de BEAUMARCHAIS (1732–1799) ist der Sohn eines Uhrmachers. Dieses Metier übt Beaumarchais zunächst selbst aus. Es gelingt ihm recht bald, sich Zugang zum Hof zu verschaffen, und er versucht sich in verschiedenen Berufen, z.B. als

Harfenlehrer der Prinzessinnen, als Finanzier, Geheimagent der französischen Regierung und Waffenhändler für den amerikanischen Unabhängigkeitskrieg. Er macht sich 1777 bei den Schauspielern unbeliebt, indem er mit MARMONTEL und SEDAINE die Société des auteurs dramatiques ins Leben ruft. 1780 gründet er in Kehl die Société littéraire et typographique, welche die Werke VOLTAIRES, ROUSSEAUS und LA BRUYÈRES ediert. Während der Revolution verliert BEAUMARCHAIS sein Vermögen. Er verlässt Frankreich und kehrt erst 1796 nach Paris zurück, wo er 1799 stirbt.

Hauptwerke

BEAUMARCHAIS beginnt seine Karriere als Dramatiker mit erotischen Paraden (s. S. 94), die er zwischen 1757 und 1763 für das théâtre de société des Finanziers und Ehemanns von Mme de POMPADOUR, LENORMANT D'ETIOLES schreibt. BEAUMARCHAIS' Paraden sind teilweise auch dem genre poissard zuzuordnen (s. S. 94). Die bekanntesten sind Colin et Colette, Les députés de la Halle et du Gros-Caillou und Jean-Bête à la foire.

Genre sérieux

Das genre sérieux findet in ihm einen Theoretiker und Praktiker, auch wenn seine bürgerlichen Schauspiele Eugénie (1767) und Les deux amis (1770) mit wenig bzw. keinem Erfolg an der Comédie-Française aufgeführt werden. Während der Revolution wendet er sich mit La mère coupable (1792) erneut dem genre sérieux zu.

Komödien

Der Höhepunkt des komischen Theaters am Ende des 18. Jahrhunderts sind BEAUMARCHAIS' Komödien Le barbier de Séville (1775) und La folle journée ou Le mariage de Figaro (1784).

Le barbier de Séville

Le barbier de Séville ou La précaution inutile (1775) ist eine Intrigenkomödie in der Tradition MOLIÈRES (L'école des femmes) und des spanischen Zwischenspiels (entremés). Der Graf Almaviva folgt einer schönen jungen Frau namens Rosine nach Sevilla. Dort erfährt er, dass ihr alter Tutor Bartholo sie heiraten will. Mit der Hilfe seines ehemaligen Dieners Figaro, der inzwischen als Barbier sein Brot verdient, schleicht er sich bei Rosine ein. Rosine schreibt ihm ein Briefchen, in dem sie ihre Zuneigung signalisiert (1. Akt). Doch Bartholo und sein Freund, der Musiklehrer Bazile, vereiteln die Pläne Almavivas (2. Akt). Dieser erscheint erneut bei Bartholo und versucht, sich in der Verkleidung eines Schülers von Bazile Zutritt zu verschaffen. Er gewinnt Bartholos Vertrauen, indem er ihm Rosines Briefchen gibt. Figaro arrangiert ein Treffen für die Liebenden, das aber wieder von Bartholo gestört wird (3. Akt). Um Rosine und Almaviva zu entzweien, zeigt Bartholo Rosine ihr Briefchen. Enttäuscht stimmt sie zu, Bartholo zu heiraten. Doch Figaro und Almaviva können ihr erklären, wie der Brief in Bartholos Hände gelangte. In dessen Abwesenheit heiraten die beiden. Als Trost überlassen sie Bartholo Rosines Mitgift (4. Akt).

Kommentar	In der ursprünglichen fünfaktigen Fassung fällt das Stück bei der Premiere durch. Wenige Tage später wird es erneut in einer überarbeiteten und nun vieraktigen Fassung mit großem Erfolg aufgeführt. *Le barbier de Séville* ist der erste Teil einer Trilogie, in der Figaro die Hauptfigur ist. Figaros und Almavivas Finten zur Überlistung von Bartholo und dessen zahlreiche Gegenlisten machen die Komik des Stückes aus.
Le mariage de Figaro	*La folle journée ou Le mariage de Figaro* ist nach 1775 entstanden. 1781 nimmt die Comédie-Française die Komödie zur Aufführung an. Doch bleibt die Uraufführung bis 1784 durch sechs Zensurgänge und vor allem durch ein Verbot des Königs verhindert. Nach einer privaten Aufführung fordert das Publikum vehement die öffentliche Uraufführung, die ein enormer Triumph wird. *Le mariage de Figaro* erlebt etwa 70 Aufführungen in Folge, was für die damalige Zeit einen Rekord bedeutet.

Am Hochzeitstag von Figaro und seiner Braut Suzanne, der Kammerzofe von Almavivas Gattin Rosine, erhebt der Graf Almaviva Anspruch auf das *jus primae noctis*, obwohl er als liberaler Herrscher dieses bereits abgeschafft hat. Zugleich will er Figaro zwingen, die alte Marceline zu heiraten. Unterdessen versucht der charmante Page Chérubin, sich Rosine zu nähern. Der eifersüchtige Graf muss unter dem Druck seiner Untergebenen von seiner Forderung gegenüber Suzanne abrücken. Chérubin wird zur Armee geschickt (1. Akt). Vor seiner Abreise erscheint er bei Rosine und gesteht ihr seine Liebe. Das Treffen wird plötzlich vom Grafen gestört. Suzanne gelingt es, Rosine aus der misslichen Lage zu retten und die Zweifel des Grafen an ihrer Treue zu zerstreuen (2. Akt). Suzanne lässt sich zum Schein auf ein Stelldichein mit Almaviva für den kommenden Abend ein. Während eines Gerichtsprozesses stellt sich heraus, dass Figaro Marcelines Sohn ist (3. Akt). Da Rosine an der Stelle von Suzanne zu dem Treffen mit Almaviva gehen will, tauschen beide die Kleider. Figaro, der nicht in den Plan eingeweiht ist, glaubt sich betrogen (4. Akt). In dieser Stimmung hält Figaro seinen berühmten Monolog, in dem er über sein Unglück und die Ungerechtigkeit der Gesellschaft klagt (5. Akt, 1. Szene). Im Dunkel der Nacht erscheint schließlich Rosine in Suzannes Kleidern zu dem Rendezvous mit Almaviva. Rosine stellt ihren Mann bloß, doch das Paar findet wieder zueinander. Auch Figaro und Suzanne können nun heiraten (5. Akt).

Kommentar	Eingehüllt in zahlreiche Intrigen, Verwechslungen, Versteckspiele und Verkleidungen, enthält die Komödie am Vorabend der Revolution brisante Themen von großer gesellschaftlicher Aktualität. Almaviva hatte als absoluter, aber aufgeklärter Herrscher aus Liebe zu seiner Frau und aus Respekt für seine Untergebenen auf

sein Recht der ersten Nacht verzichtet. Sein Versuch, das aufgege-
bene Privileg wieder aufzugreifen, scheitert am Widerstand der
Diener. In der Umkehrung des Machtverhältnisses von Herr und
Diener sowie in Figaros scharfer Kritik an den Mächtigen kündigt
sich der Sieg des Dritten Standes (Tiers Etat), verkörpert durch Figaro und Suzanne, über die Adligen an. Neben der Denunzierung
des Machtmissbrauchs durch den Adel enthält das Stück auch einen satirischen Seitenhieb auf die Inkompetenz und Willkür der
Gerichtsbarkeit.

La mère coupable

Der letzte Teil der Figaro-Trilogie ist das fünfaktige, in Prosa ab-
gefasste bürgerliche Schauspiel *L'autre Tartuffe ou La mère coupable* (1792). Wie die zwei anderen *drames, Eugénie* und *Les deux
amis,* ist auch dieses Stück wenig erfolgreich. Die Paare Almaviva
und Rosine sowie Figaro und Suzanne leben in familiärer Har-
monie, bis der von außen eindringende Bösewicht Bégearss die
Familienidylle zu zerstören droht. Es gelingt Figaro aber, den
Störenfried zu entlarven und auszuschalten.

Literatur

Théâtre complet, hg. von P. Courant u. M. Allem, Paris: Gallimard
(Pléiade) 1957. Die Figaro-Trilogie ist in der empfehlenswerten Ta-
schenbuchausgabe von R. Pomeau erhältlich: *Théâtre: Le mariage
de Figaro, Le barbier de Séville, La mère coupable,* Paris: Garnier-
Flammarion 1965.
Conesa (1985), Didier (1994), Howarth (1995), Neuschäfer (1970),
Pomeau (1987) und das Standardwerk von Scherer (²1980).

MERCIER

Biografie

Louis-Sébastien MERCIER (1740–1814) stammt aus einfachen Verhältnissen. Er ist zunächst Rhetoriklehrer in Bordeaux und wird
dann *homme de lettres,* dessen immenses und verschiedenartiges
Gesamtwerk schwer zu klassifizieren ist: Romane, Theaterstücke,
Artikel, Essais, historische und lexikalische Werke. Zu seinen Lebzeiten ist er ein äußerst erfolgreicher Autor, und auch auf die
nachfolgende Schriftstellergeneration übt er einen großen Einfluss aus (z. B. auf HUGO, BÜCHNER, LENZ). In Paris ist er mit DIDE-
ROT, CRÉBILLON fils und ROUSSEAU befreundet und gehört mit DIDE-
ROT, SEDAINE und SAURIN zu den Reformatoren des Theaters *(s. S.
85–86).* Die Publikation seines *Tableau de Paris* ab 1781 bringt ihn
mit der Zensurbehörde in Konflikt, sodass er nach Neuchâtel
flüchtet. Während der Revolution macht er eine politische Karriere als Abgeordneter im Konvent für das Departement Seine-et-Oi-
se. Er wird Mitglied des 1795 gegründeten Institut de France. Zugleich ist er Journalist und Autor weiterer Theaterstücke, Essais
und einer *Histoire de la France* (1800) sowie der *Néologie ou Vocabulaire de mots nouveaux* (1801).

Hauptwerke	MERCIER strebt wie DIDEROT eine Erneuerung des Theaters an, die er mit seinen Dramen zu verwirklichen hofft. Handlungen, Figuren und Konflikte sind der bürgerlichen Alltagswelt entnommen und feiern den Sieg der Tugend. In ihrer Vorbildlichkeit erfüllen sie die didaktische Funktion des Theaters. Seine Theaterstücke lassen sich wie folgt gruppieren:

Bürgerliche Stücke, die das Familienleben thematisieren: z. B. *Jenneval ou Le Barnevelt français* (1769), *La brouette du vinaigrier* (1775), *Le déserteur* (1770).

Historische Stücke oder **Stücke über historische Personen**: z. B. *Jean Hennuyer* (1772), *La mort de Louis XI* (1783), *Montesquieu à Marseille* (1784) oder *La maison de Molière* (1788).

Imitationen von Vorbildern wie SHAKESPEARE oder SCHILLER, die in MERCIERS Bearbeitung stark moralisierend ausfallen: z. B. *Le vieillard et ses trois filles* (1792) nach *King Lear* oder *Les tombeaux de Vérone* (1796) nach *Romeo and Julia* und *Jeanne d'Arc* (1802) nach SCHILLERS gleichnamigem Drama.

La brouette du vinaigrier	MERCIERS bekanntestes Stück ist das dreiaktige *drame La brouette du vinaigrier*, das 1775 am Théâtre des Associés aufgeführt wird. Der Sohn des Essighändlers Dominique möchte die Tochter des reichen Händlers Delomer heiraten. Der reiche Vater ist entsetzt und verweigert dem jungen Mann die Hand seiner Tochter. Er favorisiert einen standesgemäßen Bewerber, der sich aber nach Delomers finanziellem Ruin zurückzieht. Der Essighändler erarbeitet sich zwischenzeitlich ein ansehnliches Vermögen. Schließlich schiebt er seine Schubkarre voller Goldstücke in den vornehmen Salon von Delomer, der jetzt der Heirat zustimmt.

Kommentar	Erstmals ist eine gesellschaftlich so tief angesiedelte Figur wie der Essighändler Dominique die Hauptfigur eines Theaterstückes. MERCIER stellt nicht nur die Arbeit als bürgerliche Tugend dar, sondern verfolgt insgesamt eine Aufwertung des fleißigen Kleinunternehmers, was die Schubkarre im Salon visualisiert.

Die Verbindung eines bürgerlichen und familiären Konfliktes, der gleichwohl auch ein sozialer ist, und das rührende Schlusstableau mit der zum Symbol gewordenen Schubkarre bezeugen die Verwirklichung des didaktischen und realistischen Anspruchs, den das *drame* erhebt.

Literatur	MERCIERS Dramen liegen als Reprint vor: *Théâtre complet*, Amsterdam 1778–1784/Genf: Slatkine Reprints 1970. *La brouette du vinaigrier* findet sich auch in der Dramenanthologie *Théâtre du XVIIIᵉ siècle*, hg. von J. Truchet, Band 2, Paris: Gallimard (Pléiade) 1974. Biermann (1978), Frantz (1979), Hofer (1977).

Biografie

Nach dem frühen Tod des Vaters ist Michel Jean SEDAINE (1719–1797) zunächst gezwungen, als Steinmetz zu arbeiten. Dank einer Pensionszahlung kann er sich aber schließlich seiner Leidenschaft, dem Theater, widmen. Er macht Bekanntschaft mit den führenden Köpfen der Aufklärung und findet in der Zarin KATHARINA II. eine Gönnerin. 1786 wird er in die Académie française aufgenommen.

Hauptwerke

Seine ersten Theaterstücke, zahlreiche erfolgreiche *opéras-comiques*, verfasst SEDAINE für den Opéra-Comique *(s. S. 92)*. Der bekannteste ist *Le déserteur* (1769). 1765 nimmt die Comédie-Française SEDAINES fünfaktiges Prosastück *Le philosophe sans le savoir* an. Der Autor bezeichnet das Stück als *comédie*, aber viele Elemente weisen es als *drame* aus. Im Kreise seiner Familie feiert der reiche Kaufmann Vanderk die Hochzeit der Tochter Sophie. Am selben Tag will sein Sohn sich mit einem jungen Mann duellieren, der den Kaufmannsstand beleidigt hat. Doch die Güte des „philosophe sans le savoir" Vanderk, der noch rechtzeitig geweckte Großmut seines Sohnes und dessen Gegners verhindern eine Tragödie und verhelfen der Tugend zum Triumph.

Kommentar

SEDAINE führt vor, wie das harmonische Familienleben unter der Ägide des – gleichwohl adligen – Kaufmanns und Vaters Vanderk durch zwei von außen einwirkende Veränderungen (Hochzeit, Duell) vorübergehend ins Wanken gerät und durch Güte, moralische Überlegenheit und Tugendhaftigkeit der bürgerlichen Figuren wieder hergestellt wird. Indem SEDAINE einen Adligen darstellt, der seine gesellschaftliche Vorrangstellung durch seinen Reichtum als Kaufmann und durch die Übernahme bürgerlicher Lebensformen festigen kann, versucht er eine Ehrenrettung des Adels. Die genaue Beschreibung des sozialen Status der Figuren und der Situationen, in die sie geraten, erfüllen DIDEROTS Anforderungen an das *drame bourgeois*.

Zugleich befriedigt das Stück – hier nähert es sich der *comédie larmoyante* – das Bedürfnis des Publikums nach *attendrissement*: Die Todesgefahr, in der der Sohn schwebt, gibt Anlass zu pathetischen Gefühlsausbrüchen. Entsprechend der Bemühungen um ein realistisches Theater versieht SEDAINE sein Theaterstück mit zahlreichen ausführlichen Bühnenanweisungen *(didascalies)*, in denen er die Bühnendekoration, die Kostüme und die Maske der Schauspieler sowie ihre mimischen und gestischen Aktionen vorschreibt.

Literatur

Le philosophe sans le savoir findet sich in der Anthologie *Théâtre du XVIIIᵉ siècle*, hg. von J. Truchet, Band 2, Paris: Gallimard (Pléiade) 1974.

Hinweise zum Stück finden sich in Truchets Anmerkungen in der genannten Ausgabe.

Opéra-comique

Bedeutung

Die Bezeichnung Opéra-Comique ist bislang als Name für das Théâtre de la Foire verwendet worden. Der Begriff *opéra-comique* ist jedoch auch eine Gattungsbezeichnung für Komödien, die mit Musik, Tanz und Gesang aufgeführt werden. Die quantitative Verteilung von Sprech- und Gesangspartien variiert. In der 2. Jahrhunderthälfte wird die Musik anspruchsvoller, da nun nicht mehr bekannte Melodien für die Gesangspartien verwendet werden, sondern eigens für die Stücke komponierte Lieder von Komponisten wie PHILIDOR, GRÉTRY und MONSIGNY. Neben dem Ehepaar FAVART zählt auch SEDAINE zu den namhaftesten Autoren, die *opéras-comiques* schreiben.

Literatur

Théâtre de la Foire au XVIIIe siècle, hg. von D. Lurcel, Paris: Union Générale d'Éditions (10/18) 1983.
Grewe (1989).

Autoren und Werke

Charles-Simon FAVART

Biografie

Charles-Simon FAVART (1710–1792) ist der Sohn eines Konditors. Auf Grund seiner erfolgreichen Stücke erlaubt der Vater ihm, seiner literarischen Neigung zu folgen. 1745 heiratet er die Sängerin und Tänzerin Marie Justine *(s. S. 93–94)*. Seit 1758 ist FAVART einer der Direktoren des Opéra-Comique. Allein und auch gemeinsam mit seiner Frau und anderen Mitarbeitern (u. a. VOISENON und LOURDET DE SANTERRE) verfasst er ca. 150 Theaterstücke – darunter zahlreiche *opéras-comiques* –, die fast ausnahmslos enorme Publikumserfolge an französischen und europäischen Theatern sind.

Hauptwerke

Ein typischer und mit 200 Aufführungen in Folge ungemein erfolgreicher *opéra-comique* ist La chercheuse d'esprit (1741): Die Handlung ist recht einfach, bietet aber wegen der Figuren – die durch sprechende Namen charakterisiert sind – allerlei Anlass zum Lachen. Die Bäuerin Mme Madré möchte ihre hübsche, aber sehr dumme Tochter Nicette dem alten Notar M. Subtil zur Frau geben, um selbst dessen gut aussehenden, aber ebenfalls sehr einfältigen Sohn Alain zu heiraten. Der Aufforderung der Mutter gehorchend, klüger zu werden, macht Nicette sich auf die Suche nach mehr „esprit". Dabei stößt sie auf Alain; beide verlieben sich

Gesellschaft, Kultur und Literatur der Aufklärung: 1750 bis 1789

sofort ineinander. In dem Glauben, nun klüger geworden zu sein, präsentieren sie sich den Eltern, die der Hochzeit aus Angst, die Suche nach mehr „esprit" könne noch schlimm enden, zustimmen.

Großen Erfolg hat FAVART auch mit den Dramatisierungen des MARMONTELSCHEN *conte moral Soliman II ou Les trois sultanes* (1761). Auch die durch MOZART bekannten *Les amours de Bastien et Bastienne* stammen von FAVART. Den Höhepunkt seiner Karriere erreicht FAVART, als er vom Minister CHOISEUL den Autrag erhält, anlässlich der Feierlichkeiten für den Friedensvertrag nach dem Siebenjährigen Krieg ein Stück zu schreiben. Dies legt FAVART mit der einaktigen Verskomödie *L'Anglais à Bordeaux* (1763) vor, die in der Comédie-Française gespielt wird.

Literatur

Ein Reprint seiner Stücke, auch derjenigen, die er mit seiner Frau und anderen Mitarbeitern verfasst hat, liegt bei Slatkine, Genf, vor. *Soliman II ou Les trois sultanes* und *L'Anglais à Bordeaux* finden sich in *Théâtre du XVIIIe siècle,* hg. von J. Truchet, Band 2, Paris: Gallimard (Pléiade) 1974.

Iacuzzi (1932).

Marie Justine FAVART

Biografie

FAVARTS Frau Marie Justine (1727–1772) ist die Tochter eines Musikerehepaars. In Paris feiert sie Erfolge unter dem Künstlernamen Mlle Chantilly. Sie lernt dort FAVART kennen und heiratet ihn 1745. 1752 wird sie in die Comédie-Italienne aufgenommen. Als Schauspielerin trägt sie zur Etablierung der neuen Spielweise bei, indem sie natürlich und lebendig spielt und in Kostümen auftritt, die zur Handlung des jeweiligen Stücks passen.

Hauptwerk

Die Autorschaft der erfolgreichen Komödie *Annette et Lubin* (1762) wird ihr von ihrem Mann streitig gemacht: FAVART selbst spricht in seiner Korrespondenz zunächst davon, dass seine Frau sie in Zusammenarbeit mit LOURDET DE SANTERRE geschrieben habe. Nach dem großen Erfolg verbreitet FAVART aber, sie stamme von ihm. *Annette et Lubin* ist die Dramatisierung des gleichnamigen *conte moral* von MARMONTEL: Die naiv-einfältigen Annette und Lubin stellen fest, dass Annettes Bauch immer runder wird, können sich aber nicht erklären, woran das liegt. Ein Pfarrer und ein Justizbeamter lösen das Rätsel um Annettes Schwangerschaft und beschließen, die Angelegenheit zu vertuschen, indem Annette und Lubin getrennt werden sollen. Die beiden weigern sich und wenden sich in ihrer Verzweiflung an den liberalen und menschlichen Seigneur, der ihnen die Hochzeit erlaubt. Zahlreiche Gesangseinlagen untermalen die Handlung.

Literatur	Angaben zur Edition siehe oben bei FAVART. Iacuzzi (1932).

Weitere Gattungen

Parade	Die Parade war ursprünglich ein kurzes Werbestück, das von Seiltänzern und anderen Artisten vor einem Theater aufgeführt wurde, um das Publikum anzulocken. Ende des 17. und zu Beginn des 18. Jahrhunderts bezeichnet man mit Parade Theaterszenen der italienischen Truppe oder der Jahrmarkttheater. Sie entwickelt sich ab den 30er-Jahren zu einer besonders in den *théâtres de société* beliebten Form mit oft pikantem, frivolem oder erotischobszönem Inhalt. Etwa Mitte des Jahrhunderts wird die Parade von der neuen Modegattung *proverbe dramatique* abgelöst *(s. S. 95)*. Nachdem die *théâtres de société* nach 1770 an Beliebtheit etwas einbüßen, gelangt die Parade auf die Bühnen der Boulevardtheater, wo sie sich mit dem *genre poissard* vermischt (s. u.). Kennzeichen sind eine übertriebene, unwahrscheinliche und oft karikaturistische Handlung, typenhafte Figuren (Gilles, Isabelle, Léandre) und eine vulgäre Sprache mit absichtlichen grammatikalischen und lexikalischen Fehlern, volkstümlichen Ausdrücken und deftigen Flüchen.
Autoren	Thomas-Simon GUEULLETTE (1683–1766) legt 1756 eine Sammlung *Théâtre des boulevards ou Recueil des parades* vor. Der bekannteste Autor ist Charles COLLÉ (1709–1783), der als Festorganisator und Sänger im Dienste des DUC D'ORLÉANS steht. Mit *Jean-Bête à la foire* schafft BEAUMARCHAIS das Meisterwerk der Parade *(s. S. 87)*.
Literatur	Einige Paraden GUEULLETTES *(Léandre fiacre, La chaste Isabelle, Isabelle grosse par vertu)* finden sich im 1. Band der Anthologie *Théâtre du XVIIIᵉ siècle*, hg. von J. Truchet, Paris: Gallimard (Pléiade) 1972. Eine Auswahl von COLLÉS *Théâtre de société* (1768) liegt im 2. Band der genannten Anthologie vor. BEAUMARCHAIS' *Parades* sind ediert von P. Larthomas, Paris: S.E.D.E.S. 1977.
Genre poissard	Das Adjektiv „poissard" bezeichnet einen Stil, der in allen Gattungen Verwendung finden kann und sowohl den Handlungsort (die Pariser Hallen), das Figurenpersonal (Markt- und Fischhändler) als auch den Inhalt (Streitigkeiten mit deftigen Flüchen und Beleidigungen) festlegt. Um die Jahrhundertmitte kommt das *genre poissard* als dramatische Form in Mode.
Autoren	Jean-Joseph VADÉ (1719–1757), Sekretär des DUC D'AIGUILLON, gilt als Hauptvertreter des *genre poissard*, das er ab 1745 in seinen Werken verwendet: Lieder, Gedichte, *opéras-comiques* für die Théâtres de la Foire, ein Briefroman *(Lettres de la Grenouillère,*

1749), Vaudevilles und Parodien. BEAUMARCHAIS verfasst für das *théâtre de société* von LENORMANT D'ETIOLES *Les députés de la Halle et du Gros-Caillou* (um 1760).

Literatur Siehe BEAUMARCHAIS, *S. 89.*

Proverbe dramatique

Das *proverbe dramatique* ist ein einaktiges Theaterstück, dessen Moral die Zuschauer erraten müssen. Es diente in den mondänen Salons des 17. Jahrhunderts zur Unterhaltung. Im 18. Jahrhundert erobert es um die Jahrhundertmitte die *théâtres de société,* wo es die Parade ablöst. Ab den 70er-Jahren erreicht das *proverbe* auch die öffentlichen Bühnen, wird dabei aber umfangreicher und nähert sich als *comédie-proverbe* der Komödie an.

Autor

Louis Carrogis (1717–1806), genannt CARMONTELLE, ist Unterhalter des DUC D'ORLÉANS, in dessen Gesellschaft er mit Zeichnungen (u. a. Portraits von GRIMM und Mme du DEFFAND) und seinen *proverbes dramatiques* brilliert. Er löst COLLÉ und dessen Paraden ab. Neben Romanen verfasst CARMONTELLE über 200 *proverbes* sowie zahlreiche Komödien. In seinen *proverbes* zeichnet CARMONTELLE skizzenhaft bestimmte Typen – z. B. M. Frac le tailleur, Mme Savon la blanchisseuse –, die ein pittoreskes Bild der Sitten, Sorgen und Konflikte des Alltagslebens vermitteln.

Literatur

Bereits zu CARMONTELLES Lebzeiten erscheinen zwischen 1768 und 1781 insgesamt 8 Bände mit *proverbes* und Komödien. 1825 publiziert Mme de GENLIS in 3 Bänden die *Proverbes et comédies posthumes* von CARMONTELLE. Im 2. Band der Anthologie *Théâtre du XVIIIe siècle,* hg. von J. Truchet, Paris: Gallimard (Pléiade) 1974, finden sich die *proverbes: Les deux amis, Alménorade, Le peintre en cul-de-sac, Le chanteur italien, Le boudoir, La robe de chambre.*

🔲 Autorenportrait ROUSSEAU

Würdigung

Jean-Jacques ROUSSEAU ist eine der herausragendsten Persönlichkeiten des 18. Jahrhunderts: Als Literat, Philosoph, Staatstheoretiker und Pädagoge formuliert er bahnbrechende Konzepte, die bis heute nachwirken. ROUSSEAU gehört anfangs zu den Mitarbeitern der *Encyclopédie (s. S. 74–76),* zu der er Artikel über Musik und Philosophie beisteuert. Auch in seiner Kritik an den Missständen des Ancien Régime ist er dem Lager der *philosophes* zuzuordnen. Obschon seine Überlegungen im Gedankengut der Aufklärung wurzeln, wird ROUSSEAU jedoch durch die Ablehnung des aufklärerischen Fortschrittsoptimismus und vor allem wegen der präromantischen Naturschwärmerei (siehe *préromantisme)*, der Betonung der *sensibilité* und der Aufwertung des Gefühls gegenüber dem Rationalismus zum erklärten Gegner seiner früheren Freunde. Seine staatstheoretischen Konzepte fließen in die demokratischen Verfassungen der Revolution ein.

Die Biografie ROUSSEAUS

Jugend

Jean-Jacques ROUSSEAU (1712–1778) wird in Genf als Sohn eines aus Frankreich stammenden protestantischen Uhrmachers geboren. Die Mutter stirbt bei der Geburt; Jean-Jacques wächst bei einer Pastorenfamilie auf. Nach zwei abgebrochenen Lehren macht sich ROUSSEAU als 16-jähriger zu Fuß nach Paris auf. In Annecy lernt er Mme de WARENS kennen, zu der er während seiner Wanderjahre immer wieder zurückkehrt. Auf Betreiben von Mme de WARENS konvertiert ROUSSEAU zum katholischen Glauben.

Les Charmettes

Die Jahre von 1731 bis 1741 verbringt ROUSSEAU bei Mme de WARENS in Chambéry, dann auf deren Gut Les Charmettes. Er nutzt die Zeit für intensive Studien der Literatur und Musik. Nachdem Mme de WARENS ihn entlassen hat, steht er als Lakai, Haus- und Musiklehrer in den Diensten verschiedener Familien.

Paris

1742 gelangt ROUSSEAU nach Paris, lernt DIDEROT kennen und wird in die Salons aufgenommen. 1743/44 hält er sich als Botschaftssekretär in Venedig auf. Als schüchterner, wenig unterhaltsamer Gast und vor allem wegen seiner Liebesbeziehung zu einer Dienerin, mit der er fünf Kinder hat, die er in einem Heim aussetzt, macht er sich in der mondänen Pariser Gesellschaft unbeliebt.

Erfolg

Auf dem Weg zum Gefängnis in Vincennes, wo er DIDEROT besuchen will, erlebt ROUSSEAU 1749 eine „Illumination", als er die Ankündigung eines von der Académie de Dijon ausgeschriebenen Wettbewerbs liest. Ein neues Universum eröffnet sich ihm. 1750 gewinnt ROUSSEAU mit seiner Schrift *Discours sur les sciences et les arts* den 1. Preis des Wettbewerbs und wird dadurch schlagartig berühmt. Der große Erfolg seiner Oper *Le devin du village* (1752) steigert seine Bekanntheit.

Genf	1754 nimmt ROUSSEAU erneut am Wettbewerb der Académie de Dijon teil, doch diesmal erringt sein *Discours sur l'origine de l'inégalité* keinen Preis. Im selben Jahr zieht ROUSSEAU sich enttäuscht nach Genf zurück und tritt wieder zum calvinistischen Glauben über.
Ermitage	In den schriftstellerisch äußerst produktiven Jahren 1756 und 1757 hält ROUSSEAU sich in der Ermitage von Mme D'EPINAY auf. Konflikte mit DIDEROT und GRIMM zwingen ihn, die Ermitage zu verlassen. D'ALEMBERTS Artikel „Genève" in der *Encyclopédie* führt zum Zerwürfnis zwischen ROUSSEAU und DIDEROT. Dem Bruch mit den Enzyklopädisten folgt der Rückzug in die Einsamkeit und die Natur. Bis 1762 lebt ROUSSEAU in Montmorency, wo er seine Hauptwerke fertig stellt.
Flucht	Nach der Veröffentlichung des Erziehungstraktats *Emile* 1762 läßt zuerst das Parlement de Paris, dann auch die Regierung von Genf das Buch verbrennen. Um der Verhaftung zu entgehen, flieht ROUSSEAU und gelangt nach mehreren Stationen 1766 nach England, wo er sich 1767 bei HUME aufhält. 1770 kehrt ROUSSEAU nach Frankreich zurück. Die letzten Lebensjahre verbringt er in Paris, wo er mit BERNARDIN DE SAINT-PIERRE befreundet ist.

Das Werk ROUSSEAUS

Philosophische und zivilisationskritische Werke

1. Discours	In seinem ersten bedeutenden Werk, dem *Discours sur les sciences et les arts* (1750), entwickelt ROUSSEAU seine These, dass der Fortschritt der Wissenschaften und Künste nicht – wie gemeinhin von den Aufklärern angenommen – die Sitten verbessere, sondern vielmehr die ursprüngliche und naturgegebene Tugend des Menschen korrumpiere. Im 1. Teil legt ROUSSEAU seine Überlegungen zur französischen Gesellschaft dar: Diese habe sich seit der Renaissance dergestalt entwickelt, dass alle ursprünglichen Tugenden durch einen Verfall der Sitten verloren gegangen seien. Der verkommenen Zivilisation stellt er die einfachen und unverdorbenen Sitten und Tugenden von naturverbundenen Kulturen (z. B. in der Schweiz und Amerika) entgegen. Im 2. Teil beschreibt ROUSSEAU die schädlichen Seiten und Auswirkungen des Fortschrittsoptimismus.
Kommentar	ROUSSEAU macht sich zum Verfechter des einfachen, naturverbundenen Lebens und vor allem der Tugend. Der *Discours* ist der Ausgangspunkt seiner Gedanken zur Gesellschaftsreform.

l'état de nature	l'état civil
Mensch in der Natur („homme naturel")	Mensch in der Gesellschaft („homme civil")
tugendhaft, von Natur aus gut	korrumpiert, von der Gesellschaft verdorben
Hervorhebung der Reinheit, Unverdorbenheit der natürlichen Instinkte	Verdammung der Wissenschaft und der Künste sowie der Verfeinerung der Gesellschaft
Gleichheit	Ungleichheit, Ungerechtigkeit
Freiheit	Versklavung
Glück	Unglück

2. Discours

Im 1. Teil des *Discours sur l'origine et les fondements de l'inégalité parmi les hommes* (publiziert 1755) stellt ROUSSEAU dem zivilisierten Menschen („l'homme civil") den primitiven Menschen („l'homme naturel") gegenüber und arbeitet dabei die guten Eigenschaften des letzteren heraus (körperliche Stärke, natürliche Moral). Daraufhin stellt er die These auf, dass die Ungleichheit in einer primitiven Gesellschaft keine Rolle spiele, da jeder Mensch frei sei und seinem Instinkt folge. Im 2. Teil analysiert er das Zustandekommen der Ungleichheit: Über die Herausbildung von Familienverbindungen, Arbeitsteilung und Eigentum – der Ursache von sozialer Ungleichheit – entsteht die Unterteilung der Gesellschaft in Arme und Reiche. Die Reichen machen Gesetze, die ihren Reichtum schützen und zu einer Hierarchisierung der Gesellschaft führen. Um die Gesetze zu sichern, werden Gesetzeshüter gewählt, die sich dann ihr Amt fest sichern und es so zur Errichtung einer Willkürherrschaft missbrauchen können.

Kommentar

Erstmals wird die soziale Ungerechtigkeit als ungerechte Verteilung des Reichtums definiert und auf eine politische Ungleichheit ausgeweitet. Damit wendet ROUSSEAU sich dezidiert gegen die Vorstellung, die soziale Ungerechtigkeit sei gott- oder naturgegeben. Neben dem Studium der Schriften von HOBBES, LOCKE, MONTESQUIEU und CONDILLAC stützt ROUSSEAU sich auch auf Reiseberichte über primitive Gesellschaftsformen in der Südsee. Wegen seiner harschen Kritik erhält ROUSSEAU in diesem Wettbewerb keinen Preis.

Lettre à d'Alembert

In der 1758 verfassten *Lettre à d'Alembert sur les spectacles* reagiert ROUSSEAU heftigst auf D'ALEMBERTS Vorschlag, ein Theater in Genf zu errichten. Er befürchtet, es könne unheilvolle Auswirkungen auf das sittliche Verhalten der Menschen haben. Diese Schrift, die ROUSSEAUS Zivilisationskritik noch einmal deutlich belegt, besiegelt den endgültigen Bruch mit den Enzyklopädisten, die – wie etwa VOLTAIRE – gar zu erbitterten Feinden werden.

Roman

Briefroman

Auch in dem Briefroman *Julie ou La nouvelle Héloïse* (1761) verarbeitet ROUSSEAU seine zentralen Thesen. Der Hauslehrer Saint-Preux verliebt sich in seine Schülerin Julie, die seine Liebe erwidert. Aus Standesgründen widersetzt sich Julies Vater jedoch der Heirat der beiden Liebenden. Saint-Preux verlässt die Familie und geht nach Paris. Sein englischer Freund, Milord Edouard, versucht vergeblich, Julies Vater umzustimmen. Als Julie auf Wunsch des Vaters M. de Wolmar heiratet, bricht Saint-Preux zu einer Weltreise auf. Vier Jahre später folgt Saint-Preux Wolmars Einladung, zu ihm und seiner Familie – Julie hat inzwischen zwei Kinder – nach Clarens zu kommen. Es gelingt Julie und Saint-Preux, tugendhaft zu bleiben. Bei einem Spaziergang am Genfer See rettet Julie ihr Kind vor dem Ertrinken, stirbt aber wenig später an den Folgen ihres Sprunges in den kalten See. Saint-Preux übernimmt nach ihrem Tod die Erziehung ihrer Kinder.

Kommentar

Zentrales Thema ist der Konflikt zwischen Tugend und Leidenschaft, den beide Protagonisten mit allen Höhen und Tiefen durchleben und schließlich in einem Akt höchster Beherrschung zu Gunsten der „vertu" überwinden. Die leidenschaftliche Liebe („amour passion") und enge freundschaftliche Beziehungen sind Ausdruck der *sensibilité* und werden zugleich in moralistischer Form behandelt. Die *sensibilité* der Figuren und deren Gefühlskult finden in der Ichform des polyfonen Romans – RICHARDSONS Einfluss ist unverkennbar – ihren adäquaten Ausdruck. Eine neue Funktion erhält auch die Natur, die zugleich Dekor und Spiegel der Leidenschaft ist. In Opposition zur Stadt Paris, die Saint-Preux in seinen Briefen kritisch analysiert, schafft ROUSSEAU das ländliche Clarens, das als Familien- und Naturidylle wegen des dort herrschenden neuen Erziehungskonzeptes, der Freundschaft und des Glückes als Utopie erscheint, letztlich aber als solche nicht realisierbar ist.

Wirkung

Die unmittelbare und längerfristige Impulswirkung des Romans ist enorm und erstreckt sich sowohl auf die zeitgenössische französische und europäische Romanproduktion (z. B. *Werther)* als auch auf die Literatur der Romantik.

Erziehungstraktat

Emile

In dem romanhaften Erziehungstraktat *Emile ou De l'éducation* (1762) führt ROUSSEAU, wie oben angedeutet, seine philosophischen und politischen Überlegungen zu einer Synthese. In fünf Büchern entwickelt er das Konzept einer vorbildhaften Erziehung, die in der engen Verknüpfung der Ausbildung des Geistes, des Herzens und des Körpers besteht und deren oberstes Ziel das Glück und die Freiheit des Menschen ist. In der Erziehung des jungen Emile unterscheidet ROUSSEAU vier Erziehungsabschnitte und eine letzte Phase, in der Emile in die Gesellschaft eingeführt wird. Das Aufwachsen auf dem Lande und die Abhärtung des Körpers sollen das Kind von allen äußeren Zwängen befreien und den schädlichen Einfluss der Gesellschaft verhindern („éducation négative"). Die ersten Lebensjahre des Zöglings dienen der Ausbildung körperlicher und handwerklicher Fähigkeiten. Erst nach der empirischen Erfahrung und Beobachtung der Umwelt gemäß der philosophischen Lehre des Sensualismus *(s. S. 21)* darf der Zögling an abstrakte moralische und religiöse Vorstellungen herangeführt werden. Dabei propagiert ROUSSEAU eine natürliche Religion in dem Einschub: „Profession de foi du vicaire savoyard". Im letzten Teil legt ROUSSEAU sein Konzept der Mädchenerziehung nieder. Oberstes Ziel ist es, dem Mann zu gefallen und dessen Leben angenehm zu gestalten. Sophie ist die nach diesen Grundsätzen erzogene ideale Frau für Emile. Doch bevor er sie heiraten kann, muss Emile eine Europareise antreten, um seine politische Bildung zu vervollständigen. Nach seiner Rückkehr heiratet er Sophie und gründet mit ihr eine Familie.

Kommentar

ROUSSEAUS Erziehungskonzept will die guten Anlagen des Kindes fördern, um dessen moralische und natürliche Freiheit zu garantieren. Ungezwungene Bewegungen, die freie Wahl der Religion, freie Gedanken und die freie Entfaltung der Persönlichkeit des „homme naturel" sind die Ziele der Erziehung. Die gesellschaftlichen, politischen und religiösen Implikationen sind weit reichend.

Wirkung

Wegen freiheitlicher Gedanken zur Religion wird das Werk vom Parlement de Paris und den Genfer Behörden verbrannt. Durch seine Flucht entgeht ROUSSEAU einer Verhaftung. Sein Erziehungskonzept nimmt schon zu seinen Lebzeiten großen Einfluss auf die Kindererziehung und besitzt auch für die moderne Pädagogik grundlegende Bedeutung.

Staatstheoretische Überlegungen

Du contrat social

Die 1762 publizierte Abhandlung *Du contrat social ou Principes du droit politique* zählt als staatstheoretischer Entwurf zu den Hauptwerken der Aufklärung. In vier Büchern entwickelt ROUSSEAU die Idee eines Gesellschaftsvertrags, demzufolge jeder Mensch als Teil der Gesellschaft und nach freiem Willen einem Herrscher die Aufgabe überträgt, Freiheit und Gleichheit aller Menschen zu garantieren. Indem sich der einzelne freiwillig dem Gemeinwillen („volonté générale") unterstellt, schafft er die Grundlage für einen idealen Staat.

Kommentar Der *Contrat social* stellt die Synthese des ROUSSEAUSCHEN Denkens dar. Die Wirkung des Werkes auf die demokratische Verfassung der Revolution und aller modernen Staaten ist kaum zu überschätzen. Das Parlement de Paris und die Genfer Behörden verbieten den *Contrat social* sofort nach der Publikation, wodurch ROUSSEAU zu einer jahrelangen Flucht durch Europa gezwungen wird.

Autobiografische Werke

Confessions In den Jahren der Verfolgung beginnt ROUSSEAU seine Autobiografie, die *Confessions* (Bände 1–6: 1765–1767; Bände 7–12: 1769–1770). Aus Furcht vor unliebsamen Enthüllungen versuchen ROUSSEAUS Zeitgenossen, die Publikation zu verhindern. Erst nach seinem Tod erscheint der erste Teil der *Confessions* (1782), der zweite Teil folgt 1789. Der erste Teil der *Confessions* umspannt die Jahre 1712 bis 1741 und evoziert die unglückliche Jugend und das Leben bis zur Ankunft in Paris, während der zweite Teil die Jahre 1741 bis 1765 aufrollt und damit die anfängliche Freundschaft, dann Feindschaft zu den Enzyklopädisten, die Zuneigung zu Mme D'HOUDETOT und das Zerwürfnis mit Mme D'EPINAY entfaltet. Von seinen Zeitgenossen als Menschenfeind verschrien, ist es ROUSSEAUS Anliegen, seinen schwierigen Charakter, seinen Hang zur Einsamkeit, seine Liebe zur Natur sowie seinen Rückzug aus der Gesellschaft und seinen gegen diese gerichteten Feldzug zu erklären. So macht sich ROUSSEAU zum Apologeten seines eigenen Lebens mit dem Ziel, sich vor der Gesellschaft zu rehabilitieren.

Kommentar Viele Passagen erhellen ROUSSEAUS Gesellschaftskritik, sein Erziehungskonzept und auch die Entstehungsgeschichte seiner Werke. Die wegweisende Bedeutung liegt aber in der absoluten Neuartigkeit des autobiografischen Schreibens. ROUSSEAU gewährt seinem Publikum einen tiefen Einblick in seine Persönlichkeit im Laufe der schonungslosen Analyse seiner Psyche und der Preisgabe seines Inneren mit aller Größe, aber auch mit allen Schwächen (maßloser Ehrgeiz und Geltungssucht, gepaart mit Schüchternheit, Ängsten und Komplexen). Er leuchtet alle Schattierungen seiner Seelenregungen aus, bespiegelt sein „Moi" narzisstisch und untersucht das Unverständnis, das ihm allenthalben entgegengebracht wird. Der Rückblick auf das eigene Leben entspricht gleichwohl nicht immer den Tatsachen. ROUSSEAU erliegt Illusionen, Verklärungen und absichtlichen Umdeutungen zu seinen Gunsten und stilisiert sich zum Opfer einer Verschwörung. Der lyrische Ton seiner *Confessions,* die leidenschaftliche Erzählweise und die entscheidende Rolle der Natur, die enthusiastisch besungen wird, machen ROUSSEAU zum Wegbereiter der Romantik.

Dialogues

Die drei *Dialogues: Rousseau juge de Jean-Jacques* (1772–1776) sind fingierte Konversationen über die angebliche Verschwörung gegen ROUSSEAU, deren Gründe er ebenso beleuchtet wie sein eigenes Verhalten. Die Dialoge sind erneute verzweifelte Versuche der Selbstrechtfertigung und schließen sich damit den *Confessions* an, mit denen sie 1782 publiziert werden.

Rêveries

Les rêveries du promeneur solitaire (1776–1778) erscheinen ebenfalls erst postum 1782 mit den *Confessions.* In zehn Spaziergängen lässt der einsame und von der Gesellschaft abgelehnte ROUSSEAU seine Erinnerungen an glückliche Momente seines Lebens, seine moralphilosophischen und gesellschaftspolitischen Überlegungen sowie seine Empfindungen, etwa für die Natur, Revue passieren. Erneut offenbart und analysiert er seine Gefühlswelt. Die lyrische Stimmung und die *sensibilité* der Träumereien finden in der Natur ihre Entsprechung: Indem sie direkt auf die Seele, Stimmungen und Gefühle des einsamen Spaziergängers einwirkt, entsteht eine harmonische Verbindung zwischen Mensch und Natur, welche die Romantik antizipiert.

Literatur

Œuvres complètes, hg. von B. Gagnebin und M. Raymond, Paris: Gallimard (Pléiade) 1995. Die besprochenen Werke liegen auch in Taschenbuchausgaben bei Garnier-Flammarion und Gallimard (Folio) vor, die von namhaften Wissenschaftlern herausgegeben wurden. *Correspondance complète,* hg. von R.A. Leigh, 51 Bände, Oxford: Voltaire Foundation 1965–1995.
Einen Einstieg in ROUSSEAUS Leben und Werk bieten R. Trousson u. F.S. Eigeldinger (Hg.): *Dictionnaire de Jean-Jacques Rousseau,* Paris: Champion 1996. Bibliografie: *Revue de Jean-Jacques Rousseau* (seit 1987). Ausgewählte Monografien: Barguillet (1991), Dirscherl (1985), Monglond (1965), Raymond (1962), Trousson (1988; 1989; 1992).

2 Erzählprosa

A Roman

Überblick

Für die Entwicklung des Romans ist vor allem die Zeit um 1760 von großer Bedeutung, da sich mit ROUSSEAU eine Gegenbewegung zum Vernunftkult formiert. Zugleich spiegelt die Romanproduktion aber auch den *combat philosophique* der Aufklärungsbewegung wider.

Form

Der **Briefroman** ist die beliebteste Form des Romans in der zweiten Jahrhunderthälfte. Er setzt die Tendenz der ersten Jahrhunderthälfte (MONTESQUIEU) fort und erreicht im vorrevolutionären Frankreich mit den *Liaisons dangereuses* (1782) von CHODERLOS DE LACLOS seinen Höhepunkt. Auch für den pädagogischen Roman der Mme de GENLIS *(Adèle et Théodore,* 1782) eignet sich der Briefroman. Die Fokussierung auf das Ich und eine subjektive Perspektive, die psychologische Einsichtnahme in verschiedene Figuren, die Polyfonie sowie die variierenden Schreibstile sind Möglichkeiten des Briefromans, die sich die Schriftsteller in einer Fülle von Spielarten nutzbar machen.

Inhalt

Folgende inhaltliche Akzentsetzungen lassen sich feststellen:

Der **sentimentale Roman** hat Hochkonjunktur. Eine unglückliche Liebesgeschichte gibt Anlass, große Gefühle sowie Leidenschaften und pathetische Liebesszenen zu schildern. Diese finden sich sowohl in Briefromanen, z. B. bei CRÉBILLON fils, Mme RICCOBONI, ROUSSEAU, Mme de GENLIS und Mme de CHARRIÈRE, als auch in dem auktorial erzählten Roman *Paul et Virginie* (1788) von BERNARDIN DE SAINT-PIERRE. Die Verlegung einer leidenschaftlichen und tragischen Liebeshandlung in Schlossruinen und Kellergewölbe soll im *genre sombre* (auch *roman noir)* einen besonderen Nervenkitzel beim Publikum erzeugen. BACULARD D'ARNAUD und LOAISEL DE TRÉOGATE sind vor dem MARQUIS DE SADE die Spezialisten dieses Schauer-Genres.

Durch die besondere Nuancierung erotischer Szenen kann der sentimentale Roman auch als **libertiner Roman** figurieren. Allerdings weichen die pathetischen und ins Extreme gesteigerten Leidenschaften eher einer kühl-distanzierten Genusshaltung. Die libertine Ausrichtung des Romans setzen DIDEROT *(Les bijoux indiscrets,* 1748), CHODERLOS DE LACLOS *(Les liaisons dangereuses,* 1782) und LOUVET DE COUVRAY *(Les amours du chevalier de Faublas,* 1787–1788) fort.

Der **philosophische Roman** legt den Schwerpunkt auf die Vermittlung von Ideen der Aufklärung. Er stellt sich am deutlichsten in den Dienst der Aufklärung. MARMONTELS Roman *Bélisaire* (1767) und sein zwischen Roman und Prosaepos angesiedeltes Werk *Les Incas* (1777) sind prominente Beispiele.

Ideale der Aufklärung erfahren auch im **utopischen Roman** ihre Ausgestaltung. Die Reise in die Zukunft bei MERCIER *(L'an 2440. Rêve s'il en fût jamais*, 1771) oder die Entdeckung einer unbekannten Insel bei RÉTIF DE LA BRETONNE *(La découverte australe*, 1781) erlauben es, neue Staatsformen zu entwerfen.

Literatur Barguillet (1981), Behrens (1994), Cook (1992), Coulet (1967–68), Hudde (1977), May (1963), Mylne (1965), Versini (1979).

Autoren und Werke

DIDEROT

Zu DIDEROTS Romanen siehe das **Autorenportrait DIDEROT**.

Mme RICCOBONI

Biografie Marie-Jeanne RICCOBONI (1713–1792) debütiert 1734 auf der Bühne, ist aber als Schauspielerin wenig erfolgreich. 1735 heiratet sie François RICCOBONI, den Reformator der Schauspielweise *(s. S. 83)* und Sohn des Leiters des Théâtre-Italien, Luigi RICCOBONI. Sie nimmt 1761 ihren Abschied von der Bühne und wendet sich der Literatur zu. Ihr erstes Werk ist der 12. Teil von MARIVAUX' unvollendetem Roman *La vie de Marianne*. Es gelingt ihr, dessen Stil so echt nachzuempfinden, dass sie das Publikum über ihre Autorschaft täuschen kann. Mme RICCOBONI korrespondiert mit dem englischen Philosophen HUME und dem berühmten Schauspieler GARRICK.

Hauptwerk Ihr erster unter ihrem Namen veröffentlichter Roman sind die *Lettres de Mistress Fanni Butlerd* (1757). Der Briefroman schildert nur in Fannis Briefen deren leidenschaftliche Liebe für Milord Alfred, dem sie sich hingegeben hat. Als dieser eine andere Frau heiratet, schlägt Fannis Liebe in Verachtung um.

Kommentar Der Roman ist deutlich nach dem Vorbild des englischen empfindsamen Romans geschaffen und spielt auch im englischen Ambiente. Mme RICCOBONI charakterisiert Fanni durch ihren exzessiven und pathetischen Schreibstil, der zugleich deutlich macht, dass die Liebe zwischen Fanni und Alfred eher Fannis Wunschdenken als der Realität entspringt. 22 Neuauflagen bis 1792 belegen den Publikumserfolg des Romans.

Literatur *Lettres de Mistress Fanni Butlerd*, hg. von J. H. Stewart, Genf: Droz 1979.
Stewart (1976).

Zu ROUSSEAUS Briefroman *Julie ou La nouvelle Héloïse* (1761) siehe das **Autoren-portrait ROUSSEAU**.

MARMONTEL

Biografie	Das Leben von Jean-François MARMONTEL (1723–1799) ist eine einzige Erfolgsgeschichte; er gilt als Shooting-Star der französischen Literatur der 2. Jahrhunderthälfte: Aus einfachen Verhältnissen stammend, gelingt MARMONTEL der soziale Aufstieg in die höchsten gesellschaftlichen Kreise. Mit 22 Jahren kommt er auf Einladung VOLTAIRES nach Paris, wo er von der mondänen Gesellschaft begeistert aufgenommen wird. Seine ersten zwei Tragödien, *Denis le tyran* (1748) und *Aristomène* (1749), werden mit Erfolg gespielt. Durch die Unterstützung Mme de POMPADOURS erlangt er das Privileg des *Mercure de France*. In dieser Zeitschrift veröffentlicht er seine *contes moraux (s. S. 112–113)*. MARMONTEL ist Mitarbeiter der *Encyclopédie*, für die er Artikel über Literatur verfasst. 1763 wird MARMONTEL in die Académie française aufgenommen, 1771 ernennt ihn der König zum Historiographe du Roi. Als Nachfolger D'ALEMBERTS wird er 1783 Secrétaire perpétuel der Académie française. Während der Revolution zieht sich MARMONTEL mit seiner Familie aufs Land zurück, wo er nach der Abfassung seiner *Mémoires (s. S. 145)* 1799 stirbt.
Hauptwerke	MARMONTELS 1767 veröffentlichter philosophischer Roman *Bélisaire* propagiert die Position der Aufklärer: In Gesprächen zwischen dem römischen Kaiser Justinian und dem in Ungnade gefallenen und zur Strafe geblendeten Feldherrn Bélisaire über Politik, Gesellschaft und Religion werden die Ideale der Aufklärung – Meinungsfreiheit, religiöse Toleranz (15. Kapitel), Kampf gegen Fanatismus sowie Rechte und Pflichten eines Herrschers – in didaktischer Weise dargelegt. Die Anspielung auf LUDWIG XV. ist offensichtlich. Wegen des außergewöhnlichen Publikumserfolgs verurteilt die Sorbonne den Roman, dessen Wirkung als *machine de guerre* erkannt wird. Zwischen den Aufklärern und den alten Autoritäten spitzt sich der Kampf zur Affaire de Bélisaire zu. Auch MARMONTELS zwischen Roman und Prosaepos anzusiedelndes Werk *Les Incas* (1777) ist eindeutig der aufklärerischen Propaganda verpflichtet.
Literatur	*Bélisaire*, hg. von R. Granderoute, Paris: STFM 1994. Ehrard (1972), Lenel (1970), Renwick (1972).

Biografie	Zu MERCIERS Biografie siehe *s. S. 89.*

Frühe Werke	Bevor MERCIER 1771 die Uchronie *L'an 2440* veröffentlicht, hat er bereits – ganz im moralisierenden Ton seiner Theaterstücke – die Romane *L'homme sauvage* (1767) und *Les songes philosophiques* (1768) abgefasst. Es liegt ferner ein Band mit Erzählungen, *Les contes moraux* (1768), von ihm vor.

L'an 2440	Der Roman *L'an 2440. Rêve s'il en fût jamais* ist die erste literarische Zeitreise. Daher die Bezeichnung Uchronie: Im Gegensatz zur Utopie wird in der Uchronie der Entwurf eines neuen, idealen Staates nicht an einen entfernten Ort, sondern in eine entfernte Zeit verlegt. 1770 schläft der Ich-Erzähler in Paris ein und erwacht im Jahre 2440. Staunend über seinen gealterten Körper begibt er sich auf die Straße und stellt fest, zwar in Paris zu sein, doch erkennt er die Stadt kaum wieder. In Begleitung eines Philosophen erforscht er die Stadt und lässt sich über alle politischen, sozialen, religiösen und literarischen Neuerungen berichten. Er stellt fest, dass alle Leitideen und Ideale der Aufklärung inzwischen verwirklicht sind: Absolutismus, Willkür und die Privilegien des Adels sind abgeschafft, alle Bürger sind vor dem Gesetz gleich, die Bastille als Symbol der Willkürherrschaft ist dem Erdboden gleichgemacht, Vernunft und Toleranz bestimmen das Verhalten des Staates und des Einzelnen.

Kommentar	Am Vorabend der Revolution ist die politische Brisanz des Romans deutlich spürbar: Durch den stetigen Vergleich zwischen dem Paris des Jahres 1768 und dem von 2440 bleibt ersteres nicht nur immer gegenwärtig; es erscheint vor allem durch den Kontrast mit der verwirklichten Aufklärung umso schlechter.

Tableau de Paris	In dem *Tableau de Paris* (1781–1788) stellt sich MERCIER als Portraitist seiner Zeit und des Pariser Lebens vor. Als Spaziergänger durchstreift er Paris, um am Abend seine Eindrücke und Beobachtungen schriftlich niederzulegen: pittoreske Beschreibungen von Personen aller sozialen Schichten und ihrer Alltagsgeschäfte wechseln sich ab mit Ausführungen zu Sitten, Moden, Gebäuden, Händlern usw. Bei aller Vielfalt fehlt aber auch der sozialkritische Blick nicht. Auf seinen Streifzügen durch die Großstadt entdeckt er soziale Ungerechtigkeit, Korruption, Armut und Elend.

Kommentar	Die Bedeutung des *Tableau de Paris* liegt zum einen in seiner kulturhistorischen Dokumentation über die Stadt Paris, zum anderen in seiner literarisch-journalistischen Präsentation, die es zur ersten literarischen Sozialreportage macht. Sowohl der sozialkri-

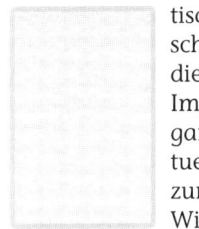

tische Journalismus als auch die zahllosen Portraits und Beschreibungen der Stadt Paris sind zukunftsweisend. Insbesondere die Großstadtliteratur des 19. Jahrhunderts erhält maßgebliche Impulse von MERCIER. Das *Tableau de Paris* ist ein Bestseller in ganz Europa. Überall möchte sich das Lesepublikum über die aktuellen Pariser Moden informieren. Neuauflagen und Übersetzungen schon zu MERCIERS Lebzeiten bezeugen die ungeheure Wirkung des Bandes.

Literatur   *L'an 2440. Rêve s'il en fût jamais,* hg. von R. Trousson, Bordeaux: Ducros 1971. *Tableau de Paris,* hg. von J.-Cl. Bonnet, Paris: Mercure de France 1994.
Chédin (1968), Hofer (1977), Hudde (1977), Jurt (1978).

CHODERLOS DE LACLOS

Biografie   Pierre CHODERLOS DE LACLOS (1741–1803) schlägt eine militärische Karriere ein. Doch auf Grund seiner bescheidenen Herkunft bleibt ihm der Aufstieg in die höchsten Ränge verwehrt. 1788 wird LACLOS Sekretär des Duc D'ORLÉANS, wodurch er in das Zentrum revolutionärer Umtriebe gerät: Der Duc D'ORLÉANS versammelt alle Gegner des Ancien Régime um sich und unterhält als Großmeister der französischen Freimaurerei enge Beziehungen zu englischen Logen *(s. S. 80)*. LACLOS sorgt für die finanzielle Unterstützung erster Aufstände und begleitet den Herzog im Oktober 1789 ins englische Exil. Er scheitert bei dem Versuch, den Herzog nach der Flucht der königlichen Familie nach Varennes an die Macht zu bringen. 1793 wird er mit dem Duc D'ORLÉANS verhaftet und entgeht nur knapp der Guillotine. Nach dem 18. Brumaire steigt er unter NAPOLEON zum Brigadegeneral auf.

Hauptwerk   Die in dem berühmten Briefroman *Les liaisons dangereuses* (1782) in 175 Briefen entfaltete Handlung kreist um Mme de Merteuil und den Vicomte de Valmont: Um sich an einem früheren Geliebten zu rächen, bittet Mme de Merteuil ihren ehemaligen Liebhaber Valmont, die Braut des ersteren, die naiv-tugendhafte Cécile de Volanges, zu verführen. Der Plan gelingt. Zugleich versucht Valmont, die ebenfalls tugendsame verheiratete Mme de Tourvel zu verführen. Von Gewissensbissen gequält, verliebt sie sich in ihn, und auch Valmont erliegt den Gefühlen zu ihr. Doch Mme de Merteuil zwingt ihn, die Liebesbeziehung abzubrechen. Dem Sieg der zwei skrupellosen Verführer folgt jedoch auch deren Vernichtung: Valmont wird in einem Duell getötet, und Mme de Merteuil muss, von den Blattern entstellt und gesellschaftlich ruiniert, ins Ausland flüchten.

Kommentar	Valmont und Mme de Merteuil, beide Angehörige des Hochadels, sind typische Vertreter des *libertinage de mœurs* und eines kaltblütigen Rationalismus. Ihre Skrupellosigkeit in der Ausführung ihrer perfiden Pläne sowie das einzig auf sexuellen Genuss gerichtete Verhalten weisen sie als solche aus. Daher ist das Buch zunächst auch als skandalöse Anleitung zur *débauche* und zur *perversion* gelesen worden. Das Aufdecken der moralischen Verworfenheit des Hochadels ist in den Jahren der *réaction nobiliaire* eine dezidiert politische Stellungnahme. Diese wird durch den Kontrast zu der dem provinziellen Amtsadel angehörigen Mme de Tourvel und ihren Moralvorstellungen noch stärker konturiert. Mit der psychologischen Analyse der Leidenschaft und der Triebkräfte der Figuren, der *sensibilité* Mme de Tourvels und der Schilderung einer moralisch korrupten Gesellschaftsschicht klingen Elemente der lizenziösen Literatur, des Sittenromans und des empfindsamen Romans an.
Polyphonie	Die Form des Briefromans ermöglicht es LACLOS darüber hinaus, die einzelnen Figuren durch ihren Schreibstil zu charakterisieren: Die brieflich vermittelten kalten Berechnungen und strategischen Kalküls Mme de Merteuils konstrastieren mit dem gefühlvollen Stil Céciles oder Mme de Tourvels. Die durch die Briefe aller beteiligten Figuren geschaffene Vielstimmigkeit *(polyphonie)* des Romans, die kontrapunktische Schilderung von Ereignissen aus der Perspektive verschiedener Figuren und die Funktionalisierung des Briefes als handlungstragendes und handlungsauslösendes Element machen die *Liaisons dangereuses* zu einem Meisterwerk.
Literatur	*Œuvres complètes,* hg. von L. Versini, Paris: Gallimard (Pléiade) 1979. Empfehlenswerte Taschenbuchausgaben liegen bei Garnier-Flammarion und Livre de Poche vor. Cazenobe (1991), Delon (1986), Versini (1968; 1979).

RÉTIF DE LA BRETONNE

Biografie	Nicolas-Edme RÉTIF DE LA BRETONNE (1734–1806) wächst als Sohn eines Bauern im Bourguignon auf und wird, obwohl zunächst für die klerikale Laufbahn vorgesehen, Lehrling bei einem Buchdrucker. 1755 lässt er sich in diesem Beruf nieder und beginnt zu schreiben. Sein erstes literarisches Werk erscheint 1767: *La famille vertueuse.* Ein großer Erfolg stellt sich 1769 mit dem Roman *Le pied de Fanchette ou Le soulier couleur de rose* ein. RÉTIF ist Gast in den mondänen Salons und wird von BEAUMARCHAIS und MERCIER protegiert. Er führt ein Bohème-Leben und schreckt nicht davor zurück, Szenen aus seinem Liebes- und Familienleben in seinen Werken preiszugeben. Das bringt ihm den Spitznamen „Rousseau

du ruisseau" ein. Wegen seines ausgefallenen Lebensstils und seiner originellen Ideen ist er eine schillernde Dichtergestalt, deren äußerst umfangreiches Gesamtwerk ebenso außergewöhnlich wie schwer klassifizierbar ist. Neben einer Fülle von Romanen verfasst er etwa 20 Theaterstücke, zahllose Erzählungen und seine Autobiografie *Monsieur Nicolas (s. S. 143–144).*

Hauptwerke

In seinem Briefroman *Le paysan perverti* (1775) spielt RÉTIF auf die eigene Biografie, aber auch auf MARIVAUX' Roman *Le paysan parvenu*, RICHARDSONS Briefromane und ROUSSEAUS Zivilisationskritik an: Der Bauernsohn Edmond gelangt in die Stadt und verkommt dort, ebenso wie seine Schwester Ursule. Der korrumpierenden Wirkung der Stadt stellt RÉTIF die positive Sicht des Landlebens gegenüber. Die Geschichte Ursules trägt RÉTIF 1784 in dem Briefroman *La paysanne pervertie* nach. Als umgekehrter Bildungsroman präsentiert sich *Le paysan perverti* gleichzeitig als Roman eines sozialen Abstiegs.

1781 folgt der utopische Roman *La découverte australe*. Um sich den gesellschaftlichen Normen und Zwängen zu entziehen und um gegen den Willen des Vaters seine geliebte Christine heiraten zu können, entwickelt Victorin eine Flugmaschine, mit der er Christine und einen ganzen Hofstaat auf eine noch nicht entdeckte Insel bei Australien fliegt, wo er mit Christine ein Königreich gründet. Dieses Königreich basiert nun in jeder Hinsicht auf der spiegelbildlichen Umkehrung der französischen Verhältnisse.

Literatur

La découverte australe, Genf: Slatkine 1979.
Baruch (1996), Coward (1991), Sieß (1994).

BERNARDIN DE SAINT-PIERRE

Biografie

Jacques-Henri BERNARDIN DE SAINT-PIERRE (1737–1814), in der Armee und als Ingenieur tätig, reist zwischen 1762 und 1765 durch Europa und gelangt bis an den Hof der russischen Zarin KATHARINA II. 1768 fährt er nach Mauritius, wo er zwei Jahre lebt. Er lernt 1772 ROUSSEAU kennen, mit dem er die Liebe zur Natur und die kritische Sicht der zivilisierten Gesellschaft teilt *(s. S. 97–98).* Als Freund Joseph de BONAPARTES gelangt er während des Empire am Hofe zu Ehren.

Hauptwerk

1773 beginnt BERNARDIN DE SAINT-PIERRE, seine *Etudes de la nature* abzufassen. Der letzte Band enthält den Roman *Paul et Virginie* (1788), der großen Anklang beim Publikum findet. Die Geschichte dient dem Autor dazu, seine in den ersten drei Bänden entworfenen Theorien zu veranschaulichen. Die Handlung spielt im exotischen Ambiente der Ile de France (Mauritius), die BERNARDIN DE SAINT-PIERRE aus eigener Anschauung kennt. Die Liebesgeschichte zwischen den unschuldig-naiven Naturkindern Paul und Virginie entspricht der idyllischen Natur, die sie umgibt. Das Glück der naturnahen Gemeinschaft wird zerstört, als Virginie eine Reise nach Frankreich antreten muss. Ihr Unglück in der zivilisierten Gesellschaft steht in scharfem Kontrast zu ihrem glücklichen Leben in der Heimat. Auf der Rückreise zerschellt Virginies Schiff in einem Sturm. Von der Nachricht ihres Todes getroffen, sterben Paul und die beiden Mütter; die Idylle ist zerstört.

Kommentar Die schon genannte Opposition von idyllischer, naturverbundener und zivilisierter, korrupter Gesellschaft ist von BERNARDINS Freund ROUSSEAU inspiriert. Auf Grund seiner Reisen und der dort angestellten Naturbeobachtungen und -entdeckungen kann BERNARDIN DE SAINT-PIERRE seine Naturliebe in das Werk einfließen lassen. Die sentimentale Handlung, das Naturgefühl und das bukolische Ambiente antizipieren die Romantik.

Literatur *Paul et Virginie* liegt in mehreren Taschenbuchausgaben vor, u. a. von R. Mauzi, Paris: Garnier-Flammarion 1966. Mestry (1990).

Mme de CHARRIÈRE

Biografie Isabelle de CHARRIÈRE (1740–1805) ist niederländischer Abstammung. Sie heiratet in die Schweiz und versammelt in Colombier einen Kreis von Literaten um sich. 1786 macht sie während eines Aufenthaltes in Paris die Bekanntschaft von Benjamin CONSTANT. Im Salon von Mme NECKER lernt sie u. a. CHAMFORT und Mme de STAËL kennen. Die Rivalität zwischen ihr und Mme de STAËL um die Gunst CONSTANTS führt jedoch zur Distanzierung. Während der Revolution bietet Mme de CHARRIÈRE Emigranten in ihrem Haus Unterschlupf. Neben Romanen sollen auch das dramatische Werk (etwa 25, teils nur Fragment gebliebene Stücke), eine umfangreiche Korrespondenz und Essais erwähnt werden.

Hauptwerke Mme de CHARRIÈRE gilt als bekannteste Romanschriftstellerin am Ende des 18. Jahrhunderts. Sie ist in den letzten Jahren vermehrt ins Interesse der Forschung gerückt. Die *Lettres écrites de Lausanne* (1785) schildern in 17 Briefen die Jugend und Erziehung der Hauptfigur Cécile. Mme de CHARRIÈRES Hauptwerk, der Briefroman *Caliste* (1787), ist die Fortsetzung der *Lettres écrites de Lausanne* und enthält die Briefe 18 bis 25, welche die Geschichte des jungen Engländers William beinhalten, die dieser Céciles Mutter erzählt: Seine Liebe zu Caliste, die Gespielin eines englischen

Lords war, endete tragisch, weil William seine moralischen Vorurteile über Calistes Lebenswandel nicht abstreifen kann. Nach
seinem Bericht trifft ein Brief ein, der ihm Calistes Tod mitteilt.

Kommentar Die Liebesgeschichte ist ein Plädoyer für die Überwindung moralischer Vorurteile und Dünkel, die, gepaart mit Feigheit und
Schwäche, die Zerstörung einer Frau bedeuten.

Literatur *Caliste et Lettres écrites de Lausanne*, hg. von C. Hermann, Paris:
Des Femmes 1980.
Jakubek/Candaux (1994), Trousson (1994), Went-Daoust (1995).

B Erzählung

Formen Nach 1750 haben die in der ersten Jahrhunderthälfte gepflegten
Erzählmuster weiter Bestand. Ebenso werden die Begriffe *conte*
und *nouvelle* für zwei im Grunde gegensätzliche Erzähltraditionen
parallel verwendet.

Conte Hauptvertreter des **conte philosophique** bleibt VOLTAIRE mit
Micromégas (1752) und *Candide* (1759). Die ironisch-verfremden-
de Erzählweise dient ihm dazu, seine philosophischen Thesen
und Standpunkte zu illustrieren *(s. S. 29–31)*.
  Das Märchenhaft-Übernatürliche findet im **conte fantastique**
Ausdruck. Als Erfinder der fantastischen Erzählung Frankreichs
gilt Jacques CAZOTTE mit seiner „nouvelle espagnole" *Le diable
amoureux (s. S. 113–114)*. Von der Märchenerzählung setzt sich der
conte fantastique insofern ab, als das Märchenhaft-Übersinnliche
nun nicht mehr als ein fester und allgemein akzeptierter Bestandteil der Feen- oder Märchenwelt betrachtet wird. Vielmehr
bricht das Übernatürliche hier in eine wirklichkeitsnahe und realistische, den Gesetzen der Logik gehorchende Welt ein.

Nouvelle Auch die **realistische Erzählung** in der Nachfolge CHALLES hat in
der zweiten Jahrhunderthälfte weiter Bestand. An CHALLE knüpft
RÉTIF DE LA BRETONNE mit seinen als „histoire" und „nouvelle" be-
zeichneten Sammlungen *Les contemporaines* (1780–1785), *Les
Françaises* (1786) und *Les parisiennes* (1787) an. Mit der Fokussierung auf die Frau versucht RÉTIF, deren Stellung im Zusammen-
spiel mit den auf sie einwirkenden sozialen, zwischenmenschli-
chen, beruflichen und familiären Beziehungen zu erforschen. Ab
etwa 1770 erscheinen neben den im zeitgenössischen Frankreich
verankerten Erzählungen zahlreiche Novellen, deren Schauplät-
ze aus Gründen der Exotik nun nach England, Italien, Deutschland über Griechenland bis hin nach Persien, Afrika, Japan und
Mexiko verlegt werden. Die im Untertitel angegebenen Bezeichnungen lauten dementsprechend: *nouvelle anglaise, nouvelle mexi-*

caine, nouvelle espagnole, usw. Zu dieser geografischen Vielfältigkeit kommt eine zeitliche hinzu: Vom zeitgenössischen Frankreich wenden sich Autoren wie FLORIAN, BACULARD D'ARNAUD, MERCIER, Mme de GENLIS in **nouvelles historiques** ins französische und spanische Mittelalter. Auch die Handlung der **Schauernovelle** ist vorzugsweise im Mittelalter situiert und dient – u. a. BACULARD D'ARNAUD und Mme de STAËL (*Pauline,* 1785) – der Schilderung rührender und pathetischer Ereignisse.

Vorromantik

Die Verlegung der Handlung in fremde Länder und ferne Jahrhunderte kündigt die romantische Novellistik an.

Dialog-erzählung

Die **Dialogerzählungen** von CRÉBILLON fils (*La nuit et le moment,* 1755; *Le hasard du coin de feu,* 1763) und DIDEROT sind ein Meilenstein in der Entwicklung der realistischen Erzählung (s. **Autorenportrait** DIDEROT).

Conte moral

Als Begründer des **conte moral** gilt MARMONTEL mit seinen ab 1755 verfassten Erzählungen (*s. S. 112–113*). Der *conte moral* verzichtet auf eine ironisch-satirische Gesellschaftskritik und versucht stattdessen in ernsthaft-didaktischer Absicht, das aufklärerische Gedankengut mittels einer wirklichkeitsnahen, realistischen Erzählweise zu verbreiten. Zugleich belegt die Verwendung des Begriffes *conte,* dass die Gattungen *conte* und *nouvelle* nicht scharf voneinander abgegrenzt sind. Andere moralische Erzählungen werden z. B. als *nouvelle morale* oder *histoire morale* etikettiert. MARMONTEL löst mit seinem Erfolg eine Schar von Nachahmungen aus (z. B. von MERCIER, Mme de GENLIS).

Literatur

Blüher (1985), Godenne (1970).

Autoren und Werke

MARMONTEL

Biografie

Zu MARMONTELS Biografie *s. S. 105.*

Hauptwerke

1761 und 1765 veröffentlicht MARMONTEL seine 23 moralischen Erzählungen in Sammlungen gleichen Titels, nachdem sie bereits zwischen 1755 und 1759 in der von MARMONTEL herausgegebenen Zeitschrift *Mercure* erschienen waren. Obwohl nicht alle *contes moraux* im zeitgenössischen Frankreich spielen, sondern in antikem, orientalischem oder italienischem Ambiente, ist die belehrende Moral stets auf Frankreich zu beziehen. Auf eine versöhnliche, eindeutig moralisierende und vor allem didaktische Weise

Gesellschaft, Kultur und Literatur der Aufklärung: 1750 bis 1789

versucht MARMONTEL, Laster, Eitelkeiten und kleine charakterliche Fehler zu entlarven und zu korrigieren. Die Struktur der *contes moraux* ist stets dieselbe: Durch das didaktisch geschickt aufgebaute Beispiel der sich immer zum Guten bekehrenden Figuren gelingt es MARMONTEL, bürgerlich-aufklärerische Verhaltensideale zu propagieren: Negative Beispiele wie „La mauvaise mère" oder „Le misanthrope corrigé" oder positive Beispiele wie „Le bon mari" und „La femme comme il y en a peu" bieten Anlass zu ausgedehnten moralisch-didaktischen Kommentaren.

Literatur

Œuvres, Genf: Slatkine Reprints 1968.
Blüher (1985), Freund (1903), Lenel (1970).

CAZOTTE

Biografie

Jacques CAZOTTE (1719–1792) ist nach seiner Schulbildung bei den Jesuiten von 1747 bis 1759 im Dienst der Marine auf Martinique tätig. Wieder in Frankreich, macht er sich durch Schriften gegen Philosophen und Literaten wie VOLTAIRE bekannt. Wegen seiner monarchistischen Einstellung wird er 1792 verhaftet und guillotiniert. Weitere Werke sind Fabeln und orientalische Erzählungen im Stil von *Tausend und einer Nacht: La patte du chat* (1741) und *Mille et une fadaises* (1742) sowie 1788 bis 1789 die *Suite des Mille et une nuits*.

Hauptwerk

Die erste fantastische Erzählung der französischen Literatur ist *Le diable amoureux* (1772). Dem Ich-Erzähler Don Alvare de Maravillas, einem jungen spanischen Adligen, erscheint in Venedig der Teufel in Gestalt der verführerischen Biondetta. Alvare verfällt der Sinnlichkeit Biondettas. Doch die wiederkehrende Erinnerung an seine Mutter in Spanien, welche Tradition und Moral repräsentiert, lässt ihn schließlich die Flucht ergreifen und zu seiner Mutter zurückkehren. Da Alvare gleichzeitig der Erlebende und Berichtende ist, wird am Ende die zunächst authentisch wirkende Begegnung mit Biondetta zwar immer deutlicher durch mögliche Traumvisionen, geistige Verwirrung und Sinnestäuschungen des Protagonisten in Frage gestellt, aber letztlich doch nicht zweifelsfrei geklärt.

Kommentar

Zwei Deutungsmöglichkeiten bieten sich an: Vordergründig handelt es sich um die Geschichte der versuchten Verführung eines Mannes durch eine Frau, die psychologisch analysierbar ist. Zugleich lässt sich Alvares Konflikt zwischen Biondetta und der Mutter auch allegorisch als Konflikt zwischen Gut und Böse, zwischen körperlicher Sinnlichkeit und moralisch-religiösen Normen, zwischen Aufklärungsstreben und christlichen Traditionen interpre-

	tieren. Wegen der allegorisch vermittelten Belehrung (Warnung vor Teufelspakt und Teufelsanrufung oder Geisterbeschwörung) steht die Erzählung zudem in der Nähe des *conte moral.*
Literatur	*Le diable amoureux,* hg. von M. Milner, Paris: Garnier-Flammarion 1979. Blüher (1985), Rieger (1969).

3 Lyrik

Überblick	Wegen ihrer Position zwischen der Dichtung des Grand Siècle und der Romantik ist die Lyrik des 18. Jahrhunderts als trocken, mittelmäßig und langweilig verschrien. Als Folge der zur obersten Richtschnur jeglicher Literatur erhobenen *raison* und des *combat philosophique* haben die großen Versdichtungen – trotz VOLTAIRES *Henriade* – im Laufe des Jahrhunderts tatsächlich an Bedeutung verloren. Hochkonjunktur haben dagegen für den Moment bestimmte, kurzlebige und galante Verse und Lieder der mondänen Gesellschaft, ferner die Fabel und Heroiden *(héroïdes).* Formal steht die Dichtung des 18. Jahrhunderts noch deutlich unter dem Einfluss der französischen Klassik.
Satire	Der Vers dient manchem *bel esprit* dazu, persönliche Gegner oder gesellschaftliche Unsitten mit Spott zu geißeln.
Elegien	Um die Jahrhundertmitte erfährt die Lyrik allerdings eine neue Ausrichtung: Der Vernunft und der Orientierung an klassischen Vorbildern müde, wenden sich einige Autoren der englischen und deutschen Lyrik zu und schaffen kurze elegische Dichtungen, in denen persönliche Empfindungen und Stimmungen in den Vordergrund rücken.
Vorbilder	Vorbilder sind die englischen „graveyard poets" Edward YOUNG *(Night Thoughts,* 1742–46, übersetzt 1769), Thomas GRAY *(Elegy Written in a Country Churchyard,* 1751), James HERVEY *(Meditations among the Tombs,* 1746–47) und vor allem James MACPHERSONS *Ossian-Dichtungen* (1762–1765) sowie GESSNERS *Idyllen* (1756), die Nacht- und Grabesstimmungen, individuelle Gefühls- und Seelenzustände sowie Naturschwärmereien besingen. Doch gelingt es den Dichtern PARNY, BERTIN und LÉONARD nicht, die Poesie aus den Fesseln der Vernunft, der Konventionen und der didaktischen Ansprüche zu befreien.
Tendenzen	Folgende Tendenzen sind in der Poesie der zweiten Jahrhunderthälfte erkennbar: Mit Jean-François de SAINT-LAMBERT (1716–1803) und Jacques DELILLE (1738–1813) entsteht eine **deskriptive Naturdichtung,**

die Natur- und Landschaftsbeschreibungen vermittelt. SAINT-LAMBERT ist insbesondere durch seine Freundschaft zu ROUSSEAU geprägt. Seine *Saisons* (1769) zeugen von seiner Naturbegeisterung. Die Dichtungen von DELILLE, Professor am Collège de France, sind zunächst von VERGIL geprägt, dessen *Géorgiques* er 1770 übersetzt. Seine Hauptwerke, welche die Kunst des Gartenbaus nach englischem Vorbild in Verbindung mit dem Naturgefühl feiern, sind *Les jardins ou L'art d'embellir les paysages* (1782) und *L'homme des champs ou Les géorgiques françaises* (1800).

Mit SAINT-LAMBERT und DELILLE ist Antoine ROUCHER (1745–1794) Anhänger der **didaktischen Poesie**. Seine Dichtung *Les mois* (1779) ist dem Zyklus der Jahreszeiten gewidmet.

Eine Gruppe von Schriftstellern huldigt der **elegischen Liebesdichtung**. Es sind dies die Freunde Antoine BERTIN (1752–1790) und Evariste PARNY (1753–1814), die beide von der Insel La Réunion stammen und ihre erotische Liebeslyrik im exotischen Ambiente situieren: Von PARNY stammen die *Poésies érotiques* (1778), von BERTIN die elegischen *Les amours* (1780–1784).

Mit dem aus Guadeloupe gebürtigen Nicolas Germain LÉONARD (1744–1793) sind PARNY und BERTIN Vertreter einer von GESSNER inspirierten **idyllischen Naturschwärmerei**, die auf die Romantik vorausweist. LÉONARDS *Idylles* (1766), *Idylles et poèmes champêtres* (1782) sowie *Les saisons* (1787) sind Ausdruck dieser Tendenz.

| A. CHÉNIER | Erst mit André CHÉNIER erlebt die Lyrik kurz vor und während der Revolution ihren Höhepunkt (s. u.). |

| Literatur | Menant (1981), Guitton (1974). |

André CHÉNIER

| Biografie | Als Sohn des französischen Generalkonsuls in Konstantinopel geboren, wächst André CHÉNIER (1762–1794) unter dem Einfluss seiner Mutter auf, die sich als Griechin ausgibt und gräzistisch interessierte Künstler wie den Maler DAVID, Literaten wie LEBRUN-PINDARE (1729–1807) und Wissenschaftler in ihrem Salon um sich schart. Nach ausgiebigen Studien der antiken Literatur, Geschichte und Kunst wendet CHÉNIER sich schließlich selbst der Dichtkunst zu, wobei er sich stark an antiken Vorbildern orientiert. Von 1787 bis 1790 lebt CHÉNIER als Botschaftssekretär in London. Nach dem Beginn der Revolution kehrt er nach Frankreich zurück. Zunächst engagiert er sich begeistert, fühlt sich dann aber vom Terror abgestoßen und kämpft in der Presse gegen die Auswüchse der Revolution. Er wird verhaftet und zwei Tage vor dem Sturz ROBESPIERRES guillotiniert. |

Vorbilder	1785 legt CHÉNIER seine Dichtungsprinzipien in der *Epître à Lebrun sur ses ouvrages* nieder. So stehen denn seine ersten Dichtungen (1783 bis 1787) sowohl thematisch als auch formal und stilistisch der antiken Poesie, insbesondere dem Vorbild HOMERS und der Alexandriner nahe. CHÉNIERS Ziel ist es, die antike griechische Kultur in seinen Versen lebendig zu halten.
Gefühl	In seinen *Elégies* greift CHÉNIER Themen seines Jahrhunderts auf, etwa die Gegenüberstellung von Stadt und Land, oder verarbeitet eine melancholische Todessehnsucht, die bereits auf die Romantik vorausdeutet. Gleichwohl ist CHÉNIER kein Romantiker: Selbst wenn sich Stimmungen, Träumereien und Gedanken über Tod und Gräber bei ihm finden, so ist er formal doch den Konventionen der klassischen Regeln (BOILEAU) verhaftet. Gefühlsbetonte, subjektive Dichtungen sind auch die Fragment gebliebenen *Bucoliques,* die *Odes* sowie die von seiner Liebe zu Mme LE COULTEUX inspirierten *Pièces à Fanny.*
Fortschritt	Zugleich ist CHÉNIER auch ein Sänger des Fortschritts: Unter dem Eindruck der modernen Naturwissenschaften, den er insbesondere während eines Aufenthaltes in London (1787–1790) erhält, plant er eine Art wissenschaftliches Epos, in das er den Fortschritt, den philosophischen Geist und das menschliche Genie seines Jahrhunderts bannen will. Die nur in Fragmenten überlieferten Dichtungen *L'invention, Hermès* und *L'Amérique* bezeugen dies.
Revolution	Nachdem er die Revolution enthusiastisch mit einer Ode *Le Jeu de Paume* begrüßt und einige politische Artikel und Pamphlete verfasst hatte, wendet er sich im Gefängnis der eigenen Person zu: *Les Iambes* sind durchtränkt von seinem Hass und seiner Rebellion gegen die Auswüchse der Revolution. Zugleich wird seine Verzweiflung über seine persönliche Lage und die Situation Frankreichs deutlich. Im Gefängnis entsteht seine an Aimée de COIGNY gerichtete Ode *La jeune captive* (1794). Der Inhalt oszilliert zwischen der Rebellion gegen das bevorstehende Schicksal und sentimentaler Liebesstimmung.
Wirkung	Auf Grund der postumen Veröffentlichung seiner Gedichte durch Henri de LATOUCHE (1819) übt CHÉNIER einen nicht geringen Einfluss auf die Lyriker der Romantik aus (VIGNY, LAMARTINE, HUGO). Auch Vertreter des Parnasse ließen sich von ihm inspirieren.
Literatur	*Œuvres complètes,* hg. von G. Walter, Paris: Gallimard (Pléiade) 1958. *Poésies,* Paris: Gallimard 1994. Jackson (1993), Jean (1989).

4 Memoiren

<table>
<tr>
<td>Überblick</td>
<td>Die Memoirenschreiber (mémorialistes) bieten in ihren Aufzeichnungen und Lebenserinnerungen aufschlussreiche Einblicke in die Sitten, Gedanken und Probleme der Zeit, in das Leben am Hofe und in Paris, in Theater, Kunst und Literatur der Epoche und in politische und militärische Ereignisse. Anekdoten, Klatsch und Tratsch der mondänen Gesellschaft gehören ebenfalls dazu.</td>
</tr>
<tr>
<td>Beispiele</td>
<td>Eine Tages- und Skandalchronik (mémoires-journaux, mémoires galants) sind die nachstehend vorgestellten Mémoires BACHAUMONTS. Daneben entstehen persönliche und analytisch mit der eigenen Person ins Gericht gehende Memoiren (récit personnel, récit intime, souvenirs, confessions). Die Confessions Jean-Jacques ROUSSEAUS sind die ersten Memoiren, die einen äußerst offenen Einblick in die Persönlichkeit des Verfassers geben (s. Autorenportrait ROUSSEAU). Die letzten Jahre des Ancien Régime und das Leben während der Revolution werden u. a. von MARMONTEL und Mme ROLAND festgehalten (s. S. 145–146).</td>
</tr>
<tr>
<td>Literatur</td>
<td>Voisine (1991).</td>
</tr>
</table>

BACHAUMONT

<table>
<tr>
<td>Biografie</td>
<td>Louis Petit de BACHAUMONT (1690–1771) ist der Enkel eines Leibarztes des Grand Dauphin, der auch sein Taufpate ist. Frei von Geldsorgen, führt BACHAUMONT das Leben eines Müßiggängers. Ab 1730 frequentiert er bis zu seinem Tod den Salon von Mme DOUBLET, mit der er eng befreundet ist.</td>
</tr>
<tr>
<td>Hauptwerk</td>
<td>Der Salon Mme DOUBLETS wird von Hofleuten, Literaten, Theaterleuten und Künstlern, darunter VOISENON, aufgesucht. Eine Auswahl der an dieser „Klatschbörse" der mondänen Gesellschaft kursierenden Neuigkeiten und Gerüchte erscheint ab 1777 mit dem Titel Mémoires secrets pour servir à l'histoire de la république des lettres und umfasst die Jahre 1762 bis 1787. Die insgesamt 36 Bände der Mémoires secrets pour servir à l'histoire de la république des lettres, eine Skandalchronik der feinen Gesellschaft und Spiegel ihrer Epoche, sind nur zu einem Teil von BACHAUMONT verfasst (Bände I–VI, 1762–1771). Nach seinem Tod setzt PIDANSAT DE MAIROBERT sie bis 1779 in neun Bänden fort; die letzten 21 Bände sind von MOUFFLE D'ANGERVILLE redigiert.</td>
</tr>
<tr>
<td>Literatur</td>
<td>Tate (1968).</td>
</tr>
</table>

5 Korrespondenzen

Bedeutung

Die große Beliebtheit des Korrespondierens im 18. Jahrhundert ist bereits wiederholt angemerkt worden. Erinnert sei an VOLTAIRE mit seiner enormen, alle Themenbereiche berührenden Korrespondenz.

Literarisch-mondäne Korrespondenz

Neben wissenschaftlich ausgerichteten Briefwechseln ist die literarisch-mondäne Korrespondenz zu nennen. In den Briefen der Salonnières Mme du DEFFAND und Mme GEOFFRIN scheint die galante Konversation der Salons ihre Fortsetzung zu finden. Mme de GRAFFIGNY, Mme de CHARRIÈRE und Mme D'EPINAY unterhalten per Brief intensive Beziehungen zu einer Vielzahl von Personen. Melchior GRIMMS *Correspondance littéraire* (1753–1790) ist Ausdruck des Kosmopolitismus der Epoche und dient der Berichterstattung über Pariser Ereignisse, Moden und Anekdoten, die an europäische Fürstenhöfe versandt wird.

FAVART

Charles Simon FAVART, in ganz Europa berühmter Dramatiker und Direktor des Opéra-Comique *(s. S. 92)*, unterhält von 1759 bis 1770 mit dem Intendanten des Wiener Hoftheaters, dem Grafen von DURAZZO, eine für ihn lukrative Korrespondenz über Literatur und Theater. Als Theaterkorrespondent in Paris berichtet er über literarische Neuerscheinungen und Theateraufführungen und vermittelt Schauspieler und Textbücher nach Wien. Er korrespondiert ferner mit dem berühmten Schauspieler GARRICK und dem italienischen Dramatiker GOLDONI.

SADE

Ein beeindruckendes Zeugnis sind die Briefe des Marquis de SADE, der am Vorabend der Revolution aus dem Gefängnis von Vincennes und der Bastille zahlreiche Brief schreibt. Zwischen 1778 und 1790 korrespondiert er mit seiner Frau, seiner ehemaligen Bediensteten Mlle ROUSSET, seinen Anwälten und Schlossverwaltern. Seine Briefe geben einen einmaligen Einblick in das alltägliche Leben eines reichen adligen Gefangenen in der Bastille: Seine Versorgung mit Büchern, Schreibfedern, Papier und Kerzen, seine angegriffene Gesundheit, das Essen sowie die Behandlung durch die Gefängniswärter sind Gegenstand seiner Briefe, die nicht zuletzt ein wichtiges Zeugnis seiner literarischen Ambitionen und der Entstehung seiner Werke darstellen.

Liebesbriefe

Die leidenschaftlichen Liebesbriefe von Julie de LESPINASSE an ihren Geliebten *(s. S. 67)*, der Briefwechsel von DIDEROT und Sophie VOLLAND oder auch die Briefe des wortgewaltigen Comte de MIRABEAU an seine Geliebte Sophie ermöglichen einen Blick in die Privatsphäre der im Rampenlicht der Öffentlichkeit stehenden Persönlichkeiten.

Literatur

Zu Voltaire *s. S. 28–29.* Mme Graffigny: *Correspondance,* hg. von J.A. Dainard und E. Showalter, Oxford: The Alden Press/Voltaire Foundation 1992. Mme du Deffand: *Correspondance complète,* Genf: Slatkine 1971. Mme d'Epinay: *Correspondance Ferdinando Galiani – Louise d'Epinay,* hg. von D. Maggett, Paris: Desjonquères 1993 ff. Favart: *Mémoires et correspondance littéraires, dramatiques et anecdotiques,* hg. von A.P.C. Favart, Paris 1808. Sade: *Correspondance du Marquis de Sade et de ses proches enrichies de documents, notes et commentaires,* Genf: Slatkine 1992 ff. Julie de Lespinasse: *Lettres,* hg. von J. Dupont, Paris: La Table Ronde 1997. Zu Diderots Korrespondenz *s.* Melançon (1996).

6 Journalismus

Überblick

Die Presselandschaft bleibt bis 1789 relativ homogen. Es gilt weiterhin, was über die Presse in der 1. Jahrhunderthälfte nachzulesen ist. Ab ca. 1750 ist ein enormer Anstieg der Zahl der Zeitschriften und eine Ausdifferenzierung verschiedener Journale zu verzeichnen. Das Publikum wächst im Laufe der Jahre beständig an und bezeugt seinen Wissensdurst, den es mit einem größer und breiter werdenden Angebot von Zeitschriften und Fachpublikationen stillen kann.

Neuheiten

Ab der Jahrhundertmitte entsteht eine neue Sparte von Zeitschriften: Die *Affiches* und *Annonces* sind unseren heutigen Anzeigenblättern ähnlich und bieten Platz für Werbe- oder Verkaufsanzeigen. Ein Beispiel sind die von 1751 bis 1811 erscheinenden *Annonces, Affiches et avis divers.* Auch die Damenwelt kann sich in einem eigenen Blatt, dem *Journal des Dames* von Dorat (1759–1778), über Mode informieren. Fachzeitschriften über ökonomische, landwirtschaftliche und medizinische Themen kommen hinzu.

Kampf

Der Kampf zwischen *philosophes* und *anti-philosophes* wird auch in der Presse ausgetragen *(s. S. 79).* Ein Gegner der *philosophes,* Fréron, gibt nacheinander die *Lettres sur quelques écrits de ce temps* (1749–1754) und die *Année littéraire* (1754–1776) heraus, in denen er seinen erbitterten Krieg gegen Voltaire und die Enzyklopädisten führt. Diese schlagen in ihrem *Journal encyclopédique* (1756–1793) zurück. Auch der alteingesessene *Mercure* sympathisiert mit den Aufklärern.

Literatur

Feyel (1998), Moureau (1993), Rétat (1982), Sgard (1991; 1998).

Gesellschaft und Literatur während der Französischen Revolution: 1789 bis 1799

KAPITEL

1 Die politische, ökonomische und soziale Situation vor Ausbruch und während der Revolution

1 Gründe für den Ausbruch der Revolution

Politische, ökonomische und gesellschaftliche Gründe

Die komplexe politische und ökonomische Situation Frankreichs vor Juli 1789 kann nur skizziert werden: Die Unbeliebtheit des Königs, die zerrütteten Staatsfinanzen und ins Unermessliche gestiegene Lebensmittelpreise auf Grund von Missernten, die Hungersnöte verursachen, schüren eine große Unzufriedenheit im Volk und führen im ganzen Land zu Aufständen. Die soziale Ungerechtigkeit der Ständegesellschaft wird in Pamphleten und Flugblättern immer lauter angeprangert. Auch die *réaction nobiliaire* trägt im vorrevolutionären Frankreich entscheidend zum Machtverlust des Königs bei. Die Einberufung der Generalstände im Mai 1789 wird zur Zerreißprobe: Der Adel und der Dritte Stand *(Tiers Etat)* ringen um die Macht. Einberufen zur Beendigung der Staatskrise, führt die Versammlung der Generalstände, zusammen mit Volksaufständen, aber zur Revolution. Der Dritte Stand weigert sich, nach Ständen getrennt abzustimmen, da Adel und Klerus ihn sonst überstimmen würden, und fordert eine Abstimmung nach Köpfen. Die Abgeordneten des Dritten Standes schwören im Ballhausschwur, erst auseinanderzugehen, wenn Frankreich eine Verfassung habe und erklären sich zur *Assemblée nationale*. Das einflussreichste Pamphlet im Vorfeld der Revolution stammt vom ABBÉ SIEYÈS: *Qu'est-ce que le Tiers Etat?* (1789). Es greift zentrale Gedanken aus ROUSSEAUS *Contrat social* auf und formuliert demokratische Grundsätze.

Ideengeschichtliche Gründe

Im Laufe des Jahrhunderts hat sich ein Mentalitätswandel vollzogen, zu dem die in den vorangegangenen Kapiteln präsentierten Autoren und Werke, literarischen Salons, Clubs und Cafés, ferner der Kosmopolitismus und die Presse beigetragen haben.

An der Schwelle zum 18. Jahrhundert haben BAYLE und FONTENELLE schon auf die Diskrepanz zwischen Vernunft und kirchlichen Dogmen aufmerksam gemacht. Deutliche Angriffe gegen die Säulen des Staates erfolgen dann u. a. in MONTESQUIEUS *Lettres persanes* (1721) und in VOLTAIRES *Lettres philosophiques* (1734). Um die Jahrhundertmitte erscheinen in rascher Folge staatstheoretische, philosophische und wissenschaftliche Schriften, die den To-

leranzgedanken und die Forderung nach Meinungsfreiheit verbreiten. Mit der *Encyclopédie* erreicht das aufklärerische Schrifttum seinen Höhepunkt. In *De l'esprit des lois* von MONTESQUIEU und *Du contrat social* von ROUSSEAU oder auch in utopischen Romanen sind neue Staatsformen diskutiert worden, ohne allerdings den Sturz der bestehenden Ordnung herbeiführen zu wollen: Die Aufklärungsbewegung und die Revolution stehen freilich nicht in einem kausalen Verhältnis von Ursache und Wirkung. Das von den Philosophen hervorgebrachte Gedankengut über bessere Staatsformen, Gewaltenteilung, soziale Gerechtigkeit und Gleichheit sowie über religiöse Toleranz ist aber all jenen bekannt, die nach dem Ausbruch der Revolution aktiv an der Erarbeitung einer neuen Verfassung mitwirken.

Machtverlust Der Staat erweist sich in letzter Konsequenz als machtlos: Zahlreiche Justizskandale – etwa die Affairen Chevalier de LA BARRE, CALAS, SIRVEN – und die unablässigen Versuche, der Flut von aufklärerischen Schriften Einhalt zu gebieten, sind Ausdruck der verzweifelten, aber letztlich vergeblichen Versuche von Staat und Kirche, ihre Position zu bewahren. Ein politisches Fanal sind ab 1776 auch die Kriege in Amerika, die 1783 zur Unabhängigkeit und Gründung der Vereinigten Staaten von Amerika führen.

2 Chronologie der Revolution

Daten	Ereignisse und Phasen der Revolution
5. Mai 1789	Einberufung der Generalstände
17. Juni 1789	Abgeordnete des Dritten Standes erklären sich im Ballhausschwur zur Verfassungsgebenden Nationalversammlung *(Assemblée nationale constituante)*
14. Juli 1789	Beginn der Revolution: Sturm auf die Bastille
26. Aug. 1789	Erklärung der Menschenrechte *(Déclaration des droits de l'homme)*
3. Sept. 1791	**Verfassung: Konstitutionelle Monarchie** LUDWIG XVI. erklärt die Revolution für beendet
August 1792	Sturz der Monarchie; erneute Aufstände und Unruhen
1792–1804	**I. Republik**
1792	Beginn der Koalitionskriege
21. Jan. 1793	Hinrichtung von LUDWIG XVI.
24. Juni 1793	**Inkrafttreten der demokratischen Verfassung**
1793–1794	Schreckensherrschaft *(Terreur)* unter ROBESPIERRE
28. Juli 1794	Hinrichtung ROBESPIERRES (9. Thermidor)
Okt. 1795	**Inkrafttreten der Direktorialverfassung** (die Regierung des liberalen Bürgertums basiert auf der Verfassung von 1791, schließt jedoch die Monarchie aus)
1795–1799	**Direktorium *(Directoire)***

9. Nov. 1799	Staatsstreich von NAPOLEON BONAPARTE am 18. Brumaire
	Ende der Revolution
15. Dez. 1799	Neue Verfassung legt gesamte Macht in NAPOLEONS Hände

Umbruch

Dem Ruf nach „Liberté, Egalité, Fraternité" folgen die Verkündung der Menschenrechte sowie die Volkssouveränität, d. h. die Herrschaft des Dritten Standes, ferner die Meinungs- und Religionsfreiheit. Die neue demokratische Verfassung führt zu einschneidenden Veränderungen von Strukturen des Ancien Régime wie etwa die Abschaffung der Privilegien von Adel und Klerus und die Verstaatlichung der Kirchengüter.

Katastrophe

Die innen- und außenpolitische Situation während der Revolution ist katastrophal: Politische Verfolgungen und bürgerkriegsähnliche Zustände verwüsten das Land. Eine unzureichende Versorgung mit Waren, bedingt durch Missernten, führt in den Wintern zu Hungersnöten. Die Arbeitslosigkeit steigt rapide an. Es kommt in Städten und auf dem Land zu zahllosen Aufständen und Rebellionen. Zudem befindet sich Frankreich ab 1792 mit ganz Europa im Krieg.

Terreur

Nachdem die Revolutionäre im August und September 1792 die Republik ausgerufen haben, ist eine neue Verfassung nötig. Die Mitglieder der Verfassungsgebenden Versammlung *(Assemblée nationale constituante)* spalten sich jedoch bald auf Grund ideologischer Differenzen: Den Girondisten *(Girondins:* Anhänger der Verfassung von 1791 und der konstitutionellen Monarchie) steht die Bergpartei gegenüber *(Montagnards,* hauptsächlich Jakobiner: radikale Anhänger der Republik). Dadurch beginnt die Revolution in die Schreckensherrschaft *(Terreur)* zu entgleisen: ROBESPIERRE schaltet die Girondisten aus und errichtet eine Jakobinerdiktatur, die erst mit seinem Sturz im Juli 1794 endet.

Directoire

Die nach der Schreckensherrschaft erarbeitete Verfassung des Direktoriums bleibt bis zu NAPOLEONS Staatsstreich am 18. Brumaire 1799 in Kraft. Mit der Machtergreifung NAPOLEONS 1799 gilt die Revolution als beendet. Als sich NAPOLEON 1802 zum Ersten Konsul auf Lebenszeit erhebt und sich dann 1804 zum Kaiser krönt, findet die I. Republik ihr Ende.

Literatur

Braudel/Labrousse (1970), Chartier (1990), Darnton (1983), Duby/Mandrou (³1968), Furet (1988), Furet/Ozouf (1988), Soboul (1989), Tulard (1991), Vovelle (1988).

3 Die Revolutionsrhetorik und ihre Protagonisten

Rede	Mit der Revolution löst sich die Rhetorik aus dem religiösen, schulischen und juristischen Bereich und wird politisch funktionalisiert. So entsteht die neue Gattung der Revolutionsrede.
Themen	Die politischen Reden in der *Assemblée* und den Clubs bilden eine Revolutionsrhetorik, die sich thematisch auf die Antike beruft und diese wieder belebt. Das Rom der Republik mit seinem Freiheitsideal, Vorbilder wie die großen Redner CATO und CICERO und die Ideale der Aufklärung verschmelzen in den Reden der Revolutionäre.

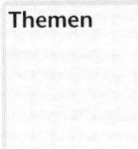 **MIRABEAU**
Der Sohn des Ökonomen MIRABEAU, Honoré Gabriel Riqueti, Comte de MIRABEAU (1749–1791), verbringt wegen seines skandalösen Lebenswandels viele Jahre im Gefängnis und im Ausland. MIRABEAU ist wegen seiner ungeheuren sprachlichen Gewandtheit und seiner imposanten Erscheinung einer der brillantesten und eindrucksvollsten Redner seiner Zeit. In seiner Funktion als Abgeordneter des *Tiers Etat* stürzt er sich bei Ausbruch der Revolution in die Politik, wird Mitglied der *Constituante* und tritt für eine Monarchie ein, in der die Menschen- und Bürgerrechte verwirklicht sind. Mit dieser Überzeugung macht er sich sowohl bei Hofe – wo er zudem als geheimer Berater des Königs fungiert – als auch bei der jakobinischen Partei politisch verdächtig. Seine Reden erscheinen 1791/1792 in fünf Bänden.

 **DANTON**
Der Advokat Georges-Jacques DANTON (1759–1794) reißt wie MIRABEAU die Zuhörer in seinen Bann. Im 1790 gegründeten Club des Cordeliers spielt DANTON neben DESMOULINS, MARAT und HÉBERT eine herausragende Rolle. Er gelangt 1792 als Justizminister an die Macht und wird am 6. 4. 1793 zum Vorsitzenden des Wohlfahrtsausschusses *(Comité du salut publique)* gewählt. Im Konvent ist er einer der Anführer der Bergpartei. Da er sich 1793 in der *Terreur* gegen die Jakobinerdiktatur ROBESPIERRES stellt, lässt dieser ihn 1794 verhaften und guillotinieren. Erst 1910 werden DANTONS *Discours* veröffentlicht.

 **ROBESPIERRE**
Der aus Arras stammende Jurist Maximilien ROBESPIERRE (1758–1794) kommt 1789 als Abgeordneter des *Tiers Etat* nach Paris. Nachdem er den Vorsitz im Wohlfahrtsausschuss von DANTON übernommen hat, festigt er seine Diktatur. Im September 1793 beginnt die Schreckensherrschaft mit einem Gesetzeserlass, der erlaubt, politische Gegner zu verhaften und zu eliminieren. ROBESPIERRE lässt am 16. Oktober die Königin köpfen, drei Wochen später folgt ihr der Duc D'ORLÉANS (auch PHILIPPE-EGALITÉ genannt, *s. S. 107*). Im Juli 1794 wird auch er gestürzt und hingerichtet.

Saint-Just	Der Jurist und Konventsabgeordnete Louis Antoine de Saint-Just (1767–1794) gehört zu den radikalsten Vertretern der jakobinischen Partei, was sich insbesondere im Prozess des Königs offenbart. Seine Zeitgenossen vergleichen ihn mit dem Caesar-Verräter Brutus. Saint-Just initiiert den Sturz Dantons und Desmoulins'. Als glühender Anhänger Robespierres stirbt Saint-Just neben diesem durch das Fallbeil. Seine Reden weisen ihn als Theoretiker und Rädelsführer der Schreckensherrschaft aus; seine politische Schrift *L'esprit de la Révolution et de la constitution de France* (1791) ist ein Zeugnis des jakobinischen Revolutionsverständnisses.
Literatur	Furet/Halévi (1989).

4 Der Journalismus während der Revolution

Überblick	Dank der 1791 erlassenen Pressefreiheit erscheint eine Vielzahl meist kurzlebiger Tageszeitungen, welche die politischen Ereignisse melden und kommentieren. Auch die Presse wird in den Dienst der Politik gestellt, indem sie die Reden der Revolutionäre reproduziert, die im Konvent und in den Clubs gehalten werden. Im Layout variieren die Blätter erheblich: Sie kursieren in Form von Tageszeitungen, Pamphleten, Flugblättern und Broschüren.
Phasen	Entsprechend der Chronologie der Revolution sind drei Phasen des Journalismus und der gesetzlich geregelten Pressefreiheit erkennbar:

Politische Phasen	Journalistische Tätigkeit
1789–1792	Journalistische Freiheit bis 10.8.1792, die eine Fülle von neuen Presseorganen hervorbringt
1792–1794	Unterdrückung der Pressefreiheit, insbesondere während der Schreckensherrschaft von September 1793 bis Juli 1794
1794–1799	Nach Ende der Schreckensherrschaft zunächst erneuter Aufschwung des Journalismus, dann stetiger Niedergang bis zur Unterdrückung unter Napoleon

Organe	Das offizielle Organ der Regierung bleibt die *Gazette de France,* die 1792 in *Gazette nationale de France* umbenannt wird. Für eine konstitutionelle Monarchie optiert der *Mercure de France,* der zwischen 1791 und 1798 *Mercure français* heißt. Daneben erscheint eine Flut von neuen Zeitungen. *Le père Duchesne* (November 1790– 1794) ist das Sprachrohr Héberts. *Le tribun du peuple* (Okt. 1794–Mai 1795) dient Babeuf zur Publikation seiner Vorstellungen von einem kommunistischen Staat. Die konterrevolutionäre

Presse kommt mit Rivarol z. B. im *Journal politique national* (1789–1790) zu Wort.

DESMOULINS Camille Desmoulins (1760–1794) ist seit 1785 als Anwalt am Parlement de Paris tätig. Zwei Tage vor dem Sturm auf die Bastille ruft er im Palais-Royal seine Zuhörer dazu auf, sich gegen den König zu erheben. Er tritt in der Folgezeit als Autor von militanten Pamphleten und Flugblättern hervor. Zwischen November 1789 und Dezember 1792 veröffentlicht er die anti-monarchistische Zeitung *Les Révolutions de France et de Brabant.* Von Dezember 1793 bis Januar 1794 folgt die Zeitung *Le vieux cordelier,* die sich entschieden gegen Robespierre und die *Terreur* richtet. Er steht auf Seiten der Dantonisten und wird mit Danton geköpft.

MARAT Der Arzt Jean-Paul Marat (1743–1793) engagiert sich politisch als Redner und Journalist für die Partei der *Montagnards* und ist einer der ersten, der nach der Guillotine ruft. *L'ami du peuple* (September 1789 bis Juli 1793) und *Le journal de la République française* sind die Sprachrohre Marats. Er wird von Charlotte Corday in der Badewanne ermordet (*s. S. 128–129* zu Davids berühmtem Gemälde).

Literatur Rétat (1989).

2 Die Verschmelzung von Politik und Literatur in der Revolutionszeit

1 Situation der Schriftstellerinnen und Schriftsteller

Autoren-rechte Schon mehrfach im Laufe des Jahrhunderts haben die *hommes de lettres* den Schutz der Autorenrechte gefordert. 1791 wird diese Forderung schließlich mit der Revolution realisiert.

Engagement Wie alle anderen Bürger auch, sind die Literaten während der Revolutionsjahre mit dem täglichen Überlebenskampf beschäftigt. In ihren Werken reagieren sie auf aktuelle tagespolitische Ereignisse. Deshalb sind kleinere Gattungen – Gedichte, Essais, Berichte, Zeitungsartikel, Lieder – und Theaterstücke die bevorzugten Formen. Zahlreiche Schriftsteller betätigen sich während der Revolution als Literaten, Politiker, Redner und Journalisten in Personalunion.

Frauen Auch den Frauen gelingt es in der Revolution, ihre gesellschaftliche Position zumindest vorübergehend zu verbessern und am politischen Geschehen zu partizipieren. Frauenclubs entstehen, und Frauen nehmen aktiv am Kampf für die Durchsetzung der Menschenrechte teil. 1791 verfasst die couragierte Dramatikerin Olympe de GOUGES die *Droits de la femme et de la citoyenne*. Auch Mme ROLAND und Mme de STAËL engagieren sich für die Revolution. Insbesondere Mme de STAËL zeigt sich zunächst als Befürworterin der Revolution, da sie die Verwirklichung der Menschenrechte begrüßt. Angesichts der zunehmenden Radikalisierung distanziert sie sich jedoch immer mehr und interveniert in ihren *Réflexions sur le procès de la reine, par une femme* (1793) zu Gunsten der Königin. Aus der geografischen Distanz zu Paris schreibt sie in Coppet (nahe Lausanne) über die Revolution in ihren *Réflexions sur la paix intérieure* (1795) und den *Considérations sur les principaux événements de la Révolution française* (postum 1818 publiziert). Die *Constituante* hebt aber schon 1793 alle Rechte der Frauen wieder auf. Ganz im Zeichen dieses Rückschritts lässt ROBESPIERRE Olympe de GOUGES und Mme ROLAND *(s. S. 146)* guillotinieren.

Salons

Wie schon im Ancien Régime trifft sich die intellektuelle Elite in Salons und Clubs. Hervorzuheben ist der auch schon vor der Revolution bestehende Salon von Mme HELVÉTIUS in Auteuil. Bei Mme ROLAND treffen sich die Anhänger der Gironde. Während des Direktoriums kommen die Salons von Mme RÉCAMIER und Joséphine de BEAUHARNAIS hinzu.

Freimaurer

Bis zu ihrer Auflösung während der *Terreur* wird auch in den Freimaurerlogen über die politische Entwicklung diskutiert. Die Rolle der Freimaurer in der Revolution ist umstritten *(s. S. 80)*.

Illuminismus

Im Kreise der Illuministen tritt während der Revolution Louis Claude de SAINT-MARTIN (1743–1803) hervor *(s. S. 80)*. Schon 1765 war er in Bordeaux dem Orden der Elus-Cohens des MARTINÈS DE PASQUALLY beigetreten. Er ist alsbald Anhänger des spiritualistischen Esoterismus BÖHMES und widmet sich theurgischen und magnetistischen Studien. Auf zahlreichen Reisen, durch die er einen großen Bekanntheitsgrad gewinnt, trägt er zur Verbreitung des Illuminismus in der französischen Gesellschaft bei. Nach *Des erreurs et de la vérité* (1775) und *Le tableau naturel des rapports qui existent entre la nature, l'homme et Dieu* (1782) ist vor allem sein Erklärungsmodell der Revolution von Bedeutung, das bereits 1790 in *L'homme de désir* anklingt. SAINT-MARTIN betrachtet die Epoche der Revolution als eine Phase der Reinigung, nach deren Ende das Zeitalter des „homme-esprit" anbrechen werde.

Reisen

Auch in den Jahren der Revolution bleibt der kosmopolitische Geist des *siècle des Lumières* erhalten. Zahlreiche Intellektuelle – darunter SCHILLER, KLOPSTOCK, PAINE – reisen nach Frankreich, um sich vor Ort über die Ereignisse zu informieren. Gleichzeitig verlassen viele Franzosen ihr Land auf der Flucht vor politischen Repressionen und gehen nach England oder Deutschland, wo sie

Gesellschaft und Literatur während der Französischen Revolution: 1789–1799

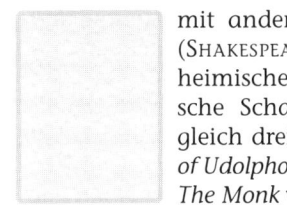

mit anderen literarischen Traditionen in Berührung kommen (SHAKESPEARE, die deutschen Frühromantiker), die sie später ihrer heimischen Kultur vermitteln. So gelangt zum Beispiel der englische Schauerroman *(gothic novel)* nach Frankreich, wo 1797 gleich drei französische Übersetzungen erscheinen: *The Mysteries of Udolpho* und *The Romance of the Forest* von Ann RADCLIFFE sowie *The Monk* von Matthew Gregory LEWIS.

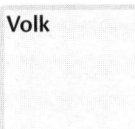

Volk

Das Volk erhebt seine Stimme in Klage- und Beschwerdeheften *(cahiers de doléances).* Wegen des noch relativ hohen Analphabetismus in der Bevölkerung notieren Priester, Anwälte oder des Schreibens kundige Bürger die Klagen, Beschwerden und auch Forderungen des einfachen Volkes.

Literatur

Bonnet (1988), Cerati (1966), Darnton (1983; 1984), Gascar (1989), Montfort (1994), Steinbrügge (1992), Vovelle (1988).

2 CONDORCET

Biografie

Der Vermessungsingenieur und Mathematiker Marie Jean Antoine Nicolas Caritat, Marquis de CONDORCET (1743–1794), ist ein Neffe des Philosophen CONDILLAC. Bereits mit 26 Jahren wird er in die Académie des sciences gewählt. Er ist mit VOLTAIRE, D'ALEMBERT und TURGOT befreundet und arbeitet für den Bereich Mathematik an der *Encyclopédie* mit. Er beschäftigt sich ferner mit Menschenrechtsfragen – daraus gehen z. B. seine *Réflexions sur l'esclavage des nègres* (1781) hervor –, ökonomischen Problemen sowie der amerikanischen Unabhängigkeitsbewegung und Verfassung. 1781 wird er in die Académie française aufgenommen. Während der Revolution engagiert er sich politisch und wirkt als Abgeordneter an verschiedenen Reformprojekten mit, so insbesondere an der Reform des öffentlichen Bildungswesens. Im April 1792 legt er der *Assemblée* seinen fortschrittlichen *Rapport sur l'organisation générale de l'instruction publique* vor. Er beteiligt sich auch maßgeblich an der Erarbeitung der Verfassung von 1793. Wenig später entkommt er nur knapp einer Verhaftung. Im Versteck bei Freunden verfasst er die *Esquisse d'un tableau historique des progrès de l'esprit humain.* Als er schließlich doch ROBESPIERRES Schergen in die Hände fällt, begeht CONDORCET Selbstmord.

Hauptwerk

Der geistesgeschichtlich-philosophische Essai *Esquisse d'un tableau historique des progrès de l'esprit humain* gilt als Synthese des Gedankenguts der Aufklärung. CONDORCET entfaltet ein von der Antike bis zur Revolution in zehn Zeitalter untergliedertes Panorama des Fortschritts des menschlichen Geistes, der Wissenschaften und der Zivilisation, wobei er die Errungenschaften einer jeden Epoche würdigt. Diese vervollkommnen sich beständig und vergrößern die individuelle und gesellschaftliche Freiheit und Gleichheit. Das Zeitalter der Revolution stellt für CONDORCET den Höhepunkt der menschlichen Perfektibilität *(perfectibilité)* dar. Er endet mit einem Ausblick in die Zukunft: *„Nos espérances sur l'état à venir de l'espèce humaine peuvent se réduire à ces trois points importants: la destruction de l'inégalité entre les nations; les progrès de l'égalité dans un même peuple; enfin, le perfectionnement réel de l'homme."* (Dixième époque)

Literatur

Esquisse d'un tableau historique des progrès de l'esprit humain, hg. von A. Pons, Paris: Garnier-Flammarion 1988.
E. u. R. Badinter (1988), Baker (1988), Crépel/Gilan (1988).

3 Fortschritt in den Natur- und Humanwissenschaften

Forschung

Die Forschung auf den Gebieten der Naturwissenschaften (Chemie: LAVOISIER; Biologie: Schüler BUFFONS, Mathematik: CARNOT), Medizin (CABANIS, GARAT, BICHAT), Psychologie, Soziologie, Geschichte und Ethnografie (VOLNEY), Pädagogik und Linguistik – um nur einige zu nennen – ist im letzten Jahrzehnt des Jahrhunderts ausgesprochen intensiv, und es werden bahnbrechende Erkenntnisse gewonnen. Besonders eine philosophisch-politisch-soziologisch orientierte Gruppe von liberal und republikanisch gesinnten Forschern, die *Idéologues* – Hauptvertreter sind DESTUTT DE TRACY, CABANIS und DAUNOU –, übt als Vorläufer der Determinismus-Theorien einen großen Einfluss aus.

Institut de France

Die 1635 gegründete Académie française wird am 8. August 1793 aufgelöst. Zugleich besteht aber das Vorhaben, eine neue Institution zu gründen, die sich der Literatur und den Künsten widmen solle. Da bald darauf die Schreckensherrschaft wütet und zahllose Intellektuelle und Literaten der Guillotine zum Opfer fallen, muss das Vorhaben bis 1795 aufgeschoben werden. Die feierliche Eröffnung des Institut de France findet am 4. April 1796 statt.

4 Malerei

David

Die Revolutionszeit bleibt in den Gemälden Jacques Louis DAVIDS (1748–1825) lebendig. 1789 verewigt er den Ballhausschwur des Dritten Standes. Berühmt ist sein Gemälde *Marat assassiné dans la baignoire* von 1793. DAVID nimmt selbst als Redner am politischen Tagesgeschehen teil und hält dessen Protagonisten in seinen Bildern fest. Zudem fungiert er als Organisator der nationalen Feste, die meist auf großen Plätzen stattfinden, z. B. bei der Bastille, auf

dem Champ de Mars oder der Place de la Concorde. Mit seinen an der Antike ausgerichteten Gemälden bestimmt DAVID auch die hellenistisch inspirierte Mode und Innendekoration.

Literatur Ozouf (1976).

3 Die Literatur während der Revolution

1 Überblick

Zeitraum Legt man die Jahre 1789 bis 1799 für eine Betrachtung der Literatur der Revolution zu Grunde, so ergibt dies eine recht kurze Zeitspanne, die – insbesondere angesichts des mörderischen Tagesgeschehens – wenig Raum für die Entstehung einer neuartigen Literatur lässt. Neben dem Fortdauern literarischer Traditionen der Aufklärung ist eine starke Politisierung der Literatur zu verzeichnen. Zudem bricht sich der Gefühlskult immer deutlicher Bahn und kündigt die Romantik an. Eine Revolution auf dem Gebiet der Dichtungstheorie bleibt insgesamt aber aus.

Aspekte Bei der Betrachtung der Literatur der Revolutionsjahre sind folgende Aspekte zu berücksichtigen:

Viele Schriftsteller fallen der Revolution und insbesondere der *Terreur* zum Opfer. Es seien stellvertretend für viele genannt: die Lyriker André CHÉNIER und ROUCHER und vor allem der Philosoph und Mathematiker CONDORCET sowie CAZOTTE, der Wegbereiter der fantastischen Literatur.

Die „großen" Autoren der Aufklärung sind bereits gestorben – VOLTAIRE und ROUSSEAU: 1778, D'ALEMBERT: 1783, DIDEROT: 1784, BUFFON: 1788 – oder ziehen sich aus Paris und ins Privatleben zurück wie MARMONTEL.

Es bleiben also nur noch wenige Autoren, die zusammen mit einer neuen Schriftstellergeneration die Revolution in literarischen Werken verarbeiten können.

Zu bedenken ist zudem, dass einige Werke zwar vor Juli 1789 verfasst wurden, aber erst nach dem Ausbruch der Revolution erscheinen und deshalb streng genommen nicht zur Literatur der Revolution zählen. Das gilt etwa für *La chaumière indienne* (1790) von BERNARDIN DE SAINT-PIERRE *(s. S. 109–110)*. Der bekannteste Fall ist das umfangreiche Œuvre des Marquis de SADE, das während dessen Gefangenschaft von 1778 bis zur Generalamnestie 1790 entsteht, jedoch erst ab 1790 veröffentlicht wird. Daher erscheint SADE in der Regel in Literaturgeschichten im Kapitel über die Revolutionsliteratur.

Unter den hauptsächlich adligen Emigranten befinden sich auch zahlreiche Autoren, darunter RIVAROL, SÉNAC DE MEILHAN, der mit *L'émigré* (1797) den ersten Exilroman schafft, und der junge CHATEAUBRIAND, der im Londoner Exil die Revolution in seinem *Essai sur les Révolutions* (1797) untersucht.

Neo-klassizismus

In der Literatur wie auch in der Rhetorik der Revolution zeigt sich eine starke Anlehnung an die griechische und vor allem die römische Antike. Das Anknüpfen an den klaren, schlichten Stil der Klassik bedeutet eine endgültige Abkehr von den verspielten und verschnörkelten Formen des Rokoko, die zu sehr den luxuriösen und verfeinerten Stil des Ancien Régime evozieren.

2 Das Theater als politische Bühne

Überblick

Als Massenveranstaltung kann das Theater ein sehr großes Publikum ansprechen und indoktrinieren. Diese propagandistische bzw. didaktische Wirkungsmöglichkeit des Theaters wird sofort genutzt, indem man es als Rednertribüne und Kanzel funktionalisiert. Hinzu kommt, dass es sich besonders dazu eignet, abstrakte Ideen und Verhaltensideale plastisch in Szene zu setzen. Die Trennlinie zwischen Realität und Fiktion verwischt sich, weil die Protagonisten der Revolution – MIRABEAU, ROBESPIERRE, BARRA – als Theaterfiguren auf der Bühne erscheinen.

Freiheit

Am 13. Januar 1791 verlieren die Comédie-Française und die Oper per Gesetz ihre privilegierte Monopolstellung. Ein sprunghafter Anstieg von Theaterneugründungen ist die Folge.

Zensur

Ein bekannter Fall illustriert die Situation am Ende des Ancien Régime: Im September 1788 wird Marie-Joseph CHÉNIERS Tragödie *Charles IX ou La Saint-Barthélemy* zwar von der Comédie-Française angenommen, doch die Zensur verbietet die Aufführung. CHÉNIER scheitert bei den Versuchen, seine Tragödie trotzdem zur Aufführung zu bringen. Deshalb verfasst er im Juni 1789 die in der Tradition der Aufklärer stehende Schrift *De la liberté du théâtre en France*. Im Einklang mit der allgemeinen Forderung nach Meinungs- und Pressefreiheit kämpft CHÉNIER für die Befreiung des Theaters von der Zensur. CHÉNIER definiert die gesellschaftliche Funktion des Theaters als „moyen d'instruction publique", das zur Aufklärung des Volkes beitragen solle. Schlüsselbegriffe sind „lumières" und „éclairer". Indem sich das Volk gegen Tyrannei und Fanatismus auflehnt, soll es zur Freiheit gelangen. Damit postuliert CHÉNIER einen Kreislauf: Freiheit ist die notwendige Voraussetzung des Theaters, das wiederum zur Freiheit erzieht. Im Namen der „raison" und der „liberté" soll der Dramatiker alle Ab-

hängigkeiten von der Gunst der Mächtigen und der Zensur abschütteln, um mit seiner Tragödie als „action publique" das „grand intérêt politique" und das „grand but moral" zu erreichen:

„le théâtre, si longtemps efféminé, si longtemps adulateur, rappelé désormais à son but respectable, n'inspirera, dans ses jeux, que le respect des lois, l'amour de la liberté, la haine du fanatisme, et l'exécration des tyrans." (De la liberté du théâtre en France, S. 117)

Publikum

Im Publikum finden sich nicht mehr nur die privilegierten Gesellschaftsschichten, die sich hohe Eintrittspreise leisten können, sondern auch die breite Masse. Die Verschmelzung von Realität und Theateraufführungen lockt ein Publikum an, das bei allen Ereignissen „live" dabei sein will. Gleichzeitig wird das Volk aus Propagandagründen bewusst ins Theater geschleust.

Schauspieler

Die große politische Bedeutung des Theaters trägt auch dazu bei, das gesellschaftliche Ansehen der Schauspieler zu heben. Statt der sozial geächtete Außenseiter zu sein – VOLTAIRE wurde 1730 noch verhaftet, weil er sich in seinem Gedicht *La mort de Mlle Lecouvreur* darüber empört hatte, dass die Kirche ihr ein christliches Begräbnis verweigert hatte –, übernimmt der Akteur nun eine wesentliche Rolle bei der Erziehung des Volkes.

Spaltungen

Gleichzeitig kommt es wegen ideologischer Konflikte zu Spaltungen und Neukonstituierungen von Theaterensembles. Das bekannteste Beispiel ist die Truppe der Comédie-Française: Die prorevolutionären Mitglieder der Truppe, die *Rouges,* trennen sich von den reaktionären Kollegen, *Noirs* genannt, und gründen unter der Leitung von TALMA das Théâtre de la République. Erst 1793 gehen die beiden Truppen als Théâtre français de la République wieder zusammen.

Oper

Auch das Musiktheater fungiert als patriotische Schule: 1793 führt man Sylvain MARÉCHALS Oper *La fête de la Raison* auf. Das Libretto stammt von GRÉTRY, der vor der Revolution die Musik für zahlreiche *opéras-comiques* komponierte.

Themen

Für das Sprechtheater wie für das Musiktheater gilt, was oben gesagt wurde: Die Stoffe und Motive entstammen hauptsächlich der Antike und der Revolution selbst. Einige historische Ereignisse sowie positive Identifikationsgestalten der französischen Geschichte kommen hinzu (z. B. Jeanne D'ARC).

Neben der ideologischen Umarbeitung klassischer Stücke von CORNEILLE, RACINE oder MOLIÈRE entstehen in den ersten Jahren der Revolution außerdem Dramen, in denen große Denker der Aufklärung – z. B. VOLTAIRE, ROUSSEAU – oder die negativen Seiten des Ancien Régime dargestellt werden wie in LEMIERRE D'ARGYS

Calas ou Le fanatisme (1790), Layas *Jean Calas* (1790) und schließlich *Jean Calas ou L'école des Juges* (1791) von Marie-Joseph Chénier (zur Affaire Calas s. **Autorenportrait Voltaire**).

Gattungen

Poetologisch bleibt das Theater dagegen auf dem vorrevolutionären Stand. Es kommt zu keinem radikalen Bruch mit den Gattungstraditionen der Aufklärung.

Tragödie

Die Tragödie nach klassischem Vorbild erlebt allerdings einen neuen Aufschwung und überwiegt daher zahlenmäßig im Repertoire. Der bedeutendste Tragödienautor der Revolutionszeit ist Marie-Joseph Chénier.

Drame

Das *drame bourgeois* erlebt in den ersten Jahren der Revolution eine Hochkonjunktur. Die Theater greifen auf die in den 60er- und 70er-Jahren entstandenen Stücke zurück: *Le père de famille* von Diderot, *Le philosophe sans le savoir* von Sedaine und *Eugénie* von Beaumarchais stehen auf den Spielplänen und finden großen Anklang. Die Figaro-Fortsetzung von Beaumarchais selbst, *La mère coupable*, ist 1792 dagegen ein Misserfolg. Laya, Mercier, Rétif de la Bretonne und der Marquis de Sade setzen das *drame bourgeois* fort.

Komödie

Obschon das komische Theater in den ersten Jahren der Revolution nicht dem Zeitgeist entspricht, können einige wenige Komödienautoren, die auch schon vor der Revolution für das Theater geschrieben haben, Publikumserfolge verbuchen, so z.B. Collin d'Harleville *(Les vieux célibataires,* 1792), Julie Candeille *(Cathérine ou La belle fermière,* 1792), Laya *(L'ami des lois,* 1793) und Fabre d'Eglantine *(s. S. 136).* Insbesondere nach der Wiedereinführung der Zensur 1794 bleibt für die Komödie kaum Spielraum.

Literatur

Carlson (1966), Engler (1992), Hamiche (1973), Hudde (1988), Lioure (1963), Nies (1988), Rodmell (1990), Tissier (1992).

Neuheiten

Dem am aktuellen Geschehen orientierten Theaterbetrieb entspringen zwei neue Gattungen: das *fait historique* und das *mélodrame.*

Fait historique

Das meist einaktige *fait historique* ist aus dem historischen Drama hervorgegangen, das Ereignisse der nationalen Geschichte in Szene setzt. Es stellt oft spontan und in improvisierter Form Ereignisse des aktuellen Tagesgeschehens oder ideologische Leitfiguren wie Heinrich IV. auf die Bühne. Es ist aus dem Stegreif und für den Moment geschrieben und damit wie die Presse ebenso brandaktuell wie kurzlebig.

Literatur

Bérard (1979), Didier (1988).

Mélodrame	Die zweite Neuheit ist das *mélodrame*. Es stammt von ROUSSEAUS *mélodrame Pygmalion* (1755), der *comédie larmoyante,* dem *drame bourgeois* und dem Schauerroman ab und bezeichnet gegen Ende des 18. Jahrhunderts übertrieben sentimentale und pathetische populäre Rührstücke und Schauerdramen in pittoreskem Ambiente. Die melodramatische und angsterregende Handlung der Stücke läuft nach einem stereotypen Schema ab: Die Protagonisten – allesamt tugendhafte, empfindsame, großmütige, heldenhafte junge Chevaliers, unschuldige und tugendsame junge Frauen (die typisierte *vertu persécutée)* oder arme Waisen – werden von grausamen Verrätern und Tyrannen verfolgt. Um der Vernichtung zu entgehen, müssen die Guten zahlreiche außergewöhnliche Gefahren und Abenteuer überstehen. Am Schluss werden sie für ihre Standhaftigkeit und Tugend belohnt, während die Bösen ihre Strafe erhalten. Das spektakuläre Bühnenbild trägt zur Erzeugung einer schaurigen Atmosphäre durch düstere Landschaften, unheimliche Wälder und bedrohliche Ruinen bei. Die Wirkungsintention besteht in der Erzeugung starker Emotionen und einem deutlich moralisierenden Sieg der Tugend. Hauptvertreter ist PIXÉRÉCOURT. Als erstes *mélodrame* gilt seine Dramatisierung des *roman noir Coelina ou L'enfant du mystère* (1800) von DUCRAY-DUMINIL. Doch schon PIXÉRÉCOURTS Stücke *Victor ou L'enfant de la forêt* (1798) und *Le château des Apennins* (1799) weisen die typischen Gattungsmerkmale auf. Auch LOAISEL DE TRÉOGATES Stück *La forêt périlleuse* (1797) gilt als *mélodrame*.
Literatur	Thomasseau (1984), v. Bellen (1927), Sondernummern der *Revue des sciences humaines* (1979) und *Europe* (1987).

Autoren und Werke

Marie-Joseph CHÉNIER

Biografie	Der jüngere Bruder André CHÉNIERS, Marie-Joseph (1764–1811), entscheidet sich nach einem Intermezzo in der Armee für das Theater. In den ersten Jahren der Revolution ist er deren offizieller Dichter. Gleichzeitig wirkt er als Abgeordneter des Nationalkonvents an der Neugestaltung des Staates mit und stimmt für die Hinrichtung des Königs. Unter NAPOLEON hat er wegen seiner antiabsolutistischen und antiklerikalen Gesinnung Schwierigkeiten mit der Zensur. Sein letztes Theaterstück, die Tragödie *Tibère* (1811), wird verboten, weil CHÉNIER durch die Figur des Kaisers Tiberius NAPOLEON direkt angreift. Weitere Dramen sind *Henri VIII* (1791), *Caïus Gracchus* (1792) und *Timoléon* (1794). Sie illustrieren die thematischen Schwerpunkte des Revolutionstheaters.

Hauptwerk	Im November 1789 kommt es zur Aufführung der Tragödie *Charles IX ou La Saint-Barthélemy* (zu deren Vorgeschichte s. S. 130–131), die sofort nach der Premiere ein großer Erfolg ist. Dies liegt nicht zuletzt an TALMA, dem Chef der *Rouges* (s. S. 131), der in der Hauptrolle brilliert. Die fünfaktige Verstragödie thematisiert die unmittelbare Vorgeschichte und die Ereignisse der Bartholomäus-Nacht. Von schlechten Beratern verführt und von einer machthungrigen Mutter, Katharina von Medici, zur Entscheidung gezwungen, ordnet Charles IX das Protestantenmassaker an und verfällt danach dem Wahnsinn.
Kommentar	Die Konfrontation zweier Figurengruppen dient CHÉNIER dazu, gegen die Tyrannei des Absolutismus zu kämpfen und aufklärerische Gedanken wie Toleranz und Freiheit zu beschwören: Auf der einen Seite stehen Charles IX, L'Hôpital und Katharina von Medici, die leicht als LUDWIG XVI., NECKER und die Königin zu entschlüsseln sind. Auf der anderen Seite steht der tolerante und weise Coligny, der Anführer der Hugenotten. CHÉNIERS Tragödien belegen die neo-klassizistische Poetik der Revolutionszeit. Die politische Funktionalisierung des Theaters und der schematisch gezeichneten Figuren (schwacher König, schlechter Berater, toleranter Protestantenführer), ferner die antiklerikale und antiabsolutistische Propaganda zu Gunsten der Aufklärung und der Republik machen deutlich, warum dieses Theaterstück eine große literarische und zugleich historische Rolle spielt. DANTON soll über *Charles IX* gesagt haben: „Si *Figaro* a tué la noblesse, *Charles IX* tuera la royauté."
Literatur	Nach einer 1790 publizierten Version hat CHÉNIER *Charles IX* 1797 überarbeitet. Diese Version findet sich in der Anthologie *Théâtre du XVIIIe siècle*, hg. von J. Truchet, Band 2, Paris: Gallimard (Pléiade) 1974. *De la liberté du théâtre en France,* in: Louis Moland (Hg.), *Théâtre de la Révolution ou Choix de pièces de théâtre qui ont fait sensation pendant la période révolutionnaire,* Paris 1877/ Genf: Slatkine Reprints 1971, S. 103–119. Hamiche (1973), Liéby (1971).

MARÉCHAL

Biografie	Pierre Sylvain MARÉCHAL (1750–1803), Sohn eines Pariser Weinhändlers, studiert Rechtswissenschaft, ist danach als Advokat am Pariser Gerichtshof und dann in der Bibliothèque Mazarine tätig. Wegen seiner Bibel-Parodie *Le livre échappé au Déluge* (1784), die auch noch die atheistische Überzeugung des Autors offenbart, verliert MARÉCHAL seine Stelle. Nach einer Gefängnishaft wegen antiklerikaler Äußerungen (1788) begrüßt er als Republikaner

Gesellschaft und Literatur während der Französischen Revolution: 1789–1799

	die Revolution. Nach dem Sturz ROBESPIERRES interessiert er sich für die kommunistischen Ideen BABEUFS. Später bezieht er gegen NAPOLEON Stellung und setzt seinen Kampf für die Republik fort.
Hauptwerk	Die einaktige Prosakomödie *Le jugement dernier des rois* (1793) ist das bekannteste Theaterstück MARÉCHALS. Vom Autor selbst als „prophétie" bezeichnet, zeigt es die Vision einer Entmachtung aller europäischen Könige und des Papstes durch das Volk. Die weltlichen und kirchlichen Herrscher werden von den Revolutionären auf eine Insel deportiert, wo ein Vulkanausbruch sie vernichtet.
Kommentar	In der Opposition zu den Sansculotten, die sich mit den *bons sauvages* der Insel verbünden, sind die Könige nicht nur politisch die Unterlegenen, sondern auch moralisch, da sie sich untereinander zerfleischen. Die Umkehrung der Machtverhältnisse und die Enthüllung schändlicher Verhaltensweisen sind zu Recht in der Forschung als karnevalesker Umsturz bezeichnet worden (J. Proust). Der Vulkan fungiert als Symbol der Naturgewalt, die zur gerechten Richterin avanciert. Die tragische Verquickung von Realität und Fiktion beweist auch die Tatsache, dass das als „prophétie" bezeichnete Stück einige Monate nach der Hinrichtung LUDWIGS XVI. und wenige Tage vor der der Königin aufgeführt wird. Stilistisch ist *Le jugement dernier des rois* der Revolutionsrhetorik verpflichtet.
Literatur	Ein ausführlich dokumentierter Abdruck findet sich in der Anthologie *Théâtre du XVIIIe siècle*, hg. von J. Truchet, Band 2, Paris: Gallimard (Pléiade) 1974. Dommanget (1950), Hamiche (1973), Proust (1975).

Olympe de GOUGES

Biografie	Marie Olympe AUBRY (1748–1793) nimmt bei ihrer Ankunft in Paris das Pseudonym Olympe de GOUGES an, um ihre einfache Herkunft zu vertuschen. In der Revolution stürzt sie sich in die Politik und verfasst eine Vielzahl patriotischer und sozialkritischer Schriften. Ihre *Déclaration des droits de la femme et de la citoyenne* (1791) ist bereits erwähnt worden *(s. S. 126)*.
Hauptwerke	Als Dramatikerin ist sie schon vor der Revolution mit einer *Le mariage inattendu de Chérubin* betitelten Fortsetzung von BEAUMARCHAIS' *Figaro* in Erscheinung getreten. In ihrem Drama *L'esclavage des noirs,* das 1789 an der Comédie-Française zur Aufführung gelangt, brandmarkt sie die Sklaverei. *Mirabeau aux Champs-Elysées* (1791), *Le couvent ou Les vœux forcés* (1792) und *Le général Dumouriez à Bruxelles ou Les vivandiers* (1793) greifen aktuelle Themen der Revolution auf.

| Literatur | *Œuvres complètes,* hg. von M. Castan, Montauban: Cocagne 1993. Blanc (1989), Cerati (1966), Trouille (1994). |

FABRE D'EGLANTINE

| Biografie | Philippe François Nazaire FABRE (1750–1794), genannt FABRE D'EGLANTINE, kommt mit etwa 30 Jahren als Schauspieler und Sänger nach Paris, wo er als Dramatiker relativ erfolglos sein Glück versucht. In der Revolution tritt er u. a. als Journalist – er ist von 1790 bis 1794 Herausgeber des *Journal par affiches* –, Gründer und Sekretär des Club des Cordeliers, Sekretär DANTONS und schließlich Abgeordneter des Nationalkonvents in Erscheinung. Er ist ferner 1792 einer der Verantwortlichen der Septembermorde. Nachdem er Mitglied des Wohlfahrtsausschusses war, wird er ROBESPIERRE verdächtig und mit den Dantonisten 1794 geköpft. |

| Hauptwerk | Nach Misserfolgen mit den Komödien *Les gens de lettres ou Le poète provincial à Paris* (1787), *Le présomptueux ou L'heureux imaginaire* (1789) sowie seiner Tragödie *Augusta* (1787) gelingt FABRE D'EGLANTINE erst 1790 mit der fünfaktigen Verskomödie *Le Philinte de Molière* der Durchbruch. Er knüpft darin an den *Misanthrope* von MOLIÈRE und ROUSSEAUS *Lettre à d'Alembert* an und stilisiert Alceste zu einem noblen Volkstribun, während der adlige Philinte als egoistischer Opportunist und Kleingeist gezeichnet ist. |

| Literatur | *Le Philinte de Molière,* hg. von J. K. Proud, Exeter: University of Exeter Press 1995. Jacob (1946), von Stackelberg (1985). |

Marquis de SADE

| Biografie | Der Marquis Donatien-Alphonse-François de SADE (1740–1814) entstammt einem provenzalischen Adelsgeschlecht. Nach der Schulausbildung am Collège Louis-le-Grand und einer kurzen militärischen Karriere heiratet er auf Drängen des Vaters die ungeliebte Renée-Pélagie de MONTREUIL, die Tochter eines einflussreichen Präsidenten am Pariser Gerichtshof. Nachdem seine Schwiegermutter wegen seiner zahlreichen sexuellen Affairen seine erbitterte Feindin geworden ist, lässt sie ihn per *lettre de cachet* verhaften. Von 1778 bis 1790 sitzt SADE in Vincennes und in der Bastille. In diesen Jahren entsteht der größte Teil seines umfangreichen Werkes, das er nach 1790 fortsetzt. Durch die Generalamnestie von 1790 befreit, lebt SADE in ärmlichen Verhältnissen. 1801 muss er für den Rest seines Lebens erneut hinter Gitter, weil seine libertinistischen Romane Anstoß erregen. |

Hauptwerke	In seiner Jugend und dann hauptsächlich in der Gefangenschaft verfasst der Marquis de SADE insgesamt 16 Theaterstücke; während der Revolution kommen vier weitere hinzu. 1812 entsteht dann sein letztes Stück, das er für die Anstalt in Charenton verfasst. Das dramatische Werk des Marquis de SADE ist äußerst vielfältig: Es überwiegen Intrigen- und Charakterkomödien nach dem Vorbild des *drame bourgeois,* in denen gute und nach bürgerlichen Wertvorstellungen agierende Adlige sich von bösen und grausamen Aristokraten befreien. Daneben verfasst SADE ein Musikstück *(Tancrède,* 1784), ein Zaubermärchen *(Azélis ou La coquette punie,* vor 1788), eine nationale Tragödie *(Jeanne Laisné ou Le siège de Beauvais,* um 1784). Nach seiner Freilassung bietet er verschiedenen Theatern zahlreiche Stücke an, aber nur zwei gelangen zur Aufführung: *Le comte Oxtiern ou Les malheurs du libertinage* im Jahre 1791 und ein Jahr später *Le suborneur.* Die während der Revolution verfassten Stücke sind ein umgearbeiteter *opéra-comique* und die Komödie *Les antiquaires* (1790/91) sowie die *drames Fanni ou Les effets du désespoir* (um 1790), *Le comte Oxtiern ou Les malheurs du libertinage* (1791) und *Franchise et trahison* (undatiert, aber vermutlich in der Revolutionszeit entstanden).
Oxtiern	Das dreiaktige *drame* in Prosa *Le comte Oxtiern ou Les malheurs du libertinage* zeigt einen typischen SADESCHEN Libertin: Der Comte Oxtiern entführt Ernestine, die Tochter des Colonel Falkenheim, um sie zum Objekt seiner erotischen Ausschweifungen zu machen. Es gelingt Oxtierns Diener und dem Besitzer der Herberge, in die Oxtiern Ernestine gebracht hat, deren Verlobten Herman zu alarmieren, der seine Braut befreit und Oxtiern im Duell tötet.
Kommentar	Die Figurenkonstellation ist nach der Opposition von Tugend und Laster konstruiert. Die Eliminierung des moralisch korrupten und atheistischen Adligen führt mit dem Triumph der Tugend ein bürgerlich-moralisches Ende herbei. *Oxtiern* weist mit der Schwarz-Weiß-Malerei der Figurencharakterisierung, mit Ernestine als verfolgter Unschuld *(vertu persécutée)* sowie mit Fluchtmanövern, Duellen und pathetischen Szenen auf das *mélodrame* voraus.
Literatur	Es liegen zwei Gesamtausgaben der Sadeschen Theaterstücke vor: *Le théâtre de D. A. F. de Sade,* in: *Œuvres complètes,* hg. von J. Brochier, Bände 32–35, Paris: Pauvert 1970; *Théâtre I–III,* in: *Œuvres complètes du Marquis de Sade,* hg. von A. Le Brun und J.-J. Pauvert, Bände 13–15, Paris: Pauvert 1991. *Oxtiern* findet sich zudem in der Anthologie *Théâtre du XVIIIe siècle,* hg. von J. Truchet, Band 2, Paris: Gallimard (Pléiade) 1974. Bauer (1994), Brochier (1970), Link-Heer (1991), Rieger (1990), Roubine (1970).

Biografie	Guilbert de PIXÉRÉCOURT (1773–1844) stammt aus Nancy. 1791 bricht er sein Studium der Rechtswissenschaft ab und emigriert. Vier Jahre später kommt er nach Paris und beginnt seine Theaterkarriere mit *faits historiques (s. S. 132)*. Zwischen 1795 und 1835 beschert er dem französischen Theater über 120 Theaterstücke (davon ca. 60 *mélodrames)*, die im In- und Ausland aufgeführt werden. Im Laufe der Jahre verfasst er auch einige Schriften, die das *mélodrame* dramentheoretisch als Gattung fixieren.
Hauptwerke	Das Stück *Victor ou L'enfant de la forêt* (1798) basiert auf dem gleichnamigen Schauerroman von DUCRAY-DUMINIL und weist, wie auch *Le château des Apennins* (1799), bereits die für die Gattung typischen Merkmale auf. Das dreiaktige Prosastück *Coelina ou L'enfant du mystère* (1800) ist ebenfalls eine Dramatisierung von DUCRAY-DUMINILS gleichnamigem Roman und zeigt die Machenschaften des finsteren Truguelin, der die Heirat von Coelina und Stéphany mit allen Mittel zu verhindern sucht, letztlich aber als Lügner und Betrüger entlarvt wird. Die manichäische Figurenkonstellation, die verfolgte Unschuld und die Aufdeckung von Coelinas Herkunft führen ein moralisierendes Ende herbei.
Kommentar	Schon die Titel der drei *mélodrames* enthalten Schlüsselbegriffe, die die schaurige Handlung evozieren. Als Volkstheater soll das *mélodrame* das einfache, oft noch analphabetische Publikum erreichen. Dies gelingt PIXÉRÉCOURT vor allem durch die betont visuell ausgerichtete Rezeption: Die oben erwähnten Bühnendekorationen tragen wesentlich zur Wirkung der Stücke bei.
Literatur	*Théâtre choisi*, Genf: Slatkine Reprints 1971. Eine moderne Ausgabe liegt nicht vor. Thomasseau (1984).

3 Lied

Überblick	Wie das Theater reagiert auch das Lied spontan auf das Tagesgeschehen. Daher wird eine Verbindung der beiden Gattungen im Theater – wegen seiner großen Popularität hatte das Lied schon lange vor der Revolution die Theaterbühne erobert, wie etwa die Stücke FAVARTS belegen *(s. S. 92–93)* – während der Revolution für die propagandistische und ideologische Einflussnahme auf das Publikum genutzt.
Geschichte	Schon im Verlauf des gesamten Jahrhunderts und insbesondere seit der freizügigen Régence ist das satirische Spottlied fest in der Gesellschaft verankert. Bis hin zum Monarchen nimmt es die per-

sönlichen Feinde oder Gegner des Verfassers aufs Korn, der nicht selten mit Stockschlägen für seine Kühnheit bestraft wurde. In den Salons hat das Lied, oft als „Dessert" zu Tisch, seinen festen Platz. In einigen Salons – etwa bei Mme du DEFFAND oder Mme GEOFFRIN – gibt es gar eigens für den Liedvortrag verpflichtete Sänger. Das frivole, respektlose und Missstände anprangernde Lied ist Sprachrohr der öffentlichen Meinung. Politische, gesellschaftliche und nicht selten pikante Ereignisse werden durch das Lied bekannt und verbreiten sich in Windeseile über ganz Frankreich.

Revolution

Während der Revolution übernimmt das Lied eine starke politische Funktion. Es avanciert auch zum wesentlichen Bestandteil der Revolutionsfeste. Die verschiedenen Parteien benutzen Lieder als politisches Propagandainstrument: So zirkulieren antiroyalistische, antiklerikale und auch antirevolutionäre Lieder. Die bekanntesten Lieder der Revolutionszeit, von denen es ca. 3000 gibt, sind *Ça ira* (1790), die *Carmagnole* (1792), die *Marseillaise* (1792) und der *Chant du départ* (1794) von Marie-Joseph CHÉNIER.

Marseillaise

Die *Marseillaise* entsteht im April 1792. Sie stammt von Claude ROUGET DE LISLE, der das Lied, ursprünglich *Chant de guerre pour l'armée du Rhin* genannt, komponiert, um den Patriotismus der Soldaten im Krieg gegen Preußen und Österreich zu stärken. Nach der ersten überaus erfolgreichen öffentlichen Vorführung des Liedes verbreitet es sich über ganz Frankreich. Als *Hymne des Marseillais* wird es per Dekret vom 14. Juli 1795 zur Nationalhymne erhoben; später erhält es den endgültigen Namen *Marseillaise*.

Literatur

Chansonnier révolutionnaire, hg. von M. Delon und P. E. Levayer, Paris: Gallimard (Folio) 1989. Überliefert sind Lieder auch z. B. in *Chansonniers* oder eingestreut in die Memoiren BACHAUMONTS oder in die mondänen Korrespondenzen.
G. u. G. Marty (1988), Moureau (1989).

4 Lyrik

Bedeutung

Von den revolutionären Ereignissen ist auch die Lyrik der Zeit durchtränkt. Die bedeutendste Dichtergestalt bleibt André CHÉNIER, der den Ausbruch der Revolution in seiner Ode *Le Jeu de Paume* (1789) enthusiastisch besingt und schließlich Opfer der mörderischen Maschinerie der Schreckensherrschaft wird. Im Gefängnis entstehen kurz vor seinem Tod die melancholische Ode *La jeune captive* und die *Iambes (s. S. 115–116)*.

Literatur

Guitton (1995).

5 Erzählprosa

A Roman

Überblick

Der Roman bleibt überaus beliebt und erreicht eine größere Verbreitung durch neue Leserkreise. In den Jahren 1789 und 1790 ist im Roman – im Unterschied zum Theater und zur Lyrik – der Einfluss des aktuellen Tagesgeschehens noch nicht spürbar.

Form

Formal bleibt der Roman dem vorrevolutionären Roman verhaftet. Der Fokussierung auf das Ich trägt der **Briefroman** Rechnung. ROUSSEAU gilt sowohl formal als auch inhaltlich als Vorbild.

Themen

Der **Emigrantenroman** ist eine thematische Neuorientierung der Revolutionszeit, die als Exilliteratur aber erst später mit *Oberman* (1804) von SENANCOUR ihren Höhepunkt erreichen wird. Gabriel SÉNAC DE MEILHAN *(L'émigré*, 1797) und Xavier de MAISTRE *(Voyage autour de ma chambre*, 1794) gelten gleichwohl als Begründer des Emigrantenromans.

Der **historische Roman** ist eher ein pseudo-historischer Roman, weil die Geschichte – wie auch schon der Orient – für ein exotisches Ambiente funktionalisiert wird und eigentlich nur der leicht durchschaubaren Verschlüsselung der Gegenwart dient. Gegen Ende des 18. Jahrhunderts kommt insbesondere im Schauerroman das Mittelalter wieder in Mode. Der historische Roman *Les chevaliers du cygne* (1795) erlaubt Mme de GENLIS, einer erklärten Gegnerin der Aufklärung, ihre monarchistische Position und ihre Ablehnung der Revolution in ein mittelalterliches Gewand zu kleiden.

Neu ist der **Schauerroman** *(roman noir)*, auch **roman gothique** genannt (nach der englischen Gattungsbezeichnung *gothic novel*), der nach der Schreckensherrschaft in Mode kommt und das Bedürfnis nach einer stabilen Ordnung widerspiegelt. Typisierte Figuren stehen sich in einer Gut-Böse-Opposition gegenüber: Die Hauptfigur der Schauerromane ist eine junge und tugendhafte Frau, die von bösen Lüstlingen verfolgt und bedroht wird *(vertu persécutée)*. Während der Verfolgung durchläuft die Heldin düstere Wälder, unwegsame Gebirge und schaurige Schlösser, Ruinen und Verliese. Am Ende siegen das Gute und die heile Welt, während die Bösewichte vernichtet werden. Die enge Beziehung zwischen Schauerroman und *mélodrame* liegt auf der Hand, zumal die ersten *mélodrames* Dramatisierungen von Schauerromanen sind *(s. S. 133)*. Der *roman noir* dient oft auch dazu, die negativen Seiten des Ancien Régime in Horrorszenarios auszumalen. Die repräsentativsten Vertreter sind RÉVÉRONI SAINT-CYR *(Pauliska ou La perversité moderne*, 1798) und DUCRAY-DUMINIL *(Victor ou L'enfant de la forêt*, 1796; *Coelina ou L'enfant du mystère*, 1798).

Der **sentimentale Roman** der Revolutionszeit steht in der Nachfolge BACULARD D'ARNAUDS, LOAISEL DE TRÉOGATES und BERNARDIN DE SAINT-PIERRES. Nach der Schreckensherrschaft erlebt der sentimentale Roman einen neuen Aufschwung, weil er die Möglichkeit zur Flucht in eine gefühlsbetonte und heile Welt bietet. In dem Briefroman *Adèle de Sénanges* (1794) gelingt es Mme de SOUZA, den Konflikt zwischen Liebe, Tugend und Pflicht im Sinne einer konventionellen *sensibilité* zu versöhnen. Der Gefühlskult und das Dekor der Schauerromane verbinden sich im Briefroman *Claire d'Albe* (1799) von Mme COTTIN.

Auch der **erotisch-libertinistische Roman** ist weiterhin populär. Dies zeigen die Fortsetzung des Faublas-Romans von LOUVET DE COUVRAY *(s. S. 103)* und die libertinistischen Romane des Marquis de SADE.

Literatur   Le Brun (1982), Lévy (1973), Nagy (1975).

Autoren und Werke

SÉNAC DE MEILHAN

Biografie   Gabriel SÉNAC DE MEILHAN (1736–1803) wächst als Sohn eines königlichen Leibarztes auf. Nachdem er mehrere hohe Ämter innehatte (u. a. als Berichterstatter im Staatsrat und als Leiter der Intendantur der Armee), aber in seinen Hoffnungen, Minister zu werden, an NECKER scheitert, zieht er sich aus der Politik zurück und legt zunächst seine gesellschaftskritischen Gedanken in der moralistischen Schrift *Considérations sur l'esprit et les mœurs* (1787) nieder. Er emigriert 1791 und gelangt über England, Deutschland und Russland nach Wien, wo er auch stirbt.

Hauptwerk   SÉNAC DE MEILHANS Briefroman *L'émigré* (1797) enthält die Liebesgeschichte zwischen einem französischen Emigranten, dem königstreuen Saint-Alban, und der Frau und späteren Witwe eines deutschen Grafen. Die Liebe endet tragisch, da Saint-Alban gefangen genommen und vor ein Revolutionstribunal gestellt wird, wo er sich nach seinem konterrevolutionären Plädoyer tötet. Die Comtesse verfällt nach seinem Selbstmord dem Wahnsinn und stirbt.

Kommentar   Der polyfone Briefroman ermöglicht es dem Autor, sowohl die *sensibilité* der Liebenden als auch die Konflikte, Gedanken und Gefühle der Emigranten herauszukristallisieren und feinsinnig zu analysieren. Neben der Portraitierung der französischen Emigranten ist auch die im Roman eingebettete Deutung der Revolution aufschlussreich: SÉNAC DE MEILHAN führt die Revolution auf die Schwäche der Monarchie und den Sittenverfall zurück, denunziert aber gleichzeitig auch die Auswüchse der Revolution.

Literatur

Es liegt keine moderne Ausgabe des Romans vor.
Escoube (1984), Vielwahr (1970).

Marquis de SADE

Biografie

Zur Biografie des Marquis de SADE s. S. 136.

Hauptwerke

Nach dem in der Bastille entstandenen libertinistischen Roman *Les cent vingt journées de Sodome* (1785) publiziert SADE die 1787 noch im Gefängnis begonnenen und während der Revolution überarbeiteten Fassungen der Geschichte seiner Heldin Justine. *Justine ou Les malheurs de la vertu* (1791) und dem Briefroman *Aline et Valcour ou Le roman philosophique* (1795) folgen 1797 *La nouvelle Justine* und *Juliette ou Les prospérités du vice*.

Justine und Juliette

Die *Justine*- und *Juliette*-Romane führen in variierenden Episoden die konträren Lebenswege und Schicksale des Schwesternpaares vor: Während Justine die Personifikation von Tugend und Güte ist, verkörpert ihre Schwester Juliette alle lasterhaften Verhaltensweisen. Nach einem leidvollen Lebensweg, auf dem sie jedes denkbare Unglück erlitten hat, stirbt Justine gerade in dem Moment durch einen Blitzschlag, als sie sich endlich glücklich wähnt. Juliette blickt schließlich auf ihr schändliches Leben zurück und zieht sich in ein Kloster zurück.

Kommentar

SADE nimmt die zwei gegensätzlichen Biografien zum Anlass für die Inszenierung des Bösen, das sich in zahlreichen skrupellosen und perversen Verbrechern – die gleichwohl höchste Staatsämter bekleiden (König, Papst, Minister) – offenbart. Im Verlauf der sich stets überbietenden Verbrechen entrollt SADE ein zynisches Panorama der Gesellschaft.

Aline et Valcour

Die tragische Liebesgeschichte von Aline und Valcour entfaltet sich in dem polyfonen Briefroman: Alines Vater weigert sich, ihr die Ehe mit Valcour zu gestatten, da er sie als Gespielin für seinen libertinen Freund Dolbourg vorgesehen hat. Alines Mutter und einige Freunde versuchen vergeblich, den Vater umzustimmen. Als dieser die Ehefrau vergiftet und Aline seinem Freund opfern will, nimmt Aline sich das Leben. Valcour zieht sich in ein Kloster zurück. Genau in der Mitte des Briefromans, als Alines Schicksal noch lange nicht entschieden ist, tauchen ihre totgeglaubte Schwester Léonore und deren Mann Sainville auf. Die Lebensgeschichte des Paares ist in die Briefe an Valcour integriert: Léonore und Sainville flüchten nach Venedig, um einer von den Eltern geplanten Trennung zu entgehen. Doch Léonore wird dort von einem Libertin entführt. Auf der Suche nach ihr umreist Sainville die ganze Welt, gelangt in einen utopischen Staat des Bösen und danach in einen utopischen Staat des Guten, während Léonore ähnliche Abenteuer erlebt, bis das Paar sich in Frankreich wieder findet.

Kommentar

Die in den Briefroman eingebettete Geschichte von Sainville und Léonore ist eine Verschmelzung verschiedener Romantypen (Abenteur-, Reise-, Bildungs- und Schauerroman), die außerdem Platz für ausgedehnte philosophische Exkurse bietet. Wieder zeigt Sade zwei Schwestern, die in starkem Kontrast zueinander stehen: Aline, die sentimentale Heldin des Briefromans, liebt zwar leidenschaftlich, bleibt aber als Briefeschreiberin letztlich passiv und wird so zum Opfer der Libertins. Léonore, die Protagonistin des spannungsreichen Roman-Intermezzos, entwickelt als *vertu persécutée* ungeahnte Kräfte, um brutale Verfolger und Mörder abzuschütteln und unschädlich zu machen. Mit ihr triumphiert die aktive, kraftvolle und situationsmächtige Frau. Insofern ist dieser Roman tatsächlich philosophisch, da SADE die ideale und emanzipierte Frau propagiert, die mittels ihrer praktischen Vernunft die Stärken des eigenen Ich erkennt und damit in der Selbstverwirklichung triumphiert.

Literatur

Œuvres, hg. von M. Delon, Paris: Gallimard (Pléiade) 1990 ff. *Aline et Valcour ou Le roman philosophique,* hg. von J. M. Goulemot, Paris: Le Livre de Poche 1994.
Dubost (1989), Fabre (1968), Hénaff (1978), Seifert (1983), Thomas (1978).

RÉTIF DE LA BRETONNE

Biografie

Zur Biografie *s. S. 108–109.*

Hauptwerk

Der autobiografische Roman *Monsieur Nicolas ou Le cœur humain dévoilé* (1794–1797) knüpft an RÉTIFS frühere autobiografische Werke – z. B. den Briefroman *Le paysan perverti* und das *Drame de ma vie* – an, breitet das Leben des Protagonisten aber weiter aus: Mit dem Bericht des sozialen Aufstiegs vom Bauernsohn zum Buchdrucker und schließlich gefeierten Literaten verbindet RÉTIF ein lebendiges Bild der Gesellschaft und des *homme de lettres.*

Kommentar

Monsieur Nicolas gilt als eine der ersten modernen Autobiografien. Neben der Dokumentation der Situation eines Schriftstellers, seiner Probleme mit der Zensur und seinen Verlegern sowie einer ausufernden Fülle von Fakten, Daten und Details gewährt RÉTIF wie schon ROUSSEAU Einblicke in seine Psyche (s. Untertitel). Die Selbstinszenierung des Autors als literarische Figur führt dazu, dass in der Nachzeichnung des Entstehungsprozesses seiner Werke in *Monsieur Nicolas* schließlich Fiktion und Realität eins werden.

Literatur

Monsieur Nicolas ou Le cœur humain dévoilé, hg. von P. Testud, Paris: Gallimard (Pléiade) 1989.
Testud (1977), Zeitschrift *Etudes rétiviennes.*

B Erzählung

Überblick

Die Erzählung der Revolutionszeit bleibt den Traditionen der vorrevolutionären Erzählmuster weitgehend verhaftet. Die Dialogerzählung wird vom Marquis de SADE aufgegriffen und mit dem erotisch-libertinistischen Inhalt des *conte licencieux* verknüpft. Olympe de GOUGES reiht sich mit *Le prince philosophe* (1792) in die Tradition des *conte oriental* ein. Ihr folgt Mme de STAËL mit *Zulma* (1794).

SADE

SADES Dialogerzählung *La philosophie dans le boudoir ou Les instituteurs libertins* (1795) führt die Einweisung der jungen Eugénie in die Kunst des erotischen Libertinage vor. Ihre Lehrmeister, Dolmancé, Mme de Saint-Ange und deren Bruder, erläutern ihr während der praktischen Unterweisungen – deren Ziel die absolute sexuelle Perversion Eugénies ist – ihre Weltanschauung, die sich auf die Negation christlicher Religion, Metaphysik und Moral gründet. Das in die Handlung eingebettete Pamphlet *Français, encore un effort si vous voulez être républicains* fordert die uneingeschränkte Freiheit des Individuums, die Befreiung von allen sexuellen Tabus und propagiert eine atheistische Überzeugung.

Die Sammlung *Les crimes de l'amour* (1800) umfasst Erzählungen, die der realistischen Tradition folgen und jeweils das Grundthema – inzestuöse Liebesbeziehungen – variieren. Der Mode der Zeit folgend, verfasst SADE dabei eine „nouvelle italienne" und eine „nouvelle suédoise".

Literatur

La philosophie dans le boudoir, hg. von Y. Belaval, Paris: Gallimard (Folio) 1976. *Les Crimes de l'amour,* in: *Œuvres complètes du Marquis de Sade,* hg. von A. Le Brun und J.-J. Pauvert, Band 10, Paris: Pauvert 1988. Die fünf bekanntesten Erzählungen und die erzähltheoretische *Idée sur les romans* finden sich in *Les crimes de l'amour,* hg. von M. Delon, Paris: Gallimard (Folio) 1987.
Blüher (1985), Coulet (1967-68), Godenne (1970), R. Grimm (1988).

6 Maxime

CHAMFORT Der wegen seines Esprit in der mondänen Gesellschaft überaus beliebte Sébastien-Roch Nicolas (1740–1794), genannt CHAMFORT, debütiert 1764 mit dem Theaterstück *La jeune Indienne*. Es folgen die Tragödien *Le marchand de Smyrne* (1770) und *Mustapha et Zéangir* (1776), für die er eine königliche Pension erhält. Er wird 1781 in die Académie française aufgenommen. CHAMFORT zeigt sich zunächst von der Revolution begeistert, wird Sekretär des Club des Jacobins und später Administrator der Bibliothèque Nationale. 1794 wird er verhaftet. Er stirbt an den Verletzungen, die er sich bei einem gescheiterten Selbstmordversuch zugezogen hat.

Hauptwerk Die nach CHAMFORTS Tod von seinem Freund GINGUENÉ unter dem Titel *Maximes et pensées, caractères et anecdotes, fragments inédits* zusammengestellten Fragmente stehen in der Tradition der französischen Moralistik, sind jedoch nicht auf den Menschen allgemein, sondern speziell auf die zeitgenössische Gesellschaft zugeschnitten. In den *Maximes* scheinen die skeptische Haltung dem Ancien Régime gegenüber und die zunächst positive Einschätzung der Revolution deutlich durch.

Literatur *Maximes et pensées, caractères et anecdotes, fragments inédits*, hg. von J. Dagen, Paris: Garnier-Flammarion 1988, und A. Camus, Paris: Gallimard (Folio) 1982.
Arnaud (1988), Renwick (1986).

7 Memoiren, Tagebücher und Briefe

Erinnerungen Die große Anzahl von Memoiren und Autobiografien, die im letzten Jahrzehnt des Jahrhunderts entstehen, entspringen, so versucht man zu begründen, dem Bedürfnis, sich in der blutigen Zeit ins Private und Intime zurückzuziehen und sich aufs Ich zurückzubesinnen.

Formen Die persönlichen Erinnerungen erscheinen in verschiedenen Formen: Neben rückblickenden Memoiren und Autobiografien halten Tagebücher Tag für Tag das Geschehen fest. MARMONTELS Lebenserinnerungen entstehen fernab vom Geschehen in Paris in der Normandie *(Mémoires d'un père pour servir à l'instruction des enfants*, pub. 1800). In diesen Lebenserinnerungen lässt MARMONTEL seine bilderbuchartige Karriere als Literat, Journalist und Mitarbeiter der *Encyclopédie* Revue passieren. Dagegen sind die im Gefängnis entstandenen diversen *Mémoires* von Mme ROLAND nur Bruchstücke eines Lebensbildes, das in der Erwartung der Vollstreckung des Todesurteils entsteht (s. u.). Die Erlebnisse der Revolution prägen auch die nachfolgende Schriftstellergeneration – CHATEAUBRIAND, Mme de STAËL, CONSTANT –, die in Erinnerungen und Essais die politischen Ereignisse reflektiert.

Briefe

Zeugnisse des Tagesgeschehens und Spiegel der persönlichen Situation sind auch Briefe, die im Gefängnis oder Exil geschrieben werden. Der Briefwechsel zwischen dem inhaftierten DESMOULINS und seiner Frau Julie oder auch die Briefe Mme ROLANDS gewähren ergreifende Einblicke in das Innere der Schreibenden.

Mme ROLAND

Aus kleinbürgerlichen Verhältnissen stammend, heiratet die kluge Manon Phlipon (1754–1793) 1780 den viel älteren Inspektor der Manufakturen in Amiens, ROLAND DE LA PLATIÈRE. Sie versammelt mit ihrem Mann, der 1792 Sekretär der Société des Jacobins wird, in ihrem Salon in der Rue Guénégaud die führenden Köpfe der *Gironde*. Angesichts der blutigen Auswüchse der Revolution zieht sich das Ehepaar jedoch im Januar 1793 aus der Politik zurück. Mme ROLAND wird Ende Mai 1793 verhaftet und einige Monate später hingerichtet. Im Gefängnis schreibt sie zahlreiche Briefe und ihre Memoiren (1795 postum veröffentlicht), die in zwei Bereiche zerfallen: Zum einen kommentiert sie die Politik und die politische Karriere ihres Mannes und fertigt Portraits führender Girondisten an. Zum anderen besinnt sie sich auf sich selbst zurück, lässt ihr Leben Revue passieren und berichtet freimütig über ihre Gefühle und ihre Liebesbeziehungen. In diesen Schilderungen ist eine präromantische *sensibilité* erkennbar, die – neben den literarischen Qualitäten von Mme ROLAND – bei den Romantikern großen Anklang findet.

Literatur

Mémoires, hg. von P. de Roux, Paris: Mercure de France 1986.
Chaussinand-Nogaret (1985), May (1964), Treves (1994).

Literatur

Bibliographien

CABEEN, David C. (1951): *A Critical Bibliography of French Literature: Eighteenth Century,* Syracuse: Univ. Press; *Supplement,* Syracuse: Univ. Press 1968.

CIORANESCU, Alexandre (1969): *Bibliographie de la littérature française du XVIIIe siècle,* Paris: CNRS.

CONLON, Pierre M. (1970–1975): *Prélude au siècle des Lumières en France. Répertoire chronologique de 1680 à 1715,* Genf: Droz.

CONLON, Pierre M. (1983 ff.): *Le Siècle des Lumières. Bibliographie chronologique,* Genf: Droz.

KLAPP, Otto (1956 ff.): *Bibliographie der französischen Literaturwissenschaft,* Frankfurt a.M.: V. Klostermann.

Literaturgeschichten, Literaturlexika und Fachzeitschriften

DELON, Michel (Hg.) (1997): *Dictionnaire européen des Lumières,* Paris: PUF.

GRENTE, Georges/MOUREAU, François (Hg.) (1995): *Dictionnaire des Lettres françaises. Le XVIIIe siècle,* Paris: Fayard.

ABRAHAM, Pierre/DESNÉ, Roland (Hg.) (1965–1982): *Manuel d'histoire littéraire de la France,* Paris: Editions sociales.

DELON, Michel/MALANDAIN, Pierre (1996): *Littérature du XVIIIe siècle,* Paris: PUF.

DELON, Michel/MAUZI, Robert/MENANT, Sylvain (1984): „De l'*Encyclopédie* aux *Méditations, 1750–1820*", in: Claude Pichois (Hg.): *Littérature française/poche,* Band 6, Paris: Arthaud.

DIDIER, Béatrice (1976): „Le XVIIIe siècle III. 1778–1820", in: Claude Pichois (Hg.): *Littérature française,* Band 11, Paris: Arthaud.

DIDIER, Béatrice (1987): *Le siècle des Lumières,* Paris: MA Editions.

DIDIER, Béatrice (1988): *La littérature de la Révolution française,* Paris: PUF.

DIDIER, Béatrice (1992): *Histoire de la littérature française du XVIIIe siècle,* Paris: Nathan.

EHRARD, Jean (1974): „Le XVIIIe siècle I. 1720–1750", in: Claude Pichois (Hg.): *Littérature française,* Band 9, Paris: Arthaud.

GRIMM, Jürgen (Hg.) (^{3}1994): *Französische Literaturgeschichte,* Stuttgart/Weimar: Metzler.

KÖHLER, Erich (1983–1984): „Frühaufklärung", „Aufklärung I und II", in: *Vorlesungen zur Geschichte der französischen Literatur,* hg. von Henning Krauß und Dietmar Rieger, Stuttgart: Kohlhammer.

KRAUß, Henning (Hg.) (1988): *Literatur der Französischen Revolution. Eine Einführung,* Stuttgart: Metzler.

MAUZI, Robert (Hg.) (1990): *Précis de littérature française du XVIIIe siècle,* Paris: PUF.

MAUZI, Robert/MENANT, Sylvain / EHRARD, Jean (1977): „Le XVIIIe siècle II. 1750–1778", in: Claude Pichois (Hg.): *Littérature française,* Band 10, Paris: Arthaud.

POMEAU, René/EHRARD, Jean (1984): „De Fénelon à Voltaire, 1680–1750", in: Claude Pichois (Hg.): *Littérature française/poche,* Band 5, Paris: Arthaud.

RENAUD, Jean (1994): *La littérature française du XVIIIe siècle,* Paris: Colin.

SGARD, Jean (1998): *Dictionnaire de la presse,* Oxford: Voltaire Foundation.

VERSINI, Laurent (1988): *Le XVIIIe siècle. Littérature française,* Nancy: Presses univ. de Nancy.

Dix-huitième siècle (Zeitschrift), Paris: Garnier ab 1969, seit 1984 PUF.

Studies on Voltaire and the Eighteenth Century (Zeitschrift), Oxford: Voltaire Foundation/ Paris: Universitas 1955 ff.

Ausgewählte und zitierte Forschungsliteratur

ACKE, Daniel (1993): *Vauvenargues moraliste. La synthèse impossible de l'idée de nature et de la pensée de la diversité,* Köln: Janus-Verl.-Gesellschaft.

ARNAUD, Claude (1988): *Chamfort. Biographie suivie de 70 maximes, anecdotes, mots et dialogues inédits ou jamais réédités,* Paris: Laffont.

BAADER, Renate (1976): *Wider den Zwang der Geburt. Marivaux' große Romane und ihre Wirkung,* München: Fink.

BAASNER, Frank (1988): *Der Begriff „sensibilité"* *im 18. Jahrhundert*, Heidelberg: Winter.

BADINTER, Emilie und Robert (1988): *Condorcet (1743–1974). Un intellectuel en politique*, Paris: Fayard.

BAKER, Keith-Michael (1988): *Condorcet. Raison et politique*, Paris: Hermann.

BARBIER, Pierre/VERNILLAT, France (²1957): *Histoire de la France par les chansons*, Band 4 „La Révolution", Paris: Gallimard.

BARGUILLET, Françoise (1981): *Le Roman français au XVIIIᵉ siècle*, Paris: PUF.

BARGUILLET, Françoise (1991): *Rousseau ou l'illusion passionnée. Les rêveries du promeneur solitaire*, Paris: PUF.

BARUCH, Daniel (1996): *Restif de la Bretonne*, Paris: Fayard.

BARUZZI, Arno (Hg.) (1968): *Aufklärung und Materialismus im Frankreich des 18. Jahrhunderts. La Mettrie, Helvétius, Diderot, Sade*, München: List.

BAUER, Cerstin (1994): *Triumph der Tugend. Das dramatische Werk des Marquis de Sade*, Bonn: Romanistischer Verlag.

BEHRENS, Rudolf (1994): *Umstrittene Theodizee, erzählte Kontingenz: Die Krise theologischer Weltdeutung und der französische Roman (1670–1770)*, Tübingen: Niemeyer.

BELLEN, Eise C. van (1927): *Les origines du Mélodrame*, Utrecht: Kemink.

BÉNICHOU, Paul (1973): *Le sacre de l'écrivain 1750–1830*, Paris: José Corti.

BENREKASSA, Georges (1987): *Montesquieu, la liberté et l'histoire*, Paris: Librairie générale française.

BÉRARD, Suzanne Jean (1979): „Une curiosité du théâtre à l'époque de la Révolution, les 'faits historiques et patriotiques'", in: *Romanistische Zeitschrift für Literaturgeschichte* 3, S. 250–277.

BIERMANN, Karlheinrich (1978): „Mercier: Der Literat, das Volk und die öffentliche Meinung. Das Selbstverständnis des Schriftstellers in der Spätaufklärung und die Propagierung neuer Gattungen", in: *Lendemains* 11, S. 11–23.

BLANC, Olivier (1989): *Une femme de libertés: Olympe de Gouges*, Paris: Syros.

BLOCH, Olivier (Hg.) (1982): *Le Matérialisme du XVIIIᵉ siècle et la littérature clandestine*, Paris: Vrin.

BLUCHE, François (1993): *L'Ancien Régime: institutions et société*, Paris: Le Livre de Poche.

BLÜHER, Karl Alfred (1985): *Die französische Novelle*, Tübingen: UTB.

BOÈS, Anne (1982): „La lanterne magique de l'histoire: essai sur le théâtre historique en France de 1750 à 1789", in: *Studies on Voltaire and the Eighteenth Century* 213.

BONNEL, Roland Guy (1995): „Gouges et la carrière dramatique", in: S. Hartigan (Hg.): *Femmes et pouvoir*, Moncton: Les Editions d'Acadie, S. 65–96.

BONNET, Jean-Claude (Hg.) (1988): *La Carmagnole des muses. L'homme de lettres et l'artiste sous la Révolution*, Paris: Colin.

BOURDIN, Jean-Claude (Hg.) (1996): *Les Matérialistes au XVIIIᵉ siècle*, Paris: Payot.

BRAUDEL, Fernand/LABROUSSE, Ernest (Hg.) (1970): *Histoire économique et sociale de la France*, Band 2: „Des derniers temps de l'âge seigneurial aux préludes de l'âge industriel (1660–1789)", Paris: PUF.

BROCHIER, Jean-Jacques (1970): „Le théâtre de D.A.F. de Sade", in: Sade: *Œuvres complètes*, Band 32, Paris: Pauvert, S. 11–33.

CARLSON, Marvin (1966): *The Theatre of the French Revolution*, Ithaca, New York: Cornell Univ. Press.

CASSIRER, Ernst (³1973): *Die Philosophie der Aufklärung*, Tübingen: Mohr.

CASTRIES, René de (1986): *La scandaleuse Madame de Tencin*, Paris: Perrin.

CAZENOBE, Colette (1991): *Le système du libertinage de Crébillon à Laclos*, Oxford: Voltaire Foundation.

CERATI, Marie (1966): *Le club des citoyennes républicaines révolutionnaires*, Paris: Editions sociales.

CHARTIER, Roger (1987): *Lectures et lecteurs dans la France d'Ancien Régime*, Paris: Seuil.

CHARTIER, Roger (1990): *Les origines intellectuelles de la Révolution française*, Paris: Seuil.

CHAUSSINAND-NOGARET, Guy (1979): *La vie quotidiennne des Français sous Louis XV*, Paris: Hachette.

CHAUSSINAND-NOGARET, Guy (1985): *Mme Roland, une femme en Révolution*, Paris: Seuil.

CHÉDIN, Renate (1968): *L. S. Merciers Tableau de Paris. Eine kritische Betrachtung*, München: Frank.

CHEVALLIER, Pierre (1974): *Histoire de la franc-maçonnerie française. I. La maçonnerie: École de l'égalité (1725–1799)*, Paris: Fayard.

CHOUILLET, Jacques (1977): *Diderot*, Paris: SEDES.

CHOUILLET, Jacques (1984): *Diderot poète de l'énergie*, Paris: PUF.

CHUPEAU, Jacques (1993): *Un nouvel art du roman. Techniques narratives et poésie romanesque dans „Les Illustres Françaises" de Robert Challe*, Caen: Paradigme.

COIRAULT, Yves (1965): *L'Optique de Saint-Simon*, Paris: Colin.

CONESA, Gabriel (1985): *La trilogie de Beaumarchais*, Paris: PUF.

COOK, Malcolm C. (1992): *Fictional France. Social reality in the French novel. 1775–1800*, Providence, New York/Oxford/München: Berg.

CORMIER, Jacques (1995/96): *„Les Illustres Françaises*. Un nouvel art du roman à l'aube du XVIIIᵉ siècle", in: *Eighteenth-Century Fiction* 8, S. 1–14.

COULET, Henri (1967–68): *Le Roman jusqu'à la Révolution*, Paris: Colin.

COULET, Henri (1975): *Marivaux romancier. Essai sur l'esprit et le cœur dans les romans de Marivaux*, Paris: Colin.

COWARD, David (1991): *The Philosophy of Restif de la Bretonne*, Oxford: The Alden Press.

CRÉPEL, Pierre/GILAN, Ch. (Hg.) (1988): *Condorcet. Mathématicien, économiste, philosophe, homme politique.* Colloque international, Paris: Minerve.

CURTIS, Judith (1994): *„Madame de Graffigny in 1744"*, in: Roland Bonnel/Catherine Rubinger (Hg.): *Femmes savantes et femmes d'esprit. Woman intellectuals of the French Eighteenth Century*, New York/Frankfurt a. M.: Peter Lang, S. 129–154.

DABBAH EL-JAMAL, Choukri (1995): *Le vocabulaire du sentiment dans le théâtre de Marivaux*, Paris: Champion.

DAGEN, Jean (1977): *L'histoire de l'esprit humain de Fontenelle à Condorcet*, Paris: Klincksieck.

DANIEL, George Bernard (1964): *The development of the „Tragédie nationale" in France from 1552–1800*, Chapel Hill: Univ. Press.

DARNTON, Robert (1983): *Bohème littéraire et Révolution: le monde des livres au XVIIIᵉ siècle*, Paris: Seuil

DARNTON, Robert (1984): *La fin des Lumières. Mesmérisme et Révolution*, Paris: Perrin.

DARNTON, Robert (1991): *Edition et sédition: l'univers de la littérature clandestine au XVIIIᵉ siècle*, Paris: Gallimard.

DARNTON, Robert (1992a): *Gens de lettres, gens du livre*. Ort: Odile Jacob.

DARNTON, Robert (1992b): *L'Aventure de l'Encyclopédie (1775–1800). Un best-seller au siècle des Lumières*, Paris: Seuil.

DARNTON, Robert (1995): *The forbidden best-sellers of pre-revolutionary France*, New York/London: W. W. Norton.

DEGUY, Michel (1986): *La machine matrimoniale ou Marivaux*, Paris: Gallimard.

DELLEY, Raymond (1993): *La passion, l'obstacle et le roman. Etude sur „Les Illustres Françaises" de Robert Challe*, Bern/Berlin/Frankfurt a. M./New York/Paris/Wien: Peter Lang.

DELOFFRE, Frédéric (²1971): *Une préciosité nouvelle: Marivaux et le marivaudage*, Paris: Colin.

DELON, Michel (1979): *„Dix ans d'études sadiennes"*, in: *Dix-huitième Siècle* 11, S. 393–426.

DELON, Michel (1986): *Les liaisons dangereuses*, Paris: PUF.

DELON, Michel (1988): *L'Idée d'énergie au tournant des Lumières. 1770–1820*, Paris: PUF.

DELON, Michel/DROST, Wolfgang (Hg.) (1989): *Le regard et l'objet. Diderot critique d'art*, Heidelberg: Winter.

DENIS, Michel/BLAYAU, Noël (1970): *Le XVIIIᵉ siècle*, Paris: Colin.

DESCOTES, Maurice (1964): *Le public de théâtre et son histoire*, Paris: PUF

DESGRAVES, Louis (1988): *Répertoire des ouvrages et des articles sur Montesquieu*, Genf: Droz.

DESGRAVES, Louis (1994): *Montesquieu, l'œuvre et la vie*, Bordeaux: L'Esprit du Temps.

DESNÉ, Roland (1965): *Les matérialistes français de 1750–1800*, Paris: Buchet/Chastel.

DIDIER, Béatrice (1985): *La musique des Lumières*, Paris: PUF.

DIDIER, Béatrice (1994): *Beaumarchais ou la passion du drame*, Paris: PUF.

DIECKMANN, Herbert (1959): *Cinq leçons sur Diderot*, Genf: Droz/Paris: Minard.

DIRSCHERL, Klaus (1985): *Der Roman der Philosophen. Diderot – Rousseau – Voltaire*, Tübingen: Narr.

DOMMANGET, Maurice (1959): *Sylvain Maréchal, l'homme sans dieu*, Paris: Spartacus.

DORNIER, Carole (1994): *Le discours de maîtrise du libertin. Etude sur l'œuvre de Crébillon*, Paris: Klincksieck.

DUBOST, Jean-Pierre (1989): „Der Weg ist nunmehr vorgezeichnet....". Sade und die Französische Revolution, Stuttgart: Schwartz.

DUBY, Georges/MANDROU, Robert (³1968): Histoire de la civilisation française, Band 2: XVIIe – XXe siècle, Paris: Colin.

DUTRAIT, Maurice (1970): Etude sur la vie et le théâtre de Crébillon (1654–1762), Bordeaux 1895/Genf: Slatkine Reprints.

EHRARD, Jean (1965): Politique de Montesquieu, Paris: Colin.

EHRARD, Jean (Hg.) (1972): De l'Encyclopédie à la Contre-Révolution: Jean-François Marmontel (1723–1799), Clermont-Ferrand: G. de Bussac.

ENGLER, Winfried (1992): „Theaterrevolution – Revolutionstheater." in: Winfried Engler (Hg.) (1992): Die Französische Revolution. Vorträge einer Sendereihe im Rahmen der RIAS-Funkuniversität, Stuttgart: Steiner.

ESCOUBE, Pierre (1984): Sénac. De la France de Louis XV à l'Europe des émigrés, Paris: Perrin.

FABRE, Jean (1963): Lumières et romantisme, Paris: Klincksieck.

FABRE, Jean (1968): „Sade et le roman noir", in: Le Marquis de Sade, colloque du Centre aixois d'études et de recherches sur le dix-huitième siècle sous la présidence de Jean Fabre, Paris: Colin, S. 253–278.

FAIVRE, Antoine (1973): L'ésotérisme au XVIIIe siècle en France et en Allemagne, Paris: Seghers.

FEYEL, Gilles (1998): L'annonce et la nouvelle. La presse d'information en France sous l'Ancien Régime (1630–1788), Oxford: Voltaire Foundation.

FONTIUS, Martin (1979a): „Theaterdebatten in der französischen Aufklärung", in: Renate Petermann/Peter-Volker Springborn (Hg.): Theater und Aufklärung. Dokumentation zur Ästhetik des französischen Theaters im 18. Jahrhundert, München/Wien: Hanser, S. 7–39.

FONTIUS, Martin (1979b): „Zur Ästhetik des bürgerlichen Dramas", in: Winfried Schröder (Hg.): Französische Aufklärung. Bürgerliche Emanzipation, Literatur und Bewusstseinsbildung, Leipzig: Reclam, S. 403–477.

FRANTZ, Pierre (1979): „Appropriation bourgeoise et populaire de l'histoire nationale dans le drame historique de S. Mercier", in: Romanistische Zeitschrift für Literaturgeschichte 3, S. 319–334.

FREUND, Max (1903): Die moralischen Erzählungen Marmontels. Eine weit verbreitete Novellensammlung. Ihre Entstehungsgeschichte, Charakteristik und Bibliographie, Halle a. d. S.: Niemeyer.

FUNKE, Hans-Günter (1972): Crébillon fils als Moralist und Gesellschaftskritiker, Heidelberg: Winter.

FURET, François (1988): La Révolution de Turgot à Jules Ferry, 1770–1880, Paris: Hachette.

FURET, François/HALÉVI, Ran (Hg.) (1989): Orateurs de la Révolution, Paris: Gallimard (Pléiade).

FURET, François/OZOUF, Mona (1988): Dictionnaire critique de la Révolution française, Paris: Flammarion.

GAIFFE, Félix (1970): Le drame en France au XVIIIe siècle, Paris 1910/Reprint Paris: Colin.

GASCAR, Pierre (1983): Buffon, Paris: Gallimard.

GASCAR, Pierre (1989): Les écrivains de la Révolution, Paris: Gallimard.

GÉRAUD, Violaine (1995): La lettre et l'esprit de Crébillon, Paris: CDU-SEDES.

GERHARDI, Gerhard C. (1983): Geld und Gesellschaft im Theater des Ancien Régime, Heidelberg: Winter.

GILOT, Michel (1975): Les journaux de Marivaux. Itinéraire moral et accomplissement esthétique, Paris: Champion.

GLOTZ, Marguerite/MAIRE, Madeleine (1949): Salons du XVIIIe siècle, Paris: Nouvelles Ed. Latines.

GODENNE, René (1969): „Agréable diversité des œuvres badines du Comte de Caylus", in: Dix-huitième siècle 1, S. 251–266.

GODENNE, René (1970): Histoire de la nouvelle française aux XVIIe et XVIIIe siècles, Genf: Droz.

GOLDZINK, Jean (1989): Charles-Louis de Montesquieu: Lettres persanes. Etudes littéraires, Paris: PUF.

GOLDZINK, Jean (1994): Voltaire, Paris: Hachette.

GOODMAN, Dena (1994): The Republic of Letters. A Cultural History of the French Enlightenment, Ithaca, New York/London: Cornell Univ. Press.

GOUBERT, Pierre/ROCHE, Daniel (1984): Les

Français et l'Ancien Régime, Paris: Colin.

GOUBIER, Geneviève (Hg.) (1996): Marivaux et les Lumières. L'éthique d'un romancier, Aix-en-Provence: Publications de l'Université de Provence.

GOYARD-FABRE, Simone (1972): La philosophie des Lumières, Paris: Klincksieck.

GOYARD-FABRE, Simone (1993): Montesquieu, la nature, les lois, la liberté, Paris: PUF.

GREWE, Andrea (1989): Monde renversé – Théâtre renversé. Lesage und das Théâtre de la Foire, Bonn: Romanistischer Verlag.

GRIEDER, Josephine (1985): Anglomania in France 1740–1789. Fact, Fiction, and political discourse, Genf: Droz.

GRIMM, Reinhold R. (1988): „»Les délices du nouveau régime« – Der Marquis de Sade und die französische Revolution", in: Henning Krauß (Hg.): Literatur der Französischen Revolution. Eine Einführung, Stuttgart: Metzler, S. 228–246.

GUITTON, Edouard (1974): Jacques Delille (1738–1813) et le poème de la nature en France de 1750 à 1820, Paris: Klincksieck.

GUITTON, Edouard (Hg.) (1995): Les Poètes sous la Terreur. De l'événement au mythe, in: Cahiers Roucher 15.

GUMBRECHT, Hans Ulrich (1981): „Das französische Theater des 18. Jahrhunderts als Medium der Aufklärung", in: Hans Ulrich Gumbrecht/Rolf Reichhardt/Thomas Schleich (Hg.): Sozialgeschichte der Aufklärung in Frankreich, München/Wien: Oldenbourg, S. 66–88.

GUSDORF, Georges (1971): Les principes de la pensée au siècle des Lumières, Paris: Payot.

HABERMAS, Jürgen (1962): Strukturwandel der Öffentlichkeit. Untersuchungen zu einer Kategorie der bürgerlichen Gesellschaft, Neuwied/Berlin.

HAECHLER, Jean (1995): L'Encyclopédie de Diderot et de Jaucourt. Essai biographique sur le chevalier Louis de Jaucourt, Paris: Champion.

HAMICHE, Daniel (1973): Le théâtre et la Révolution, Paris: U.G.E.

HAZARD, Paul (²1961): La crise de la conscience européene (1680–1715), Paris: Boivin.

HELLEGOUARC'H, Jacqueline (Hg.) (1997): L'art de la conversation. Anthologie, Paris: Classiques Garnier.

HÉNAFF, Marcel (1978): Sade, l'invention du corps libertin, Paris: PUF.

HINCK, Walter (1974): „Die europäische Komödie der Aufklärung", in: Neues Handbuch der Literaturwissenschaft 11. Europäische Aufklärung I, Frankfurt a. M.: Athenaion, S. 119–136.

HOFER, Hermann (1977): Louis-Sébastien Mercier précurseur et sa fortune, München: Fink.

HOFFMANN-LIPONSKA, Aleksandra (1979): Destouches et la comédie moralisante, Poznan.

HOWARTH, William D. (1978): „The playwright as preacher. Didactism and Melodrama in the French Theatre of the Enlightenment", in: Forum of Modern Language Studies 14, S. 97–115.

HOWARTH, William D. (1995): Beaumarchais and the theatre, London/New York: Routledge.

HUDDE, Hinrich (1977): „Die literarische Gattung Utopie. Forschungsbericht unter besonderer Berücksichtigung der französischen Literatur", in: Romanistische Zeitschrift für Literaturgeschichte 1, S. 132–143.

HUDDE, Hinrich (1988): „«Le vrai thermomètre de l'esprit public» — Das Theater während der Französischen Revolution", in: Henning Krauß (Hg.): Literatur der Französischen Revolution. Eine Einführung, Stuttgart: Metzler, S. 51–93.

IACUZZI, Alfred (1932): The European Vogue of Favart: the Diffusion of the Opéra-Comique, New York: Institute of French Studies.

JACKSON, Elizabeth R. (1993): „Secrets observateurs...". La poésie d'André Chénier, Paris: Nizet.

JACOB, Louis (1946): Fabre d'Eglantine: Chef des „Fripons", Paris: Hachette.

JAKUBEC, Doris/CANDAUX, Jean-Daniel (Hg.) (1994): Une Européenne. Isabelle de Charrière en son siècle. Actes du Colloque de Neuchâtel (11–13 Nov. 1993), Hauterive-Neuchâtel: Gilles Attinger.

JAUSS, Hans Robert (1961): „Diderots Paradox über das Schauspiel", in: Germanisch-Romanische Monatsschrift 11, S. 380–413.

JAUSS, Hans Robert (1964): „Ästhetische Normen und geschichtliche Reflexion der ‚Querelle des Anciens et des Modernes'", in: Charles Perrault: Parallèle des Anciens et des Modernes, München: Eidos.

JEAN, Raymond (1989): La dernière nuit d'André Chénier, Paris: A. Michel.

JOMARON, Jacqueline de (Hg.) (1988–1989): Le théâtre en France, Paris: Colin.

JONES-DAY, Shirles (1994): „Madame de Gomez and the Novel", in: Roland Bonnel/Catherine Rubinger (Hg.): *Femmes savantes et femmes d'esprit. Woman intellectuals of the French Eighteenth Century*, New York/Frankfurt a. M.: Peter Lang, S. 77–98.

JURT, Joseph (1978): „Die Sklaven- und Kolonialfrage in L.-S. Merciers *L'an 2440* bis zur Französischen Revolution", in: *Lendemains* 3, S. 53–65.

KAFKER, Frank A. (1996): *The Encyclopedists as a group. A collective biography of the authors of the „Encyclopédie"*, Oxford: Voltaire Foundation.

KALVERKÄMPER, Hartwig (1989): „Kolloquiale Vermittlung von Fachwissen im frühen 18. Jahrhundert. Gezeigt an den *Entretiens sur la Pluralité des Mondes* (1686) von Fontenelle", in: Brigitte Schlieben-Lange (Hg.): *Fachgespräche in Aufklärung und Revolution*, Tübingen: Niemeyer, S. 17–80.

KNABE, Peter-Eckhard (1972): *Schlüsselbegriffe des kunsttheoretischen Denkens in Frankreich von der Spätklassik bis zum Ende der Aufklärung*, Düsseldorf: Schwann.

KRAUSS, Werner (1969): „Die Theorie des Fortschritts. – Ihre Möglichkeiten und Grenzen", in: ders., *Fontenelle und die Aufklärung*, München: Fink.

KRAUSS, Werner (1972): *Literatur der französischen Aufklärung*, Darmstadt: Krömer.

KULESSA, Rotraud von (1997): *Françoise de Graffigny: Lettres d'une Péruvienne. Interpretation, Genese und Rezeption eines Briefromans aus dem 18. Jahrhundert*, Stuttgart/Weimar: Metzler.

LANCASTER, Henry C. (1950): *French Tragedy in the Time of Louis XV and Voltaire, 1715–1774*, Baltimore/London/Paris: John Hopkins Press.

LANCASTER, Henry C. (1953): *French Tragedy in the Reign of Louis XVI and the early years of the French Revolution, 1774–1792*, Baltimore: John Hopkins Press.

LANSON, Gustave (1970): *Nivelle de la Chaussée et la comédie larmoyante*, Paris ²1903/ Genf: Slatkine Reprints.

LARRÈRE, Catherine (1992): *L'Invention de l'économie au XVIIIᵉ siècle. Du droit naturel à la physiocratie*, Paris: PUF.

LARTHOMAS, Pierre (²1989): *Le théâtre en France au XVIIIᵉ siècle*, Paris: PUF.

LAUFER, Roger (1971): *Lesage ou le métier de romancier*, Paris: Gallimard (nrf).

LE BRUN, Annie (1982): *Les châteaux de la subversion*, Paris: Gallimard.

LE ROY LADURIE, Emmanuel (1991): *L'Ancien Régime. De Louis XIII à Louis XV 1610–1770*, Paris: Hachette.

LE ROY LADURIE, Emmanuel (1997): *Saint-Simon ou le système de la Cour*, Paris: Fayard.

LE RU, Véronique (1994): *D'Alembert, Jean Le Rond. Philosophe*, Paris: Vrin.

LENEL, S. (1970): *Un homme de lettres au XVIIIᵉ siècle. Marmontel, d'après des documents nouveaux et inédits*, Paris 1902/Reprint Genf: Slatkine.

LEPAPE, Pierre (1991): *Diderot*, Paris: Flammarion.

LÉVY, Maurice (1973): *Images du roman noir*, Paris: Losfeld.

LIÉBY, Adolphe (1971): *Etudes sur le théâtre de Marie-Joseph Chénier*, Paris: 1901/Genf: Slatkine Reprints.

LINK-HEER, Ursula (1991): „Was the «divine Marquis» an Advocate of Virtue? Remarks on the Paradox of the Sadian Theatre", in: Peter Wagner (Hg.): *Erotica and the Enlightenment*, Frankfurt a. M./Bern/New York/Paris: Peter Lang, S. 70–89.

LIOURE, Michel (1973): *Le drame de Diderot à Ionesco*, Paris: Colin.

LOUGH, John (1978): *Writer and Public in France from the Middle Ages to the Present Days*, Oxford: Clarendon Press.

LÜSEBRINK, Hans-Jürgen/TIETZ, Manfred (Hg.) (1991): *Lectures de Raynal. L'Histoire des deux Indes en Europe et en Amérique au XVIIIᵉ siècle*. Actes du colloque de Wolfenbüttel, Oxford: Voltaire Foundation.

MANDROU, Robert (³1974): *La France aux XVIIᵉ et XVIIIᵉ siècles*, Paris: PUF.

MARCHAL, Roger (1997): *Fontenelle à l'aube des Lumières*, Paris: Champion.

MARTINO, Pierre (1970): *L'Orient dans la littérature française au XVIIᵉ et au XVIIIᵉ siècle*, Paris 1906/Reprint Genf: Slatkine.

MARTY, Ginette und Georges (1988): *Dictionnaire des chansons de la Révolution (1787–99)*, Paris: Tallandier.

MASS, Edgar/KNABE, Peter-Eckhard (1985): *L'Encyclopédie et Diderot*, Köln: dme.

MASSEAU, Didier (1994): *L'invention de l'intellectuel dans l'Europe du XVIIIᵉ siècle*, Paris: PUF.

MAY, Georges (1963): *Le Dilemme du roman au XVIIIe siècle, 1715–1761*, Paris: PUF.

MAY, Gita (1964): *De J.-J. Rousseau à Mme Roland. Essai sur la sensibilité préromantique et révolutionnaire*, Genf: Droz.

MELANÇON, Benoît (1996): *Diderot épistolier. Contribution à une poétique de la lettre familière au XVIIIe siècle*, préf. de Roland Mortier, Québec: Fides.

MENANT, Sylvain (1981): *La chute d'Icare. La crise de la poésie française (1701–1759)*, Genf: Droz.

MENANT, Sylvain (1994): *Littérature par alphabet. Le Dictionnaire philosophpique de Voltaire*, Paris: Champion.

MENANT, Sylvain (1995): *L'esthétique de Voltaire*, Paris: SEDES.

MÉNIL, Alain (1995): *Diderot et le drame. Théâtre et politique*, Paris: PUF.

MERVAUD, Christiane (1994): *Le „Dictionnaire philosophique" de Voltaire*, Paris: Universitas.

MESTRY, Philip (1990): *Une analyse des macrostructures de Paul et Virginie, suivie de deux autres études*, Paris: Nizet.

MIETHING, Christoph (1975): *Marivaux' Theater – Identitätsproblematik in der Komödie*, München: Fink.

MIETHING, Christoph (1979): *Marivaux*, Darmstadt: Wiss. Buchgesellschaft.

MONGLOND, André (1965): *Le préromantisme français*, Paris: José Corti.

MONTFORT, Catherine R. (Hg.) (1994): *Literate women and the French Revolution of 1789*, Birmingham AL: Summa Publications.

MOREL, Jacques (³1968): *La tragédie*, Paris: Colin.

MORNET, Daniel (1971): *Le sentiment de la nature de J.-J. Rousseau à Bernardin de Saint-Pierre*, New York: Franklin.

MOUREAU, François (1989): *Chants de la Révolution française*, Paris: Hachette.

MOUREAU, François (1990): *Le roman vrai de l'Encyclopédie*, Paris: Gallimard.

MOUREAU, François (1993): „La presse, véhicule et miroir des Lumières", in: Werner Schneiders (Hg.): *Aufklärung als Mission. Akzeptanz und Kommunikationsdefizite*, Marburg: Hitzeroth, S. 220–226.

MYLNE, Vivien (1965): *The XVIIIth Century French Novel. Technique of Illusion*, Manchester: University Press.

NAGY, Peter (1975): *Libertinage et Révolution*, Paris: Gallimard.

NEGRONI, Barbara de (1996): *Lectures interdites. Le travail des censeurs au XVIIIe siècle (1723–1774)*, Paris: A. Michel.

NEUSCHÄFER, Hans-Jörg (1970): „Die Evolution der Gesellschaftsstruktur im französischen Theater des 18. Jahrhunderts", in: *Romanische Forschungen* 82, S. 514–535.

NIDERST, Alain (1972): *Fontenelle à la recherche de lui-meme (1657–1702)*, Paris: Nizet.

NIDERST, Alain (1991): *Fontenelle*, Paris: Plon.

NIES, Fritz (1988): „Auflösung oder Starrheit? Entwicklungsprozesse im Gattungssystem", in: Henning Krauß (Hg.): *Literatur der Französischen Revolution. Eine Einführung*, Stuttgart: Metzler, S. 1–35.

NIKLAUS, Robert (1963a): „La portée des théories dramatiques de Diderot et ses relations théâtrales", in: *The Romanic Review* 54, S. 6–19.

NIKLAUS, Robert (1963b): „La propagande philosophique au théâtre au siècle des Lumières", in: *Studies on Voltaire and the Eighteenth Century* 26, S. 1223–1261.

OZOUF, Mona (1976): *La fête révolutionnaire*, Paris: Gallimard.

PABST, Walter (²1967): *Novellentheorie und Novellendichtung*, Heidelberg: Winter.

PELCKMANS, Paul (1995): *Isabelle de Charrière. Une correspondance au seuil du monde moderne*, Amsterdam/Atlanta GA: Rodopi.

PEYRONNET, Pierre (1974): *La mise en scène au XVIIIe siècle*, Paris: Nizet.

POMEAU, Réné (1956): *La religion de Voltaire*, Paris: Nizet.

POMEAU, René (1987): *Beaumarchais ou la bizarre destinée*, Paris: PUF.

POMEAU, René (²1991): *L'Europe des Lumières. Cosmopolitisme et unité européenne au XVIIIe siècle*, Paris: Stock.

PROUST, Jacques (1975): „De Maréchal à Maiakowski. Contribution à l'étude du théâtre révolutionnaire", in: John H. Fox/Mark H. Waddicor (Hg.): *Studies in Eighteenth-Century French Literature presented to Robert Niklaus*, Exeter: Univ. Press, S. 215–224.

PROUST, Jacques (1992): „L'Encyclopédie dans la pensée et dans la vie de Diderot", in: Jochen Schlobach (Hg.): *Denis Diderot*, Darmstadt: Wiss. Buchgesellschaft.

PROUST, Jacques (²1995): *Diderot et l'Encyclopédie*, Paris: A. Michel.

RATERMANIS, J. B. (1961): *Etude sur le comique dans le théâtre de Marivaux*, Genf: Droz.

RAYMOND, Marcel (1962): *Jean-Jacques Rousseau. La quête de soi et la rêverie*, Paris: José Corti.

RENWICK, John (1972): *La destinée posthume de Jean-François Marmontel*, Clermont-Ferrand: Institut d'études du Massif Central.

RENWICK, John (1986): *Chamfort devant la postérité 1794–1784*, Oxford: Voltaire Foundation.

RÉTAT, Pierre (1971): *Le dictionnaire de Bayle et la lutte philosophique au XVIIIᵉ siècle*, Paris: Les Belles-Lettres.

RÉTAT, Pierre (1982): *Le journalisme d'Ancien Régime*, Lyon: Presses universitaires.

RÉTAT, Pierre (Hg.) (1989): *La Révolution du journal (1788–1794)*, Paris: C.N.R.S.

RIDGWAY, Ronald S. (1961): „La propagande philosophique dans les tragédies de Voltaire", in: *Studies on Voltaire and the Eighteenth Century* 15 (Genf: Institut et Musée Voltaire).

RIEGER, Dietmar (1969): *Jacques Cazotte. Ein Beitrag zu erzählenden Literatur des 18. Jahrhunderts*, Heidelberg: Winter.

RIEGER, Dietmar (1990): „‚Punir le crime et récompenser la vertu'. Zum ‚Revolutionstheater' des Marquis de Sade", in: *Romanistische Zeitschrift für Literaturgeschichte* 3/4, S. 285–307.

RIEGER, Dietmar (³1994): „Die Literatur des 18. Jahrhunderts", in: Jürgen Grimm (Hg.): *Französische Literaturgeschichte*, Stuttgart/Weimar: Metzler, S. 181–229.

ROCHE, Daniel (1978): *Le Siècle des Lumières en province. Académies et académiciens provinciaux (1680–1789)*, Paris: Mouton.

ROCHE, Daniel (1988): *Les Républicains des lettres. Gens de culture et Lumières au XVIIIᵉ siècle*, Paris: Fayard.

ROCHE, Daniel (1993): *La France des Lumières*, Paris: Fayard.

RODMELL, Graham E. (1990): *French Drama of the Revolutionary Years*, London/New York: Rutledge.

ROGER, Jacques (1989): *Buffon, un philosophe au jardin du roi*, Paris: Fayard.

Romans et Lumières au XVIIIᵉ siècle (1970), colloque sous la présidence de Werner Krauss, René Pomeau, Roger Garaudy, Jean Fabre, Paris: Editions sociales.

ROSSO, Corrado (1971): *Montesquieu moraliste*, Paris: Ducros-Nizet.

ROUBINE, Jean-Jacques (1970): „Oxtiern, mélodrame et palimpseste", in: *Revue de la société d'histoire du théâtre* 22, S. 266–283.

ROUGEMONT, Martine de (1996): *La vie théâtrale en France au XVIIIᵉ siècle*, Genf: Slatkine.

RUBELLIN, Françoise (1996): *Marivaux dramaturge. La double inconstance, Le jeu de l'amour et du hazard*, Paris: Champion.

SARRAZAC, Jean-Pierre (1988): „Le drame selon les moralistes et les philosophes", in: Jacqueline de Jomaron (Hg.): *Le théâtre en France*, Band 1, Paris: Colin, S. 295–353.

SCHALK, Fritz (1977): „Die französische Komödie der Aufklärung", in: ders., *Studien zur französischen Aufklärung*, Frankfurt a. M.: Vittorio Klostermann, S. 306–322.

SCHERER, Jacques (1975): „Une passion du siècle: le théâtre", in: Pierre Abraham/Roland Desné (Hg.): *Manuel d'histoire littéraire de la France 1715–1789*, Band 3, Paris: Editions sociales, S. 299–309.

SCHERER, Jacques (²1980): *La Dramaturgie de Beaumarchais*, Paris: Nizet.

SCHLIEBEN-LANGE, Brigitte (Hg.) (1989): *Fachgespräche in Aufklärung und Revolution*, Tübingen: Niemeyer.

SCHLOBACH, Jochen (Hg.) (1992): *Denis Diderot*, Darmstadt: Wiss. Buchgesellschaft.

SCHOELL, Konrad (1979): „‚Drame' und ‚Comédie'. Zur Konkurrenz der dramatischen Gattungen in der zweiten Hälfte des 18. Jahrhunderts, insbesondere bei Beaumarchais", in: Rolf Kloepfer in Verbindung mit Arnold Rothe, Henning Krauß, Thomas Kotschi (Hg.): *Bildung und Ausbildung in der Romania I. Literaturgeschichte und Texttheorie*, München: Fink, S. 98–114.

SCHOELL, Konrad (1983): *Die französische Komödie*, Wiesbaden: Athenaion.

SEIFERT, Hans-Ulrich (1983): *Sade: Leser und Autor. Quellenstudien, Kommentare und Interpretationen zu Romanen und Romantheorie von D. A. F. de Sade*, Frankfurt a. M./Bern/New York: Peter Lang.

SGARD, Jean (1986): *L'Abbé Prévost. Labyrinthes de la mémoire*, Paris: PUF.

SGARD, Jean (1991): *Dictionnaire des journaux. 1600–1789*, Oxford: Voltaire Foundation.

SGARD, Jean (1995): *Vingt études sur Prévost d'Exiles*, Grenoble: ELLUG. Univ. Stendhal.

SIESS, Jürgen (1994): *Frauenstimme – Männerschrift. Textrelationen in der Brief- und Romanliteratur des 18. Jahrhunderts. Diderot, Restif, Lespinasse*, Paderborn: Igel-Verlag.

SOBOUL, Albert (1989): *Dictionnaire historique de la Révolution française*, Paris: PUF.

SPEAR, Frederick A. (Hg.) (1980, 1988): *Bibliographie de Diderot*, Genf: Droz.

STACKELBERG, Jürgen von (1985): „Zu Fabre d'Eglantines *Le Philinte de Molière*", in: *Romanische Forschungen* 97, S. 390–401.

STACKELBERG, Jürgen von (1992): *Das Theater der Aufklärung. Ein Abriss*, München: Fink.

STAROBINSKI, Jean (1994): *Montesquieu*, Paris: Seuil.

STEINBRÜGGE, Lieselotte (1992): „Das ‚moralische Geschlecht' macht Politik. Frauen in der Französischen Revolution," in: Winfried Engler (Hg.): *Die Französische Revolution*. Vorträge einer Sendereihe im Rahmen der RIAS-Funkuniversität, Stuttgart: Steiner.

STEWART, Joan Hinde (1976): *The Novels of Mme de Riccoboni*, Chapel Hill: Univ. of North Carolina Press.

STROSETZKI, Christoph (1989): „Die geometrische Anordnung des Wissens. Von Pascals „esprit de géométrie" zu Diderots und d'Alemberts Enzyklopädie und Buffons Naturgeschichte", in: Brigitte Schlieben-Lange (Hg.): *Fachgespräche in Aufklärung und Revolution*, Tübingen: Niemeyer, S. 169–195.

STROSETZKI, Christoph (1995): „La place de la théorie de la conversation au XVIIIᵉ siècle", in: Bernard Bray/Christoph Strosetzki (Hg.): *Art de la lettre. Art de la conversation à l'époque classqiue*, Paris: Klincksieck 1995, S. 145–163.

STURM, Ernest (1995): *Crébillon ou la science du désir*, Paris: Nizet.

SZONDI, Peter (1979): *Die Theorie des bürgerlichen Trauerspiels im 18. Jahrhundert*, in: ders., *Studienausgabe der Vorlesungen*, hg. von Gert Mattenklott, Band 1, Frankfurt a. M.: Suhrkamp.

TATE, Robert S. (1968): *Petit de Bachaumont: His Circle and the Mémoirs secrets*, Oxford: Voltaire Foundation.

TESTUD, Pierre (1977): *Rétif de la Bretonne et la création littéraire*, Genf: Droz.

THOMAS, Chantal (1978): *Sade, l'œil de la lettre*, Paris: Payot.

THOMASSEAU, Jean-Marie (1984): *Le mélodrame*, Paris: PUF.

TISSIER, André (1992 ff.): *Les spectacles à Paris pendant la Révolution. Répertoire analytique, chronologique et bibliographique. De la réunion des États généraux à la chute de la royauté 1789–1792*, Genf: Droz.

TRAHARD, Pierre (1931–1933): *Les maîtres de la sensibilité française au XVIIIᵉ siècle. 1715–1789*, Paris: Boivin.

TREVES, Nicole (1994): „Mme Roland ou le parcours d'une intellectuelle à la grande âme", in: Roland Bonnel/Catherine Rubinger (Hg.): *Femmes savantes et femmes d'esprit. Woman intellectuals of the French Eighteenth Century*, New York/Frankfurt a. M.: Peter Lang, S. 321–340.

TROUILLE, Mary (1994): „Eighteenth-Century Amazons of Pen. Stéphanie de Genlis & Olympe de Gouges", in: Roland Bonnel/Catherine Rubinger (Hg.): *Femmes savantes et femmes d'esprit. Woman intellectuals of the French Eighteenth Century*, New York/Frankfurt a. M.: Peter Lang, S. 341–370.

TROUSSON, Raymond (1988): *Jean-Jacques Rousseau I: La marche à la gloire*, Paris: Tallandier.

TROUSSON, Raymond (1989): *Jean-Jacques Rousseau II: Le deuil éclatant du bonheur*, Paris: Tallandier.

TROUSSON, Raymond (1992): *Jean-Jacques Rousseau, bonheur et liberté*, Nancy: PU.

TROUSSON, Raymond (1994): *Isabelle de Charrière, un destin de femme au XVIIIᵉ siècle*, Paris: Hachette.

TULARD, Jean (1991): *Le Directoire et le Consulat*, Paris: PUF.

VAN TIEGHEM, Paul (1960): *Le sentiment de la nature et le préromantisme européen*, Paris: Nizet.

VERÈB, Pascale (1997): *Alexis Piron, poète ou la difficile condition d'auteur sous Louis XV (1687–1773)* Oxford: Voltaire Foundation.

VERSINI, Laurent (1968): *Laclos et la tradition*, Paris: Klincksieck.

VERSINI, Laurent (1979): *Le Roman épistolaire*, Paris: PUF.

VIELWAHR, André David (1970): *La vie et l'œuvre de Sénac de Meilhan*, Paris: Nizet.

VINCENT-BUFFAULT, Anne (1986): *Histoire des larmes XVIIIᵉ–XIXᵉ siècles*, Paris/Marseille: Rivages.

VOISINE, Jacques (1991): „Mémoire et auto-biographies (1760–1820)", in: *Neohelicon* 18, 2, S. 149–183.

VOLTZ, Pierre (^{3}1964): *La comédie,* Paris: Colin.

VOVELLE, Michel (Hg.) (1988): *Images de la Révolution,* Paris: Sorbonne.

WAGNER, Jacques (Hg.) (1997): *Lesage, écrivain (1695–1735),* Amsterdam/Atlanta: Rodopi.

WEIL, Michèle (^{2}1991): *Robert Challe romancier,* Genf/Paris: Droz.

WENT-DAOUST, Yvette (Hg.) (1995): *Isabelle de Charrière (Belle de Zuylen), de la correspondance au roman épistolaire,* Atlanta: Rodopi.

WHELAN, Ruth (1989): *The Anatomy of Superstition. A Study of the Historical Theory and Practice of Pierre Bayle,* Oxford: Voltaire Foundation.

WINKLEHNER, Brigitte (Hg.) (1998): *Voltaire und Europa. Interkultureller Kontext von Voltaires Correspondances,* Tübingen: Stauffenburg Verlag.

WOMACK, William R. (1972): „Eighteenth Century Themes in the *Histoire des deux Indes* of Guillaume Raynal", in: *Studies on Voltaire and the Eighteenth Century* 96, S. 129–265.

Personenregister

Rousseau, Jean-Jacques 15, 53, 58, 63, 66, 68, 74, 76, 87, 89, 95–103, 105, 109–110, 115, 117, 120–121, 129, 131, 133, 136, 140, 144

S
Sade, Marquis de 103, 118–119, 129, 132, 136–137, 141–144
Saint-Just 124
Saint-Lambert 114–115
Saint-Martin 79–80, 126
Saint-Pierre, Abbé de 19
Saint-Simon 59–60
Sedaine 82, 87, 89, 91–92, 132
Séguy, Abbé de 58
Sénac de Meilhan 130, 140–142

Senancour 140
Shakespeare 15, 26, 37, 90, 127
Sieyès, Abbé de 120
Souza, Mme de 141
Spinoza 10
Staël, Mme de 67, 110, 112, 126, 144, 146
Stanislaus 27, 67
Sterne 65, 71

T
Talma 83, 131
Tencin, Mme de 18, 22, 42, 46, 52, 60
Trublet, Abbé de 58
Turgot 64, 66, 75–76, 127

V
Vadé 94–95
Van Loo 66

Vauvenargues 58
Vernet 70
Vigny 116
Voisenon 92, 117
Volney 128
Voltaire 11, 15, 18, 22, 25–35, 37, 39–40, 54–58, 60–61, 65–66, 68, 74, 79, 82–84, 87, 98, 105, 111, 113–114, 118–120, 127, 129, 131–132

W
Walpole 26, 66
Warens, Mme de 96
Watteau 21

Y
Young 114

Sachregister